Chez M. Quincy, auteur professeur d'une nouvelle tenue de livres, rue Richelieu, N. 60; et chez M. Fauqueux, papetier, breveté de Monsieur le Dauphin, rue Richelieu N. 28. Les changemens d'adresses seront indiqués chaque année, dans l'almanach du commerce, au mot reliure mobile.

Les Reliures sur lesquelles cette Etiquette et le Chiffre ci-contre ne seraient pas apposés seront réputées contrefaites.

CODE
GÉNÉRAL PROGRESSIF,

PAR ORDRE ALPHABÉTIQUE ET DE MATIÈRES.

PRESSE

ET AUTRES MOYENS DE PUBLICATION.

CODE
GÉNÉRAL PROGRESSIF,

PAR ORDRE ALPHABÉTIQUE ET DE MATIÈRES,

CONTENANT, SUR CHAQUE POINT DE LA LÉGISLATION, LES *DISPOSITIONS TEXTUELLES* DES LOIS ET ACTES DU GOUVERNEMENT QUI SE SONT SUCCÉDÉS DEPUIS 1789, ET DE CEUX ANTÉRIEURS NON ABROGÉS;

SUIVANT LA MÉTHODE DE POTHIER,

DANS SES *PANDECTES.*

PRESSE

ET AUTRES MOYENS DE PUBLICATION,

PAR A. DECOURDEMANCHE,

AVOCAT A LA COUR ROYALE DE PARIS.

PARIS,

CHEZ J.-P. RORET, LIBRAIRE,

ÉDITEUR DES ŒUVRES COMPLÈTES DE MERLIN, 26 VOLUMES IN-4°,

QUAI DES AUGUSTINS, N° 17 *bis.*

1828.

IMPRIMERIE DE DAVID,
Boulevart Poissonnière, n° 6.

TABLE DES MATIÈRES

DU

CODE DE LA PRESSE

ET AUTRES MOYENS DE PUBLICATION.

a

DIVISION DU 1er DEGRÉ.

Dispositions générales sur la presse et au-tres moyens de publication. N° 990

DIVISION DU 1er DEGRÉ.

Des journaux ou écrits périodiques. 1200

DIVISION DU 2e DEGRÉ.

Des conditions imposées aux journaux avant leur publication, sous les lois ren-dues depuis le 5 septembre 1797 jus-qu'au 1er août 1799. 1210

DIVISION DU 2e DEGRÉ.

Des conditions imposées aux journaux avant leur publication, sous les lois rendues depuis le 17 janvier 1800 jus-qu'au 22 mars 1813. 1280

3e deg Des journaux publiés dans le département de la Seine. 1290

3e deg. Des journaux publiés dans les départemens autres que celui de la Seine. 1340

3e deg. États des villes dans lesquelles des journaux de sciences ou de litté-rature, et des feuilles d'annonces ont

DIVISION DU 1er DEGRÉ.

DIVISION DU 2e DEGRÉ.

DIVISION DU 2ᵉ DEGRÉ.

DIVISION DU 1ᵉʳ DEGRÉ.

Des crimes et délits commis par voie de la presse et autres moyens de publication.

DIVISION DU 2ᵉ DEGRÉ.

DIVISION DU 2ᵉ DEGRÉ.

DIVISION DU 2ᵉ DEGRÉ.

publique, dans un discours pastoral prononcé publiquement.   Nᵒ 11270

4ᵉ deg. Des critiques, censures ou provocations dirigées contre l'autorité publique, dans un écrit pastoral.   11310

DIVISION DU 2ᵉ DEGRÉ.

Des faits punissables et non punissables.   11350

DIVISION DU 2ᵉ DEGRÉ.

Des aggravations ou modérations de peines.   11610

DIVISION DU 1ᵉʳ DEGRÉ.

De la poursuite et du jugement des crimes et délits commis par la voie de la presse ou par tout autre moyen de publication.

DIVISION DU 2ᵉ DEGRÉ.

Dispositions générales.   11820

DIVISION DU 2ᵉ DEGRÉ.

Du mode de constater les délits et contraventions.   11890

DIVISION DU 2ᵉ DEGRÉ.

Qui peut provoquer la poursuite.   11950

DIVISION DU 2ᵉ DEGRÉ.

DIVISION DU 1ᵉʳ DEGRÉ.

Des autorités chargées de la surveillance de la presse.

DIVISION DU 2ᵉ DEGRÉ.

DIVISION DU 2ᵉ DEGRÉ.

FIN DE LA TABLE DES MATIÈRES.

L. I. 846. — Collection du Louvre , tome 1er, page 846.

B. II. 164. — Collection de Beaudouin, tome 2 , page 164.

I. B. 104, n° 963. — Bulletin des Lois, 1re série, Bulletin 104, n° 963.

M. 145. — Moniteur , n° 145.

S. I. 40. — Collection de Sirey, tome 1er, 2e partie, page 40.

L. P. — Lettres patentes.

Déc. — Déclaration.

C. C. — Code Civil.

C. de P. — Code de Procédure civile.

G d'I. — Code d'Instruction criminelle.

C. de C. — Code de Commerce.

Sanct. — Date de la sanction et du mandat d'exécution.

M. d'Ex. — Date du mandat d'Exécution.

Prom. — Date de la promulgation.

(N° 454.) — Voyez le présent Code, n° 454.

(N° 454 de l'enr.) — Voyez le Code Progressif de l'enregistrement, n° 454.

Loi du 27 juin 1795, A. — Loi du 27 juin 1795, la 1re de celles de même date comprises dans la table chronologique, etc.

Loi du 27 juin 1795, B. — Loi du 27 juin 1795, la 2ᵉ de celles de même date comprises dans la table chronologique, etc.

[Les lois qui n'ont d'effet que sur le passé , sont enfermées entre deux crochets.]

Les lois qui régissent le présent et l'avenir ne sont pas enfermées.

CE QUI EST IMPRIMÉ EN PETITES CAPITALES EST EXTRAIT D'UNE CONSTITUTION.

Ce qui n'est point imprimé en lettres italiques est le texte de la loi et autres actes du gouvernement.

Ce qui est imprimé en lettres italiques est rédigé par l'auteur.

.... Les parties précédées ou suivies de points, indiquent des suppressions ou des déplacemens de textes.

Le Plan du Code général Progressif explicatif de tout le système, se vend séparément 60 cent.

Si des erreurs sont indiquées dans le Code général Progressif, elles seront rectifiées en réimprimant les feuilles où ces erreurs auront été signalées; l'auteur engage les personnes qui en remarqueront à les lui faire connaître.

A mesure qu'un nouveau Code Progressif paraîtra, on en donnera avis aux personnes qui auront manifesté le désir d'en être instruites.

Il y aura dans chaque chef-lieu d'arrondissement un libraire chargé de l'entretien des reliures mobiles du Code général Progressif.

Les personnes qui ne voudront pas opérer elles-mêmes les changemens de feuilles qui surviendront dans leurs Codes, pourront en charger ce libraire.

Les Codes Spéciaux, dont la 1re page ne sera pas revêtue du paraphe de l'Auteur, seront réputés contrefaits.

PRIX DES CODES SPÉCIAUX ET DES FEUILLES ADDITIONNELLES, OU RECTIFICATIVES.

Le prix des Codes spéciaux brochés est calculé à raison de 6 fr. les cent feuilles, chaque feuille présentant 4 pages in-8°.

Le prix des feuilles additionnelles, ou recti-

*

ficatives est calculé à raison de 7 fr. 5o c. les cent feuilles.

Les personnes qui voudront recevoir les feuilles additionnelles, ou rectificatives d'un ou de plusieurs Codes déjà publiés, paieront d'avance le prix de 5o feuilles in-8º.

PRIX DES RELIURES MOBILES INVENTÉES POUR L'EXÉCUTION DU CODE GÉNÉRAL PROGRESSIF.

Un volume in-8º demi-reliure, 2 fr. 5o c.

Les reliures entières varient dans la proportion des reliures ordinaires.

Les accessoires nécessaires lors de l'acquisition d'une 1ʳᵉ reliure, sont de 4o centimes.

On s'adressera pour tout ce qui sera relatif à la publication du Code général Progressif, chez J.-P. Roret, libraire, éditeur des *OEuvres complètes de Merlin*, 26 vol. in-4º , quai des Augustins, nº 17 *bis;*

Et pour tout ce qui est relatif à la reliure mobile, chez M. Fauqueux, papetier breveté de M. le Dauphin, à Paris, rue de Richelieu, nº 28.

Les lettres et les envois d'argent doivent être affranchis.

N. B. En demandant des feuilles additionnelles ou rectificatives, on aura soin de faire connaître que ces feuilles doivent être rognées, sans quoi on pourrait recevoir des feuilles qui ne seraient qu'ébarbées et qui, par conséquent, ne câdreraient point avec celles du présent volume.

TABLE CHRONOLOGIQUE

DES LOIS ET ACTES DU GOUVERNEMENT, QUI SE SONT SUCCÉDÉS

DEPUIS 1789, SUR

LA PRESSE

ET AUTRES MOYENS DE PUBLICATION.

. . . *août* 1686. Édit portant règlement pour la communauté des imprimeurs et libraires de la ville de Paris.

Registré le 21 du même mois, 26e vol. des ordonnances de Louis XIV, coté 4, L. fol. 113.

28 *février* 1723, A. Règlement pour la librairie et imprimerie de Paris, arrêté au conseil-d'état du roi, sa majesté y étant.

Code de la librairie et imprimerie de Paris, de 1744, page 2.

23 *juin* 1789, E. déclaration des intentions du roi.

L. I. 105. — I. 218.

Nota. Un astérisque * indique les lois ou actes du gouvernement dont la majeure partie est classée dans le Code de la Presse et autres moyens de publication.

Deux astériques ** indiquent les lois ou actes non insérés au Bulletin des Lois.

A

24 *juin* 1789, A. Arrêté * pour la nomination de l'imprimeur de l'assemblée.

B. I. 19. — M. 11.

26 *août* 1789, A. Déclaration des droits de l'homme et du citoyen.

Prom. du 3 novembre 1789, L. I. 259. — B. I. 71. — M. 47. — I. 4.

8 *octobre* 1789, C. Décret sur la réformation de quelques points de la jurisprudence criminelle.

L. P. du 3 novembre 1789. — L. I. 259. — B. I. 123. — M. 70. — III. 170.

4 *novembre* 1789, C. Décret * sur la dénonciation du Catéchisme du Genre humain.

B. I. 154. — M. 83. — VIII. 487.

9 *juin* 1790, A. Décret * pour l'exécution provisoire des règlemens sur les formes du service militaire, notamment sur la police des spectacles.

L. P. du 9 juin 1790. — L. I. 922. — B. III. 52. — XVI. 3.

31 *juillet* 1790, B. Décret * concernant les écrits excitant le peuple à l'insurrection, et qui charge le procureur du roi au Châtelet, d'en poursuivre les auteurs.

B. IV. 168. — M. 214. — III. 187.

2 *août* 1790, B. Décret * relatif aux écrits sur les affaires publiques, et qui ordonne de présenter un mode d'exécution du décret précédent.

Sanct. le 10 août 1790, B. V. 5. — M. 216. — III. 188.

14 *août* 1790, C. Décret * de l'assemblée constituante qui ordonne de dresser un inventaire des caractères et autres objets appartenant à la nation, dans les fonds de l'imprimerie royale.

Sanct. le 24 août 1790, L. I. 1361. — B. V. 156. — M. 227. — III. 10.

16 *août* 1790 , B. Décret concernant l'organisation judiciaire.

Sanct. le 24 août 1790 , L. I. 1362. — B. V. 170. — M. 230 et précédens. — III. 188.

19 *août* 1790 , A. Décret * relatif à une lettre prétendue pastorale , attribuée à l'évêque de Toulon.

B. V. 204. — M. 232.

11 *septembre* 1790 , B. Décret * relatif aux pensions des comédiens Français et Italiens, et autres dépenses occasionnées par ces spectacles.

Sanct. le 21 septembre 1790, L. II. 97. — B. VI. 69. — XI. 75.

13 *janvier* 1791, C. Décret * de l'assemblée constituante relatif aux spectacles.

Sanct. le 19 janvier 1791 , L. III. 175. — B. X. 142. — M. 15. — VIII. 523.

28 *février* 1791 , D. Décret relatif au respect dû aux juges et à leurs jugemens.

B. XI. 272. — M. 60. — II. 127.

2 *mars* 1791 , B. Décret portant suppression de tous-les droits d'aides, de toutes les maîtrises et jurandes, et établissement de patentes.

Sanct. le 17 mars 1791, L. III. 918. — B. XII. 52.
— M. 63. — XII. 595.

18 *mai* 1791, A. Décret relatif au droit de pétition, et qui fixe les cas où les citoyens pourront requérir la convocation de la commune.

Sanct. le 20 mai 1791, L. IV. 755. — B. XIV. 204.
— VII. 50.

1er *juin* 1791, B. Décret * qui défend aux personnes qui sont ou seront admises dans les tribunes de l'assemblée nationale, de donner aucune marque d'approbation ou d'improbation.

B. XV. 1. — M. 154. — I. 245.

18 *juillet* 1791, B. Décret * de l'assemblée constituante contre la sédition, et qui fixe les peines à prononcer contre ceux qui s'en seront rendus coupables.

Sanct. le 18 juillet 1791, L. V. 342. — M. 201.
— III. 303.

19 *juillet* 1791, A. Décret relatif à l'organisation d'une police municipale et correctionnelle.

Scellé le 22 juillet 1791, L. V. 424. — B. XVI.
215. — M. 202 *et* 203. — III. 303.

19 *juillet* 1791, B. Décret * de l'assemblée constituante relatif aux spectacles.

Scellé le 6 août 1791, L. V. 813. — B. XVI. 241.
— M. 202. — VIII. 524.

22 *juillet* 1791, B. Décret * de l'assemblée constituante qui règle la couleur des affiches.

Scellé le 28 juillet 1791, L. V. 510. — B. XVI.
270. — M. 204. — VIII. 488.

3 *septembre* 1791, A. Constitution française.

Scellé le 15 septembre 1791, L. V. 1213. — B. XVIII. 10. — M. 247 *et* 259. — I. 18.

25 *septembre* 1791, A. Code Pénal, première partie.

Sanct. le 6 octobre 1791, L. VI. 110. — B. XVIII. 571. — III. 352.

30 *septembre* 1791, Q. Décret* relatif au compte du sieur Baudouin, imprimeur de l'assemblée nationale, et qui lui accorde une gratification de quarante mille livres.

Sanct. le 9 oct. 1791, B. XVIII, 846. — M. 275.

15 *octobre* 1791, D. Décret portant établissement de plusieurs comités et inspecteurs.

B. XIX. 25. — I. 262.

18 *octobre* 1791, C. Règlement à l'usage de l'assemblée nationale.

B. XIX. 30. — I. 264.

25 *novembre* 1791, A. Décret relatif à l'établissement d'un tribunal criminel à Avignon.

L. VI. 792. — B. XIX. 99. — III. 434.

25 *novembre* 1791, B. Décret* relatif à l'insurrection des compagnons imprimeurs de l'imprimerie royale.

L. XIX. 98. — M. 330.

24 *janvier* 1792, D. Décret* relatif aux signes d'approbation ou d'improbation défendus aux tribunes de l'assemblée.

B. XX. 99.

12 *mai* 1792, I. Décret* d'accusation contre

l'auteur d'un journal intitulé: L'Ami du Peuple.

M. d'ex. du 25 mai 1792, L. IX. 206.—B. XXII. 99.— M. 144.

21 *mai* 1792 , A. Acte * d'accusation contre l'auteur du journal intitulé : L'Ami du Roi.

M. d'ex. du 25 mai 1792, L. IX. 206 *et* 208. — B. X. XII. 98. — M. 144.

20 *juillet* 1792, D. Décret * de l'assemblée législative qui ordonne que les libellistes seront poursuivis.

Sanct. le 21 juillet 1792 , L. IX. 633. — B. XXIII. 75. — VIII. 488.

11 *août* 1792 , I. Décret * qui ordonne des mesures de sûreté pour l'imprimerie royale.

Scellé le 21 aoùt 1792 , L. X. 132. — B. XXIV. 38.

30 *août* 1792 , A. Décret * de l'assemblée législative relatif aux conventions faites entre les auteurs dramatiques et les directeurs de spectacles.

Scellé le 31 aoùt 1792, L. X. 743. — B. XXIV. 506. — M. 245. — VIII. 524.

2 *septembre* 1792, D. Décret * de l'assemblée législative portant que les citoyens attachés à l'imprimerie nationale sont tenus, en cas d'alarme, de se rendre dans leurs ateliers.

L. XI. 17. — B. XXIV. 555.

3 *septembre* 1792, L. Décret * de l'assemblée législative relatif à l'abolition de tous procès criminels et jugemens, depuis le 14 juillet 1789, pour faits relatifs à la liberté de la presse.

Scellé le 11 septembre 1792, L. XI. 95. — B. XXIV. 661. — III. 457.

15 *septembre* 1792, H. Décret de l'assemblée législative relatif à l'impression, l'envoi et l'affiche du Bulletin imprimé par ordre de l'assemblée nationale, et à la poursuite des personnes convaincues d'avoir arraché les affiches.

Scellé le 20 septembre 1792, L. XI. 380. — B. XXIV. 921. — III. 24.

16 *septembre* 1792, P. Décret * qui autorise le ministre des affaires étrangères à délivrer des passeports à des acteurs du théâtre Feydeau.

Scellé le 20 septembre 1792, B. XXIV. 944.

12 *janvier* 1793, A. Décret * portant que les corps municipaux n'ont pas le droit de censurer les pièces de théâtre.

L. XIII. 70. — B. XXVII. 65. — VIII. 525.

16 *janvier* 1793, A. Décret * relatif à la compétence, pour la suspension ou la défense de représentation de pièces dramatiques.

Scellé le 16 janvier 1793, B. XXVII. 75. — VIII. 526.

9 *mars* 1793, J. Décret * qui enjoint à l'imprimeur de la convention de n'imprimer que ce qui émane de l'assemblée.

B. XXVIII. 380.

29 *mars* 1793, G. Décret * relatif aux écrits tendant à provoquer le meurtre et la violation des propriétés.

Scellé le 3 1 mars 1793, L. XIII, 815.—B. XXVIII. 542. — M. 90. — III. 481.

29 *mars* 1793, N. Décret* relatif aux auteurs et colporteurs d'écrits tendant à la dissolution de la convention et au rétablissement de la royauté ou de tout autre pouvoir attentatoire à la souveraineté du peuple.

Scellé le 31 mars 1793, L. XIII. 815. — B. XVIII. 542. — M. 90. — III. 481.

25 *mai* 1793, A. Décret * qui casse et annule, *comme attentatoires à la liberté de la presse*, un arrêté pris à Orléans par les commissaires de la convention, et un ordre expédié de Marseille à la municipalité d'Avignon, aussi par les commissaires de la convention.

Scellé le 25 mai 1793, L. XIV. 458, — B. XXX. 211.

24 *juin* 1793, A. Acte constitutionnel, et déclaration des droits de l'homme et du citoyen.

L. XIV. 788. — B. XXXI. 208. — M. 178. — I. 48.

19 *juillet* 1793, C. Décret * relatif aux droits de propriété des auteurs d'écrits en tout genre, des compositeurs de musique, des peintres et des dessinateurs.

Scellé le 24 juillet 1793, L. XV. 139.—B. XXXII. 147. — M. 202. — VIII. 488.

2 *août* 1793, A. Décret * relatif à la représentation des pièces de théâtre.

Scellé le 3 août 1793, L. XV. 333. — B. XXXIII. 18. — VIII 526.

14 *août* 1793, D. Décret * portant que les conseils des communes sont autorisés à diriger les spectacles.

Scellé le 20 août 1793, L. XV. 439. — B. XXXIII. 139. — VIII. 526.

1er *septembre* 1793, B. Décret* qui rapporte la loi du 30 août 1792, A. relative aux ouvrages dramatiques, et ordonne l'exécution de celles des 13 janvier 1791, C. et 19 juillet 1791, B.

L. XV. 694. — B. XXXIV. 4. — M. 246. — VIII 526.

2 *septembre* 1793, C. Décret* qui met en réquisition tous les imprimeurs de Paris.

L. XV. 697. — B. XXXIV. 11. — M. 246.

3 *septembre* 1793, L. Décret* qui approuve un arrêté du comité de salut public, relatif au Théâtre Français.

B. XXXIV. 23.

4 *décembre* 1793, A. Décret sur le mode de gouvernement provisoire et révolutionnaire.

L. XV. 590. — B. XXXVII. 141. — M. 76 et 79. — I. 65.

4 *décembre* 1793, D. 14 frimaire an II. Décret qui met en réquisition les imprimeries employées dans les départemens à la réimpression des lois.

L. XVI. 589. — B. XXXVII. 40 — III. 34.

17 *décembre* 1793, B. 27 frimaire an II. Décret relatif à la suppression des loteries.

L. XVI. 701. — B. XXXVII. 239. — XI. 593.

22 *janvier* 1794, D. 3 pluviôse an II. D. Décret*
qui alloue 100,000 francs pour les représentations
gratis données dans les vingt théâtres de Paris.

B. XXXIX. 32.

12 *février* 1794, E. 24 pluviôse an II. Décret* qui
révoque la loi du (17 *décemb.* 1793, B.) 27 frimaire,
qui ordonnait la vente des presses d'imprimerie
aux quatre succursales de la loterie nationale,
qui se trouvent établies à Commune Affranchie,
Bordeaux, Lille et Nancy, et qui met en réquisition les fondeurs de caractères de Paris pour le
service de la commission des lois.

B. XXXIX. 212. — M. 146.

24 *février* 1794. D. 6 ventôse an II. Décret*
contenant un règlement pour l'imprimerie des administrations nationales, mise sous la surveillance
du ministre de l'intérieur par ce décret.

L. XVII. 508. — B. XI. 44. — M. 163.

26 *octobre* 1794, E. 4 brumaire an II. Décret *
portant que les poinçons, matrices et caractères
en langues étrangères, déposés à l'imprimerie de
l'agence des lois, en seront distraits pour être exclusivement employés aux sciences et aux arts.

III. 46.

27 *janvier* 1795, A. 8 pluviôse an III. Loi qui
détermine le mode d'impression et d'envoi des
lois.

I. B. 117. Nᵒ 616. — M. 129. III. 41.

21 *mars* 1795, A. Lois contenant des mesures

répressives des rassemblemens séditieux, et des atteintes qui seraient portées aux personnes, aux propriétés, au gouvernement républicain et à la représentation nationale.

I. B. 131. N° 712. — M. 185. — X. 186.

7 *avril* 1795, B. 18 germinal an III. Loi* qui donne à l'imprimerie établie sous la direction de l'agence de l'envoi des lois, le titre d'imprimerie de la république.

I. B. 134. N° 747. — III. 43.

9 *juin* 1795, F. 21 prairial an III. Décret* relatif à la loi du (27 *janvier* 1795 A.), 8 pluviôse concernant les attributions de l'imprimerie de la république.

B. LV. 150. — III. 43.

13 *juin* 1795, A. 25 prairial an III. Loi* interprétative de celle du 19 juillet 1793, C. qui assure aux auteurs et artistes la propriété de leurs ouvrages.

I. B. 156. N° 916. — VIII. 491

25 *juin* 1795, C. Décret* qui réunit la salle du Théâtre des Arts au domaine national.

B. LVI. 45.

22 *août* 1795, A. 5 fructidor an III. Constitution.

M. 34. — I. 73.

29 *septembre* 1795, A. 7 vendémiaire an IV. Loi sur l'exercice et la police extérieure des cultes.

I. B. 186. N° 1134. — M. 9 et 10. — X. 427

25 *octobre* 1795, V. 3 brumaire an IV. Code des Délits et des Peines.

I. B. 204. N° 1221. — IV, 7.

7 *novembre* 1795. C. 16 brumaire an IV. Arrêté* du directoire exécutif qui détermine et distingue les divers objets de dépenses confondus dans la commission des administrations civiles, police et tribunaux, à ordonnancer par les ministres de l'intérieur et de la justice.

II. B. 5. N° 21. — VII. 1.

8 *janvier* 1796, A. 18 nivôse an IV. Arrêté* du directoire exécutif concernant les spectacles.

II. B. 18. N° 103. — VIII. 527.

17 *janvier* 1796, A. 27 nivôse an IV. Arrêté* du directoire exécutif qui déclare celui du (*8 janvier* 1796, A) 18 nivôse commun à tous les théâtres de la république.

II·B. 19. N° 120. — VIII. 527.

14 *février* 1796, A. (25 pluviôse an IV.) Arrêté* du directoire exécutif concernant la police des spectacles.

II. B. 27. N° 178. — VIII. 528.

31 *mars* 1796, C. (11 germinal an IV.) Arrêté* du directoire exécutif qui défend de jouer ou chanter sur les théâtres d'autres pièces ou airs que ceux indiqués par les affiches, et qui permet au théâtre de la rue Feydeau d'ouvrir son spectacle.

II. B. 36. N° 277. — VIII. 529.

16 *avril* 1796, A. 27 germinal an IV. Loi* por-

tant des peines contre toute espèce de provocation à la dissolution du gouvernement républicain, et tout crime attentatoire à la sûreté publique et individuelle.

II. B. 40. N° 325. — M. 212.

17 *avril* 1796, A. 28 germinal an IV. Loi * concernant les mesures répressives des délits qui peuvent être commis par la voie de la presse.

II. B. 40. N° 213. — M. 213. — IV. 146.

26 *juin* 1796, C. 8 messidor an IV. Arrêté * du directoire exécutif, qui renvoie l'imprimeur-propriétaire du Messager du soir, en état d'arrestation, devant le directeur du jury d'accusation du département de la Seine.

II. B. 56. N° 495.

27 *novembre* 1796, B. 7 frimaire an V. Loi * qui ordonne la perception pendant six mois au profit des indigens, d'un décime par franc en sus du prix des billets d'entrée dans tous les spectacles.

II. B. 94. N° 890. — M. 70. — VII. 348.

19 *décembre* 1796, C. 29 frimaire an V. Arrêté * du directoire exécutif concernant le mode d'exécution de la loi du (27 *novembre* 1796, B.) 7 frimaire an V.

VII. 352.

25 *décembre* 1796, B. 5 nivôse an V. Loi * portant défenses d'annoncer publiquement les journaux et les actes des autorités constituées, autrement que par leur titre.

II. B. 98. N° 928. — M. 98. — VIII. 492.

B *

27 *décembre* 1796, D. 7 nivôse an V. Arrêté *
du directoire exécutif, qui ordonne la proclamation, à son de trompe ou de caisse, de la loi (*du
25 décembre* 1796, B.) relative à l'annonce des
journaux.

II. B. 98. N° 929. — VIII. 493.

21 *avril* 1797, B. 2 floréal an V. Loi * qui proroge pendant six mois la perception en faveur des
indigens, d'un droit sur les billets de spectacle, etc.

II. B. 119. n° 1151. — M. 216. — VIII. 358.

26 *juillet* 1797, A. 8 thermidor an V. Loi *
portant prorogation des droits sur les billets d'entrée aux spectacles, bals, feux d'artifice, concerts, etc.

II. B. 135. N° 1322. — M. 312. — VII. 360.

5 *septembre* 1797, A. 19 fructidor an V. Loi
contenant des mesures de police générale.

II. B. 142. N° 1400. — M. 350 -- X. 260.

13 *novembre* 1797, A. 23 brumaire an VI.
Arrêté * du directoire exécutif contenant des mesures pour l'exécution de l'article 35 de la loi du
(5 *septembre* 1797, A.) 19 fructidor an V, qui met
les journaux sous l'inspection de la police.

II. B. 157. N° 1549. — M. 68. — VIII. 493.

22 *novembre* 1797, A. 2 frimaire an VI. Loi *
portant prorogation, pendant l'an VI, des droits
établis sur les billets d'entrée aux spectacles.

II. B. 160. N° 1569. — M. 69. -- VII. 364.

3 *décembre* 1797, A. 13 frimaire an VI. Arrêté * du directoire exécutif, qui prohibe les jour-

ñaux intitulés le Défenseur de la vérité et des principes, et le Journal du matin, le Porte feuille.

II. B. 162. n° 1581. — M. 89.

5 *décembre* 1797, A. 15 frimaire an VI. Arrêté * du directoire exécutif, concernant les colporteurs de journaux.

II. B. 162. n° 1582. — VIII. 494.

2 *mai* 1798, A. 13 floréal an VI. Loi qui autorise le directoire exécutif, à traiter amiablement avec la citoyenne Brunet-Montensier et le citoyen Bourdon-Neuville, tant pour la liquidation définitive que pour le mode de paiement, de ce qui leur reste dû pour la cession faite à la république de la salle du Théâtre des Arts.

II. B. 199. N° 1821.

26 *août* 1798, A. 9 fructidor an VI. Loi * qui proroge les dispositions de l'article 35 de la loi du (5 *septembre* 1797, A.) 19 fructidor an V, sur la police des journaux.

II. B. 220. N° 1976. — M. 343. — VIII. 495.

5 *septembre* 1798, D. 19 fructidor an VI. Loi * qui proroge pour l'an VII la perception des droits établis sur les billets d'entrées aux spectacles, etc.

II. B. 225. N° 1998. — M. 353. — VII. 356.

21 *mars* 1799, A. 1er germinal an VII. Arrêté* du directoire exécutif, qui prescrit des mesures pour prévenir l'incendie des salles de spectacle.

II. B. 269. N° 2761. — M. 185. — VIII. 529.

1er *août* 1799, B. 14 thermidor an VII. Loi *
qui rapporte celle du (26 *août* 1798, A.) 9 fructidor an VI, contenant prorogation de l'article 35
de la loi du (5 *septembre* 1797, A.) 19 fructidor
an V, relatif à la police des journaux.

II. B. 298. N° 3173. — M. 319. — VIII. 496.

13 *septembre* 1799, D. 27 fructidor an VII.
Loi * qui fait provisoirement un fonds de 25,000
francs pour le service de l'imprimerie de la république.

II. B. 311. N° 3277. — III. 58.

22 *septembre* 1799, A. 6 fructidor an VI. Loi *
qui proroge pour l'an VIII la perception du droit
établi sur les spectacles, etc.

II. B. 312. N° 3303 — VII. 373.

17 *janvier* 1800, B. 27 nivôse an VIII. Arrêté * relatif aux journaux.

II. B. 345. N° 3535. — M. 19. — VIII. 496.

29 *mai* 1800, A. 9 prairial an VIII. Arrêté *
qui supprime le journal intitulé l'Ami des lois,

III. B. 28. N° 185.

1er *juillet* 1800, A. 12 messidor an VIII. Arrêté qui détermine les fonctions de commissaire
de police.

III. B. 33. N° 214. — M, 291. — X. 301.

25 *août* 1800, C. 7 fructidor an VIII. Arrêté *
qui proroge, pour l'an IX, les droits établis sur
les spectacles, etc.

III. B. 40. N° 259. — M. 339. — VII. 375.

27 *octobre* 1800, B. 5 brumaire an IX. Arrêté qui détermine les fonctions des commissaires généraux de police.

III. B. 5o. N⁰ 373. — M. 38. — S. I. 35ı. — X. 3ı4.

27 *août* 1801, C. 9 fructidor an IX. Arrêté * qui proroge pour l'an X, les droits établis sur les spectacles, bals, concerts et autres fêtes publiques.

III. B. 98. N⁰ 826. — M. 343. — VII 38ı.

10 *décembre* 1801, A. 19 frimaire an X. Arrêté * relatif à l'imprimerie de la république et à l'envoi des lois.

III. B. ı36. N₀ ıo34. — M. 83. — III. 64.

6 *août* 1802, A. 18 thermidor an X. Arrêté * relatif à la prorogation, pour l'an XI, des droits établis sur les spectacles, bals et autres fêtes publiques.

III. B. 207. N⁰ ıo84. — M. 3₂₂. — VII. 385.

29 *juillet* 1803, C. 10 thermidor an XI. Arrêté * qui proroge, pour l'an XII, les droits à percevoir sur les spectacles, bals, concerts, etc.

III. B. 3oı. N⁰ 3o₂3. — M. an ı₂. N⁰ ı. — VII. 39ı.

18 *mai* 1804, A. 28 floréal an XII. Sénatus-consulte organique.

IV. B. ı. N⁰ ı. — M. 24o. — S. IV. 349. — I. ı49.

18 *août* 1804, A. 3o thermidor an XII. Décret * qui proroge, pour l'an XIII, la perception des droits établis sur les spectacles.

IV. B. 12. N° 117. — VII. 410.

22 *mars* 1805, B. 1er germinal an XIII. Décret * impérial concernant les droits des propiétaires d'ouvrages posthumes.

IV. B. 38. N° 647. — M. 192. — S. V. 356. — VIII. 497.

28 *mars* 1805, A. 7 germinal an XIII. Décret * impérial concernant l'impression des livres d'église, des heures et des prières.

IV. B. 40. N° 658. — S. V. 357. — VIII. 497.

26 *août* 1805, C. 8 fructidor an XIII. Décret * impérial qui proroge, pour l'an XIV, la perception des droits sur les billets d'entrée et d'abonnement aux spectacles, etc.

IV. B. 55. N° 929. — M. 346. — VII. 418.

12 *décembre* 1805, A. 21 frimaire an XIV. Décret impérial sur la police des théâtres.

IV. B. 71. — N° 1223. — M. 100. — VIII. 530.

18 *mars* 1806, A. Loi portant établissement d'un conseil de prud'hommes à Lyon.

IV. B. 83. N° 1423. — M. 69. — S. VI. 292. — VIII. 166.

4 *avril* 1806, B. Décret impérial portant que le ministre des cultes surveillera l'impression du Catéchisme, et que pendant l'espace de dix années, il est spécialement autorisé à prendre à cet effet toutes les précautions qu'il jugera convenables.

IV. 86. N° 1473. — M. 124. — X. 500.

14 *avril* 1806, A. Loi contenant les deux pre-

miers livres de la première partie du Code de Procédure Civile.

IV. B. 96. N° 1647. — VI. 318.

29 *avril* 1806, C. Loi contenant le troisième
livre de la deuxième partie du Code de Procédure
Civile.

IV. B. 97. N° 1651 bis. — VI. 440.

8 *juin* 1806, A. Décret * impérial concernant
les théâtres.

IV. B. 101. N° 1663. — M. 167. — VIII. 530.

14 *août* 1806, B. Sénatusc-onsulte * relatif au
théâtre de l'Odéon.

IV. B. 112. N° 1825.

21 *août* 1806, C. Décret* impérial qui proroge,
pour l'année 1807, la perception des droits sur les
spectacles, etc.

IV.'B. 113. N° 1851. — M. 238.

25 *avril* 1807, A. Arrêté ** de S. Exc. le ministre
de l'intérieur, portant règlement pour les théâtres
de la capitale et des départemens, en exécution
du décret impérial du 8 juin 1806, A.

(Manuscrit.)

29 *juillet* 1807, A. Décret * impérial sur les
théâtres.

IV. B. 157. N° 2685. — M. 221. — VIII. 531.

12 *août* 1807, C. Avis * du conseil-d'état sur
l'exécution de la loi du 19 juillet 1793, C. concernant les propriétés littéraires.

IV. B. 155. N° 2660. — M. 259. — S. VIII. 32.
— VIII. 498.

20 *février* 1809, A. Décret * concernant les manuscrits des bibliothèques et autres établissemens publics de l'empire.

IV. B. 226. No 4137. — S. X. 547. — VIII. 447.

25 *février* 1809, A. Décret * concernant les discours ou adresses faits au nom d'un corps de l'état.

IV. B. 226. No 4138. — II. 160.

24 *mars* 1809, D. Décret * impérial concernant l'organisation de l'imprimerie impériale.

IV. B. 237. No 4398. III. 71.

9 *décembre* 1809, A. Décret * concernant les droits à percevoir, en faveur des pauvres, des hospices; sur les spectacles, bals, concerts, danses et fêtes.

IV. B. 421. No 7694.

5 *février* 1810, A. Décret * impérial contenant règlement sur l'imprimerie et la librairie.

IV. B. 264. No 5155. — M. 37. — S. X. 94. — VIII. 498.

15 *février* 1810, A. Loi contenant les deux premiers chapitres du titre premier du troisième livre du Code Pénal.

IV. 277. No 3, page 18. — VI. 629.

17 *février* 1810, D. Loi contenant le chapitre premier du titre deux du livre trois du Code Pénal.

IV. B. 227 bis. No 5, page 70. — VI. 661.

19 *février* 1810, A. Loi contenant le deuxième chapitre du titre deux du livre trois du Code Pénal.
IV. B. 277 bis. No 6, page 88. — VI. 673.

20 *février* 1810, H. Loi contenant le quatrième livre du Code Pénal.

IV. B. 277 bis. Nº 7, page III. — VI. 688.

3 *mai* 1810, A. Décret * impérial concernant les fonds destinés aux dépenses de la censure.

IV. B. 286. Nº 5403. — VIII. 502.

6 *juillet* 1810, C. Décret * impérial portant défense à toutes personnes d'imprimer et débiter les sénatus-consultes, codes, lois et règlemens d'administration publique, avant leur publication par la voie du Bulletin des Lois.

IV. B. 301. Nº 5727. — M. 214. — III. 76.

3 *août* 1810, C. Décret * impérial relatif aux journaux des départemens.

IV. B. 335. Nº 6240. — M. 233. — VIII. 503.

2 *novembre* 1810, A. Décret* qui autorise l'existence d'une association formée à Sédan, département des Ardennes, pour la construction d'une nouvelle salle de spectacle.

IV. B. 328. Nº 6121. — VIII. 242.

18 *novembre* 1810. B. Décret* impérial concernant les presses, fontes, caractères et autres ustensiles d'imprimerie qui, à dater du 1ᵉʳ janvier 1811, se trouveront en la posséssion d'individus non brevetés.

IV. B. 327. Nº 6112. — M. 332. — VIII. 503.

14 *décembre* 1810, C. Décret * impérial qui donne aux censeurs de l'imprimerie le titre de censeurs impériaux, et qui leur accorde un traitement fixe, et une rétribution proportionnelle.

c*

IV. B. 333. N° 6209. — M. 354. — VIII. 506.

14 *décembre* 1810, F. Décret* impérial qui au-torise la publication de feuilles d'annonces et de journaux de littérature, sciences et arts, dans diverses villes de l'empire.

IV. B. 335. N° 6242. — M. 354. — VIII. 504.

29 *décembre* 1810, B. Décret* impérial relatif aux éditions d'ouvrages imprimés en France, faites en Hollande avant le 1er janvier 1811.

IV. B. 339. N° 6333. — S. XI. 148. — VIII. 506.

22 *janvier* 1811, A. Décret relatif à l'impression et à la distribution du Bulletin des Lois.

IV B. 245. N° 6470. — III. 76.

2 *février* 1811, A. Décret* impérial qui fixe l'indemnité accordée aux imprimeurs supprimés de Paris.

IV. B. 340. N° 6510. — M. 38. — VIII. 507.

2 *février* 1811, B. Décret* impérial relatif aux brevets à délivrer aux imprimeurs.

IV. B. 350. N° 6511. — M. 38. VIII. 509.

11 *février* 1811, A. Décret* impérial qui porte à 80 le nombre des imprimeurs de Paris.

(Journal de la Librairie n° 11.) — VIII. 509.

9 *avril* 1811, B. Décret* impérial qui ordonne l'exécution, dans divers départemens réunis, du décret du 5 février 1810, A. contenant règlement sur l'imprimerie et la librairie, et de celui du 3 août 1810, C. relatif aux journaux des départemens.

IV. B. 362. N° 6652. — M. 104.

29 *avril* 1811, A. Décret* impérial qui établit

un droit sur les ouvrages connus en imprimerie sous le nom de labeurs.

IV. B. 366. N° 6716. — M. 123. — VIII. 509.

25 *mai* 1811, B. Décret* qui maintient et autorise une association formée à Niort, département des Deux-Sèvres, pour la construction, déja exécutée, d'une salle de spectacle dans cette ville.

IV. B. 373. N° 6681. — VIII. 245.

3 *juin* 1811. B. Décret* impérial qui règle le mode d'exécution de celui du 29 avril 1811, A. portant établissement d'un droit sur les ouvrages connus en imprimerie sous le nom de labeurs.

IV. B. 374. N° 6894. — M. 165. — VIII. 509.

19 *juin* 1811, B. Décret* impérial qui accorde réciproquement aux auteurs français et italiens, dans l'étendue de l'Empire et du royaume d'Italie, les droits d'auteurs assurés par l'article 39 du décret du 5 février 1810, A.

IV. B. 382. N° 7126. — VIII. 511.

13 *août* 1811, A. Décret* impérial qui assujettit les théâtres du second ordre, petits théâtres, spectacles de tout genre, et ceux qui donnent des bals masqués ou des concerts dans la ville de Paris, à payer une redevance à l'académie impériale de musique.

IV. B. 385. N° 7157. — M. 233. — VIII. 532.

23 *août* 1811, A. Avis* du conseil d'état portant que le décret du 5 février 1810, A. n'a rien innové quant aux droits des auteurs d'ouvrages dra-

matiques et des compositeurs de musique. (Séance du 20 août 1811.)

IV. B. 387. N° 7182. — VIII. 511.

24 *août* 1811, A. Décret* impérial relatif aux éditions d'ouvrages imprimés en France, faites avant le 1er jauvier 1811, dans les départemens anséatiques, et dans ceux de la Toscane et des États Romains.

IV. B. 387. N° 7183. — M. 248. — VIII. 511.

26 *septembre* 1811, C. Décret* impérial qui autorise la publication de feuilles et d'écrits périodiques dans différentes villes de l'Empire.

Prom. du 21 octobre 1811, IV. B. 395. N° 7308. —M. 292. — VIII. 513.

14 *octobre* 1811, D. Décret* impérial qui autorise la direction générale de l'imprimerie et de la librairie à publier un journal d'annonce de toutes les éditions d'ouvrages imprimés ou gravés.

Prom. du 3 décembre 1811, IV. B. 404. N° 7459. — VIII. 514.

17 *janvier* 1812, B. Décret* qui maintient et autorise une association tontinière formée au Mans, pour la construction déjà exécutée et l'entretien d'une salle de spectacle.

Prom. du 7 février 1812, IV. B. 419. N° 7648. — VIII. 245.

13 *février* 1812, C. Décret* impérial qui déclare exécutoire dans les départemens de Rome et du Trasimène, le décret impérial du 9 décembre 1809, A concernant les droits à percevoir, en fa-

veur des pauvres ou des hospices, sur les spectacles, bals, concerts, danses et fêtes publiques.

Prom. du 24 février 1812, IV. B. 421. N° 7694.

2 *juillet* 1812, M. Décret* impérial concernant
le depôt des ouvrages imprimés à Paris.

VIII. 515.

11 *juillet* 1812, C. Décret* impérial qui déclare
communes aux libraires les dispositions de celui
du 2 février 1811, B. relatives aux brevets des imprimeurs.

Prom. du 10 août 1812, IV. B. 442. N° 8148.
— VIII. 515.

15 *octobre* 1812, A. Décret* impérial sur la surveillance, l'organisation, l'administration, la comptabilité, la police et discipline du théâtre français.

Prom. du 26 janvier 1813, IV. B. 469. N° 8577.
— M. 15. — VIII. 534.

22 *mars* 1813, C. Décret* impérial qui autorise
la publication de feuilles périodiques dans plusieurs
villes de l'empire.

Prom. du 2 avril 1813, IV. B. 489. N° 9059. —
VIII. 516.

3 *avril* 1814, B. Arrêté* du gouvernement provisoire portant que le moniteur est le seul journal
officiel.

Prom. du 9 avril 1814, V. B. 1. N° 17. — M. 94.
— VIII. 516.

6 *avril* 1814, A. Constitution française.

Prom. du 9 avril 1814, V. B. 1. N° 13. — M. 98.
— I. 195.

7 *avril* 1814 „C. Arrêté* du gouvernement provisoire concernant la police des placards, affiches et feuilles publiques.

Prom. du 13 avril 1814, V. B. 2. N° 17. — M. 98. — VIII. 516.

7 *avril* 1814, D. Arrêté* du gouvernement provisoire concernant la police des journaux et l'exécution des réglemens sur la librairie et l'imprimerie.

Prom. du 15 avril 1814, V. B. 2. N° 18. — M. 99. — VIII. 507.

9 *avril* 814, B. Arrêté du gouvernement provisoire, ayant pour objet d'assurer la libre circulation des lettres et journaux.

Prom. du 13 avril 1814, V. B. 2. N° 26. — M. 100. — X. 355.

2 *mai* 1814, B. Déclaration du roi sur le projet de constitution présenté par le sénat.

Prom. du 5 mai 1814, V. B. 8. N° 89. — M. 123. — S. XIV. 217. — I. 198.

4 *juin* 1814, A. Charte constitutionnelle.

Prom. du 9 juin 1814, V. B. 17. N° 133. — M. 156. — S. XIV. 218. — I. 198.

10 *juin* 1814. A. Ordonnance* du roi qui maintient provisoirement les lois, décrets et réglemens par lesquels il a été pourvu jusqu'à ce jour à la répression des abus de la presse.

V. B. 19. N° 151. — VIII. 517.

23 *septembre* 1814, B. Ordonnance du roi portant règlement sur les pensions de retraites à accorder aux présidens, conseillers, conseillers-au-

diteurs, juges et gens du roi, des cours royales, tribunaux et justices de paix, ainsi qu'aux fonctionnaires et employés des bureaux de la chancellerie de France.

Prom. du 30 septembre 1814, V. B. 40. N° 305. — S. XIV. 460. — IV. 597.

21 *octobre* 1814, A. Loi* relative à la liberté de la presse.

Prom. du 23 octobre 1814, V. B. 47. N° 395. — VIII. 518.

23 *octobre* 1814, A. Ordonnance* du roi portant que la direction générale de la librairie est dans les attributions du chancelier de France.

Prom. du 23 octobre 1814, V. B. 47. N° 395. — VIII. 518.

24 *octobre* 1814, A. Ordonnance* du roi qui nomme les censeurs royaux.

Prom. du 25 octobre 1814, V. B. 48. N° 402. — M. 298. — VIII. 520.

24 *octobre* 1814, B. Ordonnance * du roi contenant des mesures relatives à l'impression, au dépôt et à la publication des ouvrages, etc.

Prom. du 25 octobre 1814, V. B. 48. N° 403. — M. 298. VIII. 520.

28 *décembre* 1814, A. Ordonnance * du roi relative à l'imprimerie royale.

Prom. du 1er janvier 1815, V. B. 68. N° 576. — M. 16. — III. 80.

30 *décembre* 1814, A. Ordonnance* du roi qui

nomme le sieur Anisson Duperron, directeur de l'imprimerie royale.

Prom. du 1er janvier 1815, V. B. 68. N° 577.

24 *mars* 1815, A. Décret* impérial qui réunit la librairie et l'imprimerie au ministère de la police générale.

Prom. du 25 mars 815, VI B. 4. N° 32.—M. 84.

24 *mars* 1815, C. Décret* impérial qui supprime la direction générale de la librairie et de l'imprimerie, et les censeurs.

Prom. du 26 mars 1815, VI. B. 5. N° 36.—M. 48.

26 *mars* 1815, B. Décret* impérial qui maintient provisoirement les lois et règlemens concernant la professsion d'imprimeur et de libraire, la police des ateliers, et les feuilles publiques des départemens.

Prom. du 28 mars 1815, VI. B. 6. N° 48.

21 *avril* 1815, A. Décret impérial qui rétablit provisoirement l'imprimerie impériale dans l'état règlé par les décrets des 24 mars 1809 et 22 janvier 1811.

Prom. du 26 avril 1815, VI. B. 21. N° 116.

11 *mai* 1815, B. Décret* impérial portant suppression des inspecteurs de la librairie, et création de neuf commissaires spéciaux de la librairie.

Prom. du 15 mai 1815, VI. B. 29. N° 154.—M 135.

7 *juillet* 1815, A. Ordonnance* du roi relative aux fonctionnaires de l'ordre administratif et judiciaire et aux commandans et officiers des gardes nationales en activité de service au 1er mars dernier.

Prom. du 12 juillet 1815, VII. B. 1. N° 3. — M. 188.

20 *juillet* 1815, A. Ordonnance* du roi concernant l'exécution de la loi du 21 octobre 1814, relative à la liberté de la presse.

Prom. du 22 juillet 1815. VII. B. 5. N° 19. — M. 204.

8 *août* 1815. A. Ordonnance* du roi qui assujettit tous les journaux à une nouvelle autorisation du ministre de la police générale, et soumet tous les écrits périodiques à l'examen d'une commission.

Prom. du 22 août, 1815, VII. B. 16. N° 70. — M. 222.

14 *août* 1815, B. Ordonnance* du roi qui nomme les membres de la commission instituée par l'article 2 de l'ordonnance du 8 août 1815, A. relative aux journaux et écrits périodiques.

Prom. du 22 août 1815, VII. B. 16. N° 72.

19 *août* 1815, A. Ordonnance* du roi qui nomme membre de la commission instituée pour l'examen des journaux et écrits périodiques, le sieur Boscheron-Desportes, en remplacement du sieur Fiévée, démissionnaire.

Prom. du 27 août 1815, VII. B. 17. N° 85.

23 *août* 1815, A. Ordonnance* du roi qui nomme le sieur Dampmartin membre de la commission des journaux, en remplacement du sieur Augé, démissionnaire.

Prom. du 31 août 1815, VII. B. 19. N° 92.

9 *novembre* 1815, A. Loi * relative à la répression des cris séditieux et des provocations à la révolte.

Prom. du 11 novembre 1815, VII. B. 39. N° 204. — M. 317. — S. XVI. 10.

31 *décembre* 1815, A. Ordonnance du roi concernant le service intérieur et extérieur des palais royaux et les attributions de la maison militaire de Sa Majesté et de la garde royale.

Prom. du 12 mars 1816, VII. B. 71. N° 477.

28 *février* 1816, B. Ordonnance * du roi relative à l'imprimerie royale.

Prom. du 12 mars 1816. VII. B. 71. N° 480.

28 *avril* 1816, A. Loi sur les finances.

Prom. du 4 mai 1816, VII. B. 81. N° 6023.

3 *juillet* 1816, N. Ordonnance du roi portant création d'une caisse commune de pensions de retraite et de secours en faveur des employés et ouvriers de l'imprimerie royale, et de leurs veuves et orphelins.

Prom. du 2 août 1816, VII. B. 104. N° 957.

12 *février* 1817, D. Ordonnance * du roi qui annulle un arrêté du conseil de préfecture du département de la Gironde, relatif aux contestations élevées entre l'administration des hospices de Bordeaux et le directeur des théâtres de cette ville.

Prom. du 25 février 1817, VII. B. 140. N° 1760.

28 *février* 1817, A. Loi * sur les journaux.

Prom. du 8 mars 1817, VII. B. 141. N° 1778. — M. 67.

28 *février* 1817, B. Loi * relative aux écrits saisis en vertu de la loi du 21 octobre 1814. A.

Prom. du 8 mars, 1817, VII. B. 141. N° 1779.*— M. 67.

25 *mars* 1817, A. Loi sur les finances.

Prom. du 26 mars 1817, VII. B. 145. N° 1879.

8 *octobre* 1817, A. Ordonnance * du roi relative aux impressions lithographiques.

Prom. du 21 octobre 1817, VII. B. 177. N° 2875. — M. 283.

30 *décembre* 1817, A. Loi * sur les journaux.

Prom. du 30 décembre 1817, VII. B. 188. N° 3346 — M, 365.

25 *mars* 1818, F. Ordonnance * du roi portant que le théâtre de l'Odéon sera reconstruit, et qu'il continuera d'être un annexe de la Comédie Française.

M 86.

15 *mai* 1818, A. Loi sur les finances.

Prom. du 16 mai 1818, VII. B. 211. N° 4101. — M. 138.

17 *mai* 1819, A. Loi * sur la répression des crimes et délits commis par la voie de la presse, ou par tout autre moyen de publication.

Prom. du 18 mai 1819, VII. B. 278. N° 6444. — M. 165 S. — XIX. 227. — VI. 765.

26 *mai* 1819, A. Loi * relative à la poursuite et au jugement des crimes et délits commis par la voie de la presse, ou par tout autre moyen de publication.

Prom. du 26 mai 1819, VIII. B. 280. N° 6515.
— M. 165. — S. XIX. 229. — VI. 768.

9 *juin* 1819, A. Loi * relative à la publication des journaux ou écrits périodiques.

Prom. du 10 juin 1820, VII. B. 284. N° 6648.
— M. 161. — S. XIX. 232.

9 *juin* 1819, B. Ordonnance * du roi concernant l'exécution de la loi relative à la publication des journaux ou écrits périodiques.

Prom. du 10 juin 1819, VII. B. 284. N° 6649.—
M. 161.

12 *janvier* 1820, B. Ordonnance * du roi concernant l'imprimerie royale.

Prom. du 18 janvier 1820, VII. B. 338. N° 8119,
— M. 19.

31 *mars* 1820, A. Loi * sur la publication des journaux et écrits périodiques.

Prom. du 3 mai 1820, VII. B. 366. N° 8494. —
M. 921.

1er *avril* 1820, A. Ordonnance * du roi concernant l'exécution de la loi du 31 mars 1820. relative à la publication des journaux et écrits périodiques.

Prom. du 1er avril 1820, A. VII. B. 358. N° 8538.
— M. 93.

1er *avril* 1820, B. Ordonnance * du roi portant nomination des membres du conseil chargé de la surveillance de la censure des journaux et écrits périodiques.

Prom. du 2 avril 1820, VII. B. 359. N° 8557. — M. 94.

1er *avril* 1820, C. Ordonnance * du roi portant nomination des membres de la commission de censure instituée à Paris.

Prom. du 2 avril 1820, VII. B. 359. N° 8558. — M. 94.

5 *avril* 1820, E. Ordonnance * du roi portant nomination de quatre membres de la commission de censure instituée à Paris.

Prom. du 26 avril 1820, VII. B. 363. N° 8642.

26 *juillet* 1821, A. Loi * relative à la censure des journaux.

Prom. du 28 juillet 1821, VII. B. 464. N° 10933.

17 *mars* 1822, A. Loi * relative à la police des journaux et écrits périodiques.

Prom. du 18 mars 1822, VII. B. 510. N° 12253. — M. 77. — S. XXII. 121.

25 *mars* 1822, A. Loi * relative à la répression et à la poursuite des délits commis par la voie de la presse ou par tout autre moyen de publication.

Prom. du 25 mars 1822, VII. B. 514. N° 12390. — M. 85. — S. XXII. 122.

1er *mai* 1822, F. Ordonnance * du roi contenant des dispositions relatives à la publication de tous dessins gravés ou lithographiés.

Prom. du 7 mai 1822, VII. B. 526. N° 12670. — M. 127.

rieur, chargé de l'examen préalable des journaux et écrits périodiques.

Prom. du 24 juin 1827, VIII. B. 170. N° 6440.

24 *juin* 1827, C. Ordonnance * du roi portant nomination des membres chargés de la surveillance de la censure.

Prom. du 24 juin 1827, VIII. B. 170. N° 6441.

24 *juin* 1827, D. Ordonnance du roi * portant nomination des membres du bureau de censure.

Prom. du 24 juin 1827, VIII. B. 170. N° 6442.

4 *juillet* 1827, A. Ordonnance * du roi qui nomme MM. de Silan et Lévêque membres du bureau de censure

Prom. du 23 juillet 1827, VIII. B. 175. N° 6692.

8 *juillet* 1827, A. Ordonnance * du roi qui nomme MM. Blaire et Ollivier membres du conseil chargé de la surveillance de la censure.

Prom. du 12 juillet 1827, VIII. B. 174. N° 6644.

18 *juillet* 1827, B. Ordonnance * du roi qui nomme M. Berchoux membre du bureau de censure.

Prom. du 9 août 1827, VIII. B. 179. N° 6799.

1er *septembre* 1827, A. Ordonnance * du roi portant que la peine de la contravention à la disposition de l'article 11 de la loi du 21 octobre 1814, A. en ce qui concerne le commerce de la librairie, est celle de l'amende de cinq cents francs portée par le règlement du 28 février 1723, A.

Prom. du 25 septembre 1827, VIII. B. 185. N° 7073.

5 *novembre* 1827, C. Ordonnance* du roi qui fait cesser l'effet de celle du 24 juin 1827, A.

Prom. du 5 novembre 1827, VIII. B. 193. N° 7401.

9 *janvier* 1828, A. Ordonnance* du roi qui modifie celle du 24 octobre 1814, B. relative au dépôt des exemplaires des écrits imprimés et des épreuves des planches et estampes,

Prom. du 26 janvier 1828, VIII. B. 209. N° 7807.

27 *mars* 1828, A. Ordonnance* du roi qui prescrit la formation d'un dépôt particulier pour y recevoir l'exemplaire des livres du dépôt légal destiné en vertu de l'ordonnance du 9 janvier 1828, A. à la bibliothèque du ministère de l'intérieur, et contient des dispositions relatives à la répartition des ouvrages entre les bibliothèques publiques du royaume.

Prom. du 8 avril 1828, VIII. B. 224. N° 8207.

FIN DE LA TABLE CHRONOLOGIQUE.

E*

CODE

GÉNÉRAL PROGRESSIF[*].

PRESSE

ET AUTRES MOYENS DE PUBLICATION.

DIVISION DU 1er DEGRÉ.

10. *De l'autorité des lois et actes du gouvernement, relatifs à la presse et autres moyens de publication.*

DIVISION DU 2e DEGRÉ.

20. *Disposition commune à toutes les lois ou actes du gouvernement, relatifs à la presse et autres moyens de publication.*

30. *Sous l'arrêté du 7 avril 1824, D.*

40. Les règlemens sur la librairie et l'imprimerie continueront provisoirement à être exécutés

---

[*] Paraphe de l'auteur, pour garantie contre la contrefaçon.

et observés dans toute leur teneur, sous l'autorité du commissaire provisoire chargé du portefeuille de l'intérieur, et du commissaire provisoire chargé du portefeuille de la police générale, chacun en ce qui le concerne. *Arrété du 7 avril 1814, D. art. 2.*

5o. *Sous l'ordonnance du 10 juin 1814, A.*

6o. Les lois, décrets et règlemens relatifs à l'usage de la presse et aux délits qui se peuvent commettre par cette voie, seront provisoirement exécutés selon leur forme et teneur, jusqu'à ce qu'il en ait été autrement ordonné. *Ordonnance du 10 juin 1814, A.*

7o. *Sous le décret du 26 mars 1815, B.*

8o. Les lois et règlemens concernant la profession d'imprimeur et de libraire, la police des ateliers, et les feuilles publiques des départemens, seront maintenus provisoirement, jusqu'à ce qu'il ait été statué définitivement. *Décret du 26 mars 1815, B. art. 1er.*

DIVISION DU 2e DEGRÉ.

9o. *Dispositions spéciales à chaque loi ou acte relatif à la presse et autres moyens de publication.*

DIVISION DU 3e DEGRÉ.

1oo. *De la loi du 16 août 1790, B.*

[11o. La loi du 16 août 1790, B. n'était que

provisoire..... *Décret du* 19 *juillet* 1791, B. *Préambule.*]

DIVISION DU 3ᵉ DEGRÉ.

120. *De la loi du* 13 *janvier* 1791, C.

120.... La loi du 13 janvier 1791, C.... contient des dispositions générales qui... doivent être exécutées dans tout l'empire français .. *Décret du* 19 *juillet* 1791 , B. *Préambule.*

140. *La* loi du 13 janvier 1791, C... *est* appliquée dans toutes *ses* dispositions *aux ouvrages dramatiques. Décret du* 1ᵉʳ *septembre* 1793, B. *art.* 2.

DIVISION DU 3ᵉ DEGRÉ.

170. *Du décret du* 30 *août* 1792, A.

[180. *L'assemblée nationale* déroge aux décrets antérieurs, en tout ce qui n'est pas conforme au présent décret. *Décret du* 30 *août* 1792, A. *art.* 10.]

[190. La convention nationale rapporte la loi du 30 août 1792, A. relative aux ouvrages dramatiques. *Décret du* 1ᵉʳ *septembre* 1793, B. *art.* 1ᵉʳ.]

DIVISION DU 3ᵉ DEGRÉ.

200. *De la loi du* 19 *juillet* 1793, C.

210. *La* loi du... 19 juillet... 1793, C... *est* ap-

pliquée, dans toutes *ses.* dispositions, *aux ouvra-*
ges dramatiques. Décret du 1er *septembre* 1793,
B. *art.* 2.

[220. Le conseil-d'état, qui, d'après le renvoi
ordonné par Sa Majesté, a entendu le rapport de
la section de l'intérieur sur celui du ministre de
ce département, relatif à la pétition de quelques
libraires de Bruxelles, qui tend à faire modifier
en leur faveur les dispositions de la loi du 19
juillet 1793, C. sur la garantie des propriétés littéraires ;

Vu la publication de ladite loi dans les départemens réunis de la ci-devant Belgique, le (25 *dé-*
cembre 1795) 4 nivôse an IV.

Est d'avis qu'il n'y a pas lieu à modifier aucune
disposition de la loi, et que c'est aux tribunaux
chargés de son application à apprécier les circonstances particulières et les cas divers, et à prononcer en conséquence. *Avis du* 12 *août* 1807, C.]

DIVISION DU 3e DEGRÉ.

230. *Du décret du* 24 *février* 1794, D.

[240. *Ce décret n'est que règlementaire. Décret*
du 24 *février* 1794, D. *titre.*]

[250. *Les* 2me, 3me *et* 4me *titres du règlement* ....

du 24 *février* 1794, D. seront affichés dans les ateliers : le prote et les chefs d'ateliers auront soin de veiller à son exécution, sous peine de destitution. *Décret du* 24 *février* 1794, D. *tit.* 2, *art.* 19.]

DIVISION DU 3ᵉ DEGRÉ.

260. *De la loi du* 27 *janvier* 1795 , A.

270. Les dispositions des lois antérieures auxquelles il n'est pas dérogé par le présent décret, sont expressément maintenues. *Loi du* 27 *janvier* 1795 , A. *art.* 16.

[280. La loi du (27 *janvier* 1795 , A.) 8 pluviôse, concernant les attributions de l'imprimerie de la république, aura sa pleine et entière exécution. *Décret du* 9 *juin* 1795 , F. *art.* 1ᵉʳ.]

DIVISION DU 3ᵉ DEGRÉ.

290. *Du décret du* 9 *juin* 1795 , F.

[300 L'insertion au Bulletin du présent décret tiendra lieu de publication. *Décret du* 9 *juin* 1795 , F. *art* 8.]

DIVISION DU 3ᵉ DEGRÉ.

310. *De l'arrêté du* 8 *janvier* 1796 , A.

[320. Le ministre de la police mandera, dans le

jour, tous les directeurs et entrepreneurs de chacun des spectacles de Paris; il leur fera lecture du présent arrêté, leur intimera, chacun à leur égard, les ordres qui y sont contenus : il surveillera l'exécution pleine et entière de toutes ses dispositions, et en rendra compte au directoire. *Arrêté du 8 janvier* 1796, A.]

[330. Le directoire exécutif arrête que les dispositions de son arrêté du (8 *janvier* 1796, A.) 18... nivôse an IV, concernant les spectacles de Paris, sont communes à tous les spectacles existant dans le territoire de la république.

Le présent arrêté, et celui du (8 *janvier* 1796, A.) 18... nivôse an IV, seront insérés dans le Bulletin des Lois.

Le ministre de la police générale est chargé, etc. *Arrêté du* 17 *janvier* 1796, A.]

DIVISION DU 3ᵉ DEGRÉ.

340. *De la loi du* 25 *décembre* 1796, B.

[350. Le directoire exécutif, en vertu de l'article 11 de la loi du (4 *octobre* 1795, A.) 12 vendémiaire an IV, concernant l'envoi et la publication des lois, arrête que la loi du (5 *décembre* 1796, B.)

5 de ce mois, portant défense d'annoncer publiquement les journaux et actes des autorités constituées, autrement que par leur titre, sera proclamée à son de trompe ou de caisse, par chaque administration municipale, le jour même de la réception du Bulletin où elle sera insérée.

Le présent arrêté sera inséré au Bulletin des Lois, à la suite de la loi du (5 *décembre* 1796, B.) 5 de ce mois. *Arrêté du* 27 *décembre* 1796, D.

[360. La loi du (25 *décembre* 1796, B.) 5 nivôse an V, portant défense d'annoncer publiquement les journaux et les actes des autorités constituées, autrement que par leurs titres, sera de nouveau imprimée, affichée, et proclamée à son de trompe ou de caisse, dans toutes les rues et carrefours de la commune de Paris ; la proclamation en sera faite par les administrations municipales de cette commune, chacune dans son arrondissement ; et ce, le jour même de la réception du présent arrêté. *Arrêté du* 5 *décembre* 1797, A. *art.* 3.]

DIVISION DU 3ᵉ DEGRÉ.

370. *De l'arrêté du* 5 *décembre* 1797, A.

[380. Le présent arrêté sera imprimé dans le Bulletin des Lois, affiché et proclamé tant dans la commune de Paris que dans toutes les autres de la république où il est d'usage de colporter et d'annoncer publiquement les journaux et autres feuilles périodiques.]

Les ministres de la justice et de la police générale sont chargés de son exécution, chacun en ce qui le concerne. *Arrêté du 5 décembre* 1797, A. *art.* 7.

DIVISION DU 5e DEGRÉ.

390. *De la loi du 26 août* 1798, A.

[400. La loi du (26 *août* 1798, A.) 9 fructidor an VI, portant prorogation de l'article 35 de celle du (5 *septembre* 1797, A.) 19 fructidor an V (*n°* 1220), est rapportée. *Loi du* 1er *août* 1799, B. *art.* 1er.]

DIVISION DU 3e DEGRÉ.

410. *De l'arrêté du 29 juillet* 1803, C.

420. Les dispositions de l'arrêté du (29 *juillet* 1803, C.) 10 thermidor an XI, en ce qui concerne la perception des droits mentionnés aux articles qui précèdent, et les contestations auxquelles les recettes et les droits à percevoir pourraient donner

lieu....., continueront de recevoir leur exécution·
Décret du 21 *août* 1806, C. *art.* 3.

DIVISION DU 3ᵉ DEGRÉ.

430. *Du règlement ** du* 25 *avril* 1807, A.

440. Le règlement susdaté, fait par notre ministre de l'intérieur, est approuvé, pour être exécuté dans toutes les dispositions auxquelles il n'est pas dérogé par le présent décret. *Décret du* 29 *juillet* 1807, A. *art.* 6.

DIVISION DU 3ᵉ DEGRÉ.

Du décret du 29 *juillet* 1807, A.

445. Le décret du 29 juillet 1807, A.... *est* maintenu..: en tout ce qui n'est pas contraire aux dispositions *du présent décret. Décret du* 15 *octobre* 1812, A. *art.* 88.

DIVISION DU 3ᵉ DEGRÉ.

450. *Du Code d'Instruction Criminelle de* 1808.

460. ... Les dispositions du Code d'Instruction Criminelle auxquelles il n'est pas dérogé par la présente loi, continueront d'être exécutées. *Loi du* 26 *mai* 1819, A. *art.* 31.

DIVISION DU 3e DEGRÉ.

453. *Du décret du 9 décembre 1809, A.*

[456 Notre décret du 9 décembre 1809, A. portant prorogation indéfinie de la perception du droit, 1º d'un décime pour franc, établi en sus du prix de chaque billet d'entrée et d'abonnement dans tous les spectacles où se donnent des pièces de théâtre; 2º du droit d'un quart de la recette brute, établi sur les bals, les feux d'artifice, les concerts et autres fêtes où l'on est admis en payant, par les lois des (27 *novembre* 1796, B.) 7 frimaire an V et (26 *juillet* 1797, A.) 8 thermidor an V, (22 *novembre* 1797, A.) 2 frimaire an VI, et (22 *septembre* 1799, A.) 6me jour complémentaire an VII, et par les décrets successifs rendus les 25 *août* 1800, C.) 7 fructidor an VIII, (29 *août* 1801, A.) 11 fructidor an IX, (6 *août* 1802, A.) 18 thermidor an X, (29 *juillet* 1803, C.) 10 thermidor an XI, (18 *août* 1804, A.) 30 thermidor an XII, (24 *août* 1805, C.) 8 fructidor an XIII, 21 août, 1806, C., 2 novembre 1807, et 26 novembre 1808, sera exécuté dans les départemens de Rome et du Trasimène, à compter de la publication qui en sera faite avec notre présent décret. *Décret du* 13 *février* 1812, C. *art.* 1er.]

DIVISION DU 1er DÉGRÉ.

990. *Dispositions générales sur la presse et autres moyens de publication*

1000. *Sous la constitution du 26 août 1789, A.*

[1010. LA LIBRE COMMUNICATION DES PENSÉES ET DES OPINIONS EST UN DES DROITS LES PLUS PRÉCIEUX DE L'HOMME. TOUT CITOYEN PEUT DONC PARLER, ÉCRIRE, IMPRIMER LIBREMENT, SAUF A RÉPONDRE DE L'ABUS DE CETTE LIBERTÉ, DANS LES CAS DÉTERMINÉS PAR LA LOI. *Constitution du 26 août 1789, A. art. 11.*]

1020. *Sous la constitution du 3 septembre 1791, A.*

[1030. LA CONSTITUTION GARANTIT... COMME DROITS NATURELS ET CIVILS, LA LIBERTÉ A TOUT HOMME DE PARLER, D'ÉCRIRE, D'IMPRIMER ET PUBLIER SES PENSÉES, SANS QUE SES ÉCRITS PUISSENT ÊTRE SOUMIS A AUCUNE CENSURE NI INSPECTION AVANT LEUR PUBLICATION. *Constitution du 3 septembre 1791, A. tit. 1er.*]

[1040. NUL HOMME NE PEUT ÊTRE RECHERCHÉ NI POURSUIVI POUR RAISON DES ÉCRITS QU'IL AURA FAIT IMPRIMER OU PUBLIER SUR QUELQUE MATIÈRE QUE CE SOIT, SI CE N'EST QU'IL AIT PROVOQUÉ A DESSEIN LA DÉSOBÉISSANCE A LA LOI, L'AVILISSEMENT DES POUVOIRS CONSTITUÉS, LA RÉSISTANCE A LEURS ACTES, OU QUELQUES-UNES DES ACTIONS DÉCLARÉES CRIMES OU DÉLITS PAR LA LOI..... *Constitution du 3 septembre 1791, A. tit. 3, chap. 5, art. 17.*]

1050. *Sous la constitution du 24 juin* 1793, A.

[1060. LE DROIT DE MANIFESTER SA PENSÉE ET SES OPINIONS, SOIT PAR LA VOIE DE LA PRESSE, SOIT DE TOUTE AUTRE MANIÈRE, NE PEUT ÊTRE INTERDIT..... LA NÉCESSITÉ D'ÉNONCER CES DROITS SUPPOSE OU LA PRÉSENCE OU LE SOUVENIR RÉCENT DU DESPOTISME. *Constitution du 24 juin* 1793, A. *art.* 7.]

1070. *Sous la constitution du 22 août* 1795, A.

[1080. NUL NE PEUT ÊTRE EMPÊCHÉ DE DIRE, ÉCRIRE, IMPRIMER ET PUBLIER SA PENSÉE.

LES ÉCRITS NE PEUVENT ÊTRE SOUMIS A AUCUNE CENSURE AVANT LEUR PUBLICATION.

NUL NE PEUT ÊTRE RESPONSABLE DE CE QU'IL A ÉCRIT OU PUBLIÉ QUE DANS LES CAS PRÉVUS PAR LA LOI. *Constitution du 22 août* 1795, A. *art.* 353.]

1085... IL N'Y A *pas de* LIMITATION A LA LIBERTÉ DE LA PRESSE........ TOUTE LOI PROHIBITIVE EN CE GENRE, QUAND LES CIRCONSTANCES LA RENDENT NÉCESSAIRE, EST ESSENTIELLEMENT PROVISOIRE ET N'A D'EFFET QUE PENDANT UN AN AU PLUS, A MOINS QU'ELLE NE SOIT FORMELLEMENT RENOUVELÉE. *Constitution du 22 août* 1795, A. *art.* 355.]

1090 *Sous la constitution du 18 mai* 1804, A.

[1100 UNE COMMISSION DE SEPT MEMBRES NOMMÉS PAR LE SÉNAT ET CHOISIS DANS SON SEIN, EST CHARGÉE DE VEILLER A LA LIBERTÉ DE LA PRESSE.

NE SONT POINT COMPRIS DANS SON ATTRIBUTION LES OUVRAGES QUI S'IMPRIMENT ET SE DISTRIBUENT PAR ABONNEMENT ET A DES ÉPOQUES PÉRIODIQUES.

Cette commission est appelée commission sénatoriale de la liberté de la presse. *Constitution du 18 mai 1804, A. art. 64.*]

[1110. Les auteurs, imprimeurs ou libraires qui se croient fondés a se plaindre d'empêchemens mis a l'impression ou a la circulation d'un ouvrage, peuvent recourir directement et par voie de pétition a la commission sénatoriale de la liberté de la presse. *Constitution du 18 mai 1804, A. art. 65.*]

[1120. Lorsque la commission estime que les empêchemens ne sont pas justifiés par l'intérêt de l'état, elle invite le ministre qui a donné l'ordre a le révoquer. *Constitution du 18 mai 1804, A. art. 66.*]

[1130. Si, après trois invitations consécutives, renouvelées dans l'espace d'un mois, les empêchemens subsistent, la commission demande une assemblée du sénat, qui est convoquée par le président, et qui rend, s'il y a lieu, la déclaration suivante :

« Il y a de fortes présomptions que la liberté de la presse a été violée. »

On procède ensuite conformément a la disposition de l'article 112, titre 13, de la haute-cour impériale. *Constitution du 18 mai 1804, A. art. 67.*]

1140. *D'après le projet de Constitution du 6 avril 1814, A.*

[1150. La liberté de la presse est entière,

SAUF LA RÉPRESSION LÉGALE DES DÉLITS QUI POUR-
RAIENT RÉSULTER DE L'ABUS DE CETTE LIBERTÉ. LES
COMMISSIONS SÉNATORIALES DE LA LIBERTÉ DE LA
PRESSE ET DE LA LIBERTÉ INDIVIDUELLE SONT CON-
SERVÉES. *Constitution du 6 avril 1814, A. art. 23.*]

1160. *D'après la déclaration de Saint-Ouen, du 2 mai 1814, B.*

[1170. LA LIBERTÉ DE LA PRESSE *est* RESPECTÉE,
SAUF LES PRÉCAUTIONS NÉCESSAIRES A LA TRAN-
QUILITÉ PUBLIQUE. *Déclaration de Saint-Ouen, du 2 mai 1814, B.*]

1180. *Sous la charte constitutionnelle, du 4 juin 1814, A.*

1190. LES FRANÇAIS ONT LE DROIT DE PUBLIER
ET DE FAIRE IMPRIMER LEURS OPINIONS, EN SE CON-
FORMAMT AUX LOIS QUI DOIVENT RÉPRIMER LES
ABUS DE CETTE LIBERTÉ. *Charte constitutionnelle du 4 juin 1814, A.*

DIVISION DU 1er DEGRÉ.

1200. *Des Journaux ou écrits périodiques.*

DIVISION DU 2e DEGRÉ.

1210. *Des conditions imposées aux journaux avant leur publication, sous les lois rendues depuis le 5 septembre 1797 jusqu'au 1er août 1799.*

[1220. Les journaux, les autres feuilles périodiques, et les presses qui les impriment, sont mis, pendant un an, sous l'inspection de la police, qui pourra les prohiber, aux termes de l'article 355 de l'acte constitutionnel (*n*° 1085). *Loi du 5 septembre* 1797, A. *art.* 35.]

[1230. Les arrêtés que les administrations municipales et centrales pourraient prendre, et les ordres que le ministre de la police générale pourrait donner, à l'effet de prohiber ou de déclarer qu'il n'y a pas lieu de prohiber des journaux ou autres feuilles périodiques ou les presses qui les impriment, seront, avant d'être mis à exécution, soumis à l'approbation du directoire exécutif. *Arrêté du* 13 *novembre* 1797, A. *art.* 1*er.*]

[1240. Les administrations municipales adresseront aux administrations centrales, et celles-ci au ministre de la police générale, les arrêtés qu'elles prendront en cette matière ; et il y sera statué par le directoire exécutif, sur le rapport du ministre de la police générale. *Arrêté du* 13 *novembre* 1797, A. *art.* 2.]

[1250. Le ministre de la police générale, dans la décade de la réception du présent arrêté, mettra sous les yeux du directoire exécutif le tableau des arrêtés pris ou ordres donnés jusqu'à ce jour à l'effet de prohiber ou de déclarer qu'il n'y a pas lieu de prohiber des journaux ou autres feuilles périodiques ou leurs presses. *Arrêté du* 13 *novembre* 1797, A. *art.* 3.]

[1260. L'attribution donnée à la police par l'ar-

ticle 35 de la loi du (5 *septembre* 1797, A. ,
19 fructidor an V, (*n°* 1220), continuera d'avoir
lieu jusqu'à la publication de la loi pénale qui
sera portée sur les délits de la presse ; sans néanmoins que la durée de cette attribution puisse
excéder le terme d'une année. *Loi du* 26 *août*
1798, A. *art.* 1er.]

1270. La loi du (26 *août* 1798, A. *n°* 1260)
9 fructidor an VI, portant prorogation de l'art. 35
de celle du (5 *septembre* 1797, A.) 19 fructidor
an V (*n°* 1220), est rapportée. *Loi du* 1er *août*
1799, B. *art.* 1er.]

DIVISION DU 2e DEGRÉ.

1280. *Des conditions imposées aux journaux*
avant leur publication, sous les lois rendues de-
puis le 17 *janvier* 1800 *jusqu'au* 22 *mars* 1813.

DIVISION DU 3e DEGRÉ.

1290. *Des journaux publiés dans le département*
de la Seine.

1300. *Sous l'arrêté du* 17 *janvier* 1800, B.

[1310. Le ministre de la police ne laissera,
pendant toute la durée de la guerre, imprimer,
publier et distribuer que les journaux ci-après
désignés :

Le Moniteur universel ;
Le Journal des Débats et des Décrets ;
Le Journal de Paris ;
Le Bien-Informé ;
Le Publiciste ;

L'Ami des Lois;
La Clef du Cabinet;
Le Citoyen Français;
La Gazette de France;
Le Journal des Hommes Libres;
Le Journal du Soir, par les frères Chaigneau;
Le Journal des Défenseurs de la Patrie;
La Décade Philosophique;
Et les journaux s'occupant exclusivement des sciences, arts, littérature, commerce, annonces et avis. *Arrêté du* 17 *janvier* 1800, B. *art.* 1er.]

[1320. Le ministre de la police veillera à ce qu'il ne s'imprime aucun nouveau journal... dans le département de la Seine.... *Arrété du* 17 *janvier* 1800, B. *art.* 3.]

[1330. Les propriétaires et rédacteurs des journaux conservés par le présent arrêté, se présenteront au ministre de la police pour justifier de leur qualité de citoyen français, de leur domicile et de leur signature, et promettront fidélité à la constitution. *Arrêté du* 17 *janvier* 1800, B. *art.* 4.]

DIVISION DU 3e DEGRÉ.

1340. *Des journaux publiés dans les départemens autres que celui de la Seine.*

1350. *Sous l'Arrêté du* 17 *janvier* 1800, B.

[1360. Le ministre de la police veillera à ce qu'il ne s'imprime aucun nouveau journal... dans les départemens *autres que celui de la Seine.* *Arrêté du* 17 *janvier* 1800, B. *art.* 3.]

[1370. Les propriétaires et rédacteurs des journaux conservés par le présent arrêté, se présenteront au ministre de la police pour justifier de leur qualité de citoyen français, de leur domicile et de leur signature, et promettront fidélité à la constitution. *Arrêté du 17 janvier* 1800, B. *art.* 4.]

[1380. Le ministre de la police générale fera incessamment un rapport sur tous les journaux qui s'impriment dans les... départemens *autres que celui de la Seine. Arrêté du 17 janvier* 1800, B. *art.* 2.]

1390. *Sous le décret du* 3 *août* 1810, C.

[1400. Il n'y aura qu'un seul journal dans chacun des départemens, autres que celui de la Seine. *Décret du* 3 *août* 1810, C. *art.* 1er.]

[1410. Ce journal sera sous l'autorité du préfet, et ne pourra paraître que sous son approbation. *Décret du* 3 *août* 1810, C. *art.* 2.]

[1420. Néanmoins les préfets pourront autoriser provisoirement, dans nos grandes villes, la publication de feuilles d'affiches ou d'annonces pour les mouvemens des marchandises, pour ventes d'immeubles; les journaux qui traitent exclusivement de littérature, sciences et arts ou agriculture. Lesdites feuilles ne pourront contenir aucun article étranger à leur objet. *Décret du* 3 *août* 1810, C. *art.* 3.]

[1430. Notre ministre de l'intérieur nous fera,

le 1er septembre prochain, un rapport sur lesdites feuilles d'affiches ou d'annonces, dont la publication pourrait être définitivement déterminée.
Décret du 3 août 1810, C. art. 4.]

1435. *Sous les décrets rendus depuis le 14 décembre 1810 jusqu'au 22 mars 1813.*

[1440. Notre ministre de l'intérieur, sur la
proposition du conseiller d'état directeur général
de la librairie, fixera les obligations et les droits
respectifs des éditeurs, imprimeurs et propriétaires des journaux de département et des feuilles
d'annonces. *Décret du 14 déc. 1810, F. art. 2.*]

[1450. Les journaux ou feuilles quotidiennes
seront réduits conformément au décret du 3 août
1810, C. (*n°* 1400); et le nombre des journaux
à conserver sera réglé en notre conseil sur le
rapport du ministre de l'intérieur et l'avis du directeur général de l'imprimerie et de la librairie.
Décret du 9 avril 1811, B. art. 2.]

[1460. Les feuilles d'affiches, annonces et avis
divers, seront publiées séparément des journaux
des départemens : en conséquence, leur impression continuera d'appartenir aux imprimeurs qui
en étaient chargés avant notre décret du 3 août
1810, C. *Décret du 26 septembre 1811, C.
art. 3.*]

[1470. Ces feuilles, bornées aux seuls objets
indiqués par leur titre, ne pourront contenir au-

cun article de nouvelles politiques ou de littérature. *Décret du 26 septembre 1811, C. art. 4.*]

1480. Pour faciliter l'exécution des publications prescrites par le Code de Procédure civile, articles 683, 962 et 964, elles pourront avoir lieu dans les feuilles d'arrondissement de sous-préfecture, comme dans celles de département; mais les annonces dans les feuilles de département seront suffisantes pour l'exécution de la loi. *Décret du 26 septembre 1811, C. art. 5.*

[1490. Notre ministre de l'intérieur, sur la proposition de notre directeur général de la librairie, réglera le format des affiches, leur justification, et le prix de l'insertion par ligne. L'imprimeur ne pourra percevoir au-dessus de la fixation, sous peine de concussion. *Décret du 26 sept. 1811, C. art. 7.*]

[1500. Dans les départemens où l'usage des deux langues est conservé, les feuilles d'affiches seront imprimées sur deux colonnes, dont l'une française, et l'autre allemande, hollandaise ou italienne, suivant les lieux.

Les journaux politiques de ces départemens sont assujettis à la même règle, à l'exception de ceux de la ci-devant Toscane. *Décret du 26 septembre 1811, C. art. 6.*]

[1510. Les rétributions auxquelles les journaux et écrits périodiques, *énoncés dans l'art 3 (n° 1540)*, sont ou seront soumis à l'avenir, formeront un fonds spécial, dont il nous sera rendu compte annuellement. Ce fonds est affecté à l'encouragement des savans, artistes et gens de lettres. Ces rétributions seront perçues par les receveurs généraux des départemens, qui en verseront le montant à la caisse d'amortissement. *Décret du 14 décembre 1810, F. art. 4.*]

[1520. Nulle commune ou corporation ne pourra, si ce n'est en vertu d'un décret émané de nous, être tenu de payer aucune souscription à aucun journal, de quelque nature qu'il soit. *Décret du 14 décembre 1810, F. art. 5.*]

[1530. La publication d'une feuille d'annonces, dans les villes dont le tableau est joint au présent décret sous le n° 1 (*n° 1600*), est définitivement autorisée. *Décret du 14 déc. 1810, F. art. 1er.*]

[1540. Les écrits périodiques spécialement et exclusivement consacrés aux sciences, aux lettres et aux arts, autres que les journaux ou feuilles quotidiennes dont la réduction est ordonnée par notre décret du 3 août 1810, C. (*n° 1400*), pourront continuer à paraître, avec l'autorisation spéciale de notre ministre de l'intérieur et sous sa surveillance, dans les villes dont le tableau est joint au présent décret sous le n° 2 (*n° 1610*). *Décret du 14 décembre 1810, F. art. 3.*]

[1550. La publication d'une feuille périodique d'affiches, annonces et avis divers, dans les villes dont le tableau est joint au présent décret sous le n° 1er (*n° 1620*), est définitivement autorisée. *Décret du 26 septembre 1811, C. art. 1er*].

[1560. Les écrits périodiques désignés dans le tableau joint au présent décret sous le n° 3 (*n°* 1630), pourront être publiés, sous la surveillance de notre ministre de l'intérieur, dans les villes indiquées audit tableau. *Décret du 26 septembre* 1811, C. *art.* 8.]

[1570. Il sera pris des informations ultérieures sur la demande de maintenir des feuilles périodiques d'affiches, annonces et avis divers, dans les villes dont le tableau est joint n° 2 (*n°* 1610), pour savoir combien elles ont d'abonnés, quel est leur bénéfice annuel d'après l'état des dépenses et des recettes, et si, d'après la population du chef-lieu et de l'arrondissement, les intérêts commerciaux ou autres motifs, elles sont nécessaires. *Décret du 26 septembre* 1811, C. *art.* 2.]

[1580. La publication d'une feuille périodique d'affiches, annonces et avis divers, dans les villes dont le tableau est joint au présent décret (*n°* 1650), est définitivement autorisée. *Décret du 22 mars* 1813, C. *art.* 1er.]

DIVISION DU 3e DEGRÉ.

1590. *État des villes dans lesquelles des journaux de sciences ou de littérature, et des feuilles d'annonces ont été autorisés, sous les décrets rendus depuis le* 14 *décembre* 1810 *jusqu'au* 22 *mars* 1813.

[1600 État des villes dans lesquelles une feuille-d'annonces est définitivement autorisée.

Aix-la-Chapelle, Anvers, Baïonne, Bordeaux, Brest, Bruxelles, Caen, Châlons-sur-Saone, Cologne, Le Havre, Lille, Lyon, Malines, Saint-Malo, Marseilles, Nantes, Saint-Omer, Saint-Quentin, Rouen, La Rochelle, Rochefort, Rome, Strasbourg, Toulon, Toulouse, Tournai, Turin, Valenciennes. *Décret du 14 décembre 1810, F. état n° 1er.*]

[1610. État des journaux affectés aux sciences, à la littérature et aux arts, dont la publication est définitivement autorisée (et des villes où ils sont imprimés).

Journal d'agriculture et des arts, Bourg. — L'Esprit des journaux, Bruxelles. — Bibliothèque britannique, Genève.— Annales de littérature médicale étrangère, Gand. — Bulletin des sciences médicales, Évreux. — Annales des mathématiques, Nîmes. — Mémorial universel de législation et de jurisprudence (ouvrage périodique), Nîmes —Journal des propriétaires ruraux, Toulouse. — Bulletin polymathique du Muséum d'instruction publique de Bordeaux, Bordeaux. —Journal des arrêts de la Cour impériale, Rennes. — Journal de la faculté des lettres, Grenoble. — Journal de l'académie, Douai.—Recueil des arrêts notables, Liége. — Journal littéraire, Turin. — Journal des audiences de la Cour d'appel, Riom. — Journal de jurisprudence, Colmar. — Le Mercure de la Roër, Cologne. — La Semaine, ou l'Observateur dramatique et littéraire, Rouen.— Bulletin de la

2*

société des sciences physiques et médicales et d'agriculture, Orléans. — Journal d'agriculture et des arts, Cap (Hautes-Alpes). *Décret du 14 décembre 1810, F. état n° 2.*]

[1620 État des villes dans lesquelles une feuille d'affiches, annonces et avis divers, et définitivement autorisée.

Abbeville, Aix, Alexandrie, Alkmaer, Amiens, Amsterdam, Angers, Arles, Arras, Avignon, Beaune, Besançon, Béziers, Bonn, Boulogne, Bourges, Breda, Bremen, Bruges, Cambrai, Carcassonne, Casal, Castres, Clairmont (Puy-de-Dôme), Coblentz, Colmar, Coni, Courtrai, Creutznach, Creveld, Delft, Deux-Ponts, Dieppe, Dijon, Dordrecht, Douai, Dunkerque, Emden, Épernay, Florence, Gand, Gênes, Genève, Grasse, Grenoble, Groningue, Hambourg, Harlem, La Haye, Jever, Laval, Leuwarden, Leyden, Liége, Limoges, Livourne, Lorient, Lubeck, Maestricht, Le Mans, Mayence, Metz, Mons, Montaubau, Montpellier, Mulhausen, Munster, Namur, Nancy, Nice, Nîmes, Niort, Orléans, Osnabruck, Parme, Pise, Plaisance, Poitiers, Pont-l'Évêque, Rennes, Reims, Rotterdam, Saint-Étienne, Sarrebruck, Schelestat, Sens, Sienne, Spire, Tours, Troyes, Utrecht, Verceil, Versailles, Vienne, Wissembourg, Zierickzée. *Décret du 26 septembre 1811, C. état n° 1er.*]

[1630. État des journaux affectés aux sciences, à la littérature et aux arts, dont la publication est définitivement autorisée (et des villes où ils sont imprimés).

Ouvrage périodique pour les hommes de lettres, Amsterdam. — Journal des sciences et arts du département du Zuyderzée, Amsterdam. — Décisions notables de la Cour impériale de Bruxelles, Bruxelles. — Giornale enciclopedico di Firenze, Florence. — Collezione d'opuscoli sientifici e letterarj, Florence. — Journal utile et amusant, Hambourg. — L'Orient, Hambourg. — Courrier général des arts et des lettres, Harlem. — Giornale scientifico e letterario dell' academia italiana di scienze, lettere ed arti, Livourne. — Annales cliniques, ou Journal des sciences médicales, Montpellier. — Journal des audiences de la Cour impériale de Montpellier, Montpellier. — Giornale della societa medico-chirurgica di Parma, Parme. — Jurisprudence de la Cour impériale de Trèves, Trèves. *Décret du 26 septembre 1811, C. état n° 3.*]

[1640. État des villes pour lesquelles on a proposé de conserver une feuille d'affiches, annonces et avis divers, et pour lesquelles il sera pris des informations préalables.

Altkirck, Asti, Avallon, Bayeux, Belley, Brignolles, Châtillon - sur - Seine, Kayserslautern, Louvain, Lunebourg, Meaux, Mondovi, Oldenbourg, Omlanden, Pontarlier, Savigliano, Sois-

sons, Stadt, Ypres. *Décret du 26 septembre 1811,
C. état n° 2.*]

, [1650. État des villes dans lesquelles une
feuille d'annonces est définitivement autorisée.

Albi, Ambert, Angoulême, Altkirck, Avallon,
Bayeux, Belfort, Belley, Brignolles, Châtillon-sur-
Seine, Corbeil, Étampes, Fontainebleau, Gap,
Kaiserslautern, Louvain, Lunebourg, Luxem-
bourg, Meaux, Melun, Montargis, Montbrison,
Neufchâtel, Oldenbourg, Péronne, Pontarlier,
Roanne, Saintes, Savone, Saverne, Soissons,
Stade, Tulles, Villefranche, Wesel, Ypres. *Décret
du 22 mars 1813, C.*]

[1660. Le journal pédagogique d'Amsterdam
est autorisé. *Décret du 22 mars 1813, C. art. 2.*]

DIVISION DU 2e DEGRÉ.

1670. *Des conditions imposées aux journaux
avant leur publication, sous les lois rendues
depuis le 7 avril 1814, jusqu'au 30 décembre
1817.*

1680. *Sous l'arrêté du 7 avril 1814. D.*

[1690. M. Michaud, membre de l'institut, est
nommé censeur des journaux existant au 31 mars
dernier, autres que le journal officiel (*n° 2300*);
il exercera cette censure sous l'autorité du commissaire provisoire chargé du porte-feuille de la

police générale. *Arrêté du 7 avril* 1814, D. *art.* 1er.]

[1700. Il est défendu à aucun colporteur de crier dans les rues, vendre et distribuer... aucune feuille dont la distribution n'ait pas été autorisée par la préfecture de police. *Arrêté du 7 avril* 1814, C. *art.* 2.]

1710. *Sous le décret du 24 mars* 1815, C.

[1720.... Les censeurs sont supprimés.... *Décret du 24 mars* 1815, C. *art.* 1er.]

1730. *Sous la loi du 21 octobre* 1814, A.

[1740. Les journaux et écrits périodiques ne pourront paraître qu'avec l'autorisation du roi. *Loi du 21 octobre* 1814, A. *art.* 9.]

[1750. Les dispositions de *l'article* 9 (*n°* 1740)... cesseront d'avoir leur effet à la fin de la session de 1816, à moins qu'elles n'aient été renouvelées par une loi, si les circonstances le faisaient juger nécessaire. *Loi du 21 octobre* 1814, A. *art.* 22.]

[1760. Toutes les autorisations données jusqu'à ce jour aux journaux, de quelque nature qu'ils soient, sont révoquées; et aucuns desdits journaux ne pourront paraître, s'ils ne reçoivent une nouvelle autorisation de notre ministre de la police générale, avant le 10 août prochain, pour les journaux de Paris, et avant le 20 août prochain, pour ceux des départemens. *Ordonnance du 8 août* 1815, A. *art* 1er.]

[1770. Tous les écrits périodiques seront soumis à l'examen d'une commission dont les membres seront nommés par nous, sur la présentation de notre ministre de la police générale. *Ordonnance du 8 août 1815, A. art. 2.*]

1780. *Sous la loi du 28 février 1817. A.*

[1790. Les journaux et écrits périodiques ne pourront paraître qu'avec l'autorisation du roi. *Loi du 28 février 1817, A. art. 1er.*]

1800. *Sous la loi du 30 décembre 1817. A.*

[1810. Les journaux et autres ouvrages périodiques qui traitent de matières et nouvelles politiques, ne pourront, jusqu'à la fin de la session des chambres de 1818, paraître qu'avec l'autorisation du roi. *Loi du 30 décembre 1817, A. art. unique.*]

DIVISION DU 2e DEGRÉ.

1820. *Des conditions imposées aux journaux avant leur publication, sous les lois rendues depuis le 9 juin 1819 jusqu'à ce jour.*

DIVISION DU 3e DEGRÉ.

1830. *Mesures préventives autres que la censure.*

DIVISION DU 4e DEGRÉ.

1840. *De l'autorisation préalable du gouvernement.*

1850. *Sous la loi du 31 mars 1820. A.*

[1860. Aucun des... journaux et écrits périodi-

ques... consacrés en tout ou en partie aux nouvelles et aux matières politiques paraissant, soit
à jour fixe, soit irrégulièrement et par livraison ..
ne pourra être publiés qu'avec l'autorisation du roi.

Toutefois, les journaux et écrits périodiques
actuellement existants, continueront de paraître
en se conformant aux dispositions de la présente
loi (*n*° 2200 *et suivans*). *Loi du* 31 *mars* 1820, A.
art. 1 *et* 2.]

1870. L'autorisation exigée par l'article précédent (*n*° 1860), ne pourra être accordée qu'à
ceux qui justifieront s'être conformés aux conditions prescrites à l'article 1er de la loi du 9 juin
1819, A. (*n*os 1950 *et* 1990). *Loi du* 31 *mars* 1820,
A. *art.* 3. .

[1880. Les dispositions *ci-dessus* de la loi du
31 mai 1820, A.', sauf en ce qui concerne le
cautionnement *dont il est parlé au n*° 1970,
s'appliqueront à l'avenir à tous les journaux ou
écrits périodiques paraissant, soit à jour fixe, soit
irrégulièrement ou par livraison, quelque soit leur
titre et leur objet. *Loi du* 26 *juillet* 1821, A.
art. 2.]

1890. A l'avenir, toute personne qui voudra
publier un nouveau journal, sera tenue, pour
obtenir notre autorisation, *dans le cas où elle
sera nécessaire*, de présenter sa demande à notre
ministre secrétaire d'état au département de l'intérieur. Si la demande est admise, notre autorisation sera accordée au requérant sur la preuve

qu'il a satisfait aux conditions prescrites en l'article 1er de la loi du 9 juin 1819 (n°s 1950 et 1990). *Ordonnance du* 1er *avril* 1820, A. *art.* 2.

1900. Le brevet d'autorisation, délivré par notre ministre secrétaire d'état de l'intérieur, sera enregistré, sans frais, au tribunal civil du lieu où le journal ou écrit périodique sera publié. *Ordonnance du* 1er *avril* 1820, A. *art.* 3.

1910. *Sous la loi du* 17 *mai* 1822, A.

1920. Nul journal ou écrit périodique, consacré en tout ou en partie aux nouvelles ou matières politiques, et paraissant, soit régulièrement et à jour fixe, soit par livraison et irrégulièrement, ne pourra être établi et publié sans l'autorisation du roi.

Cette disposition n'est pas applicable aux journaux et écrits périodiques existant le 1er janvier 1822. *Loi du* 17 *mars* 1822, A. *art.* 1er.

DIVISION DU 4e DEGRÉ.

1930. *Des personnes responsables de la publication d'un journal, et de leurs diverses obligations.*

1940. *Sous la loi du* 9 *juin* 1819, A.

1950. Les propriétaires ou éditeurs de tout journal ou écrit périodique, consacré en tout ou en partie aux nouvelles ou matières politiques, et paraissant, soit à jour fixe, soit par livraison et irrégulièrement, mais plus d'une fois par mois, seront tenus :

.... De faire une déclaration indiquant le nom, au moins, d'un propriétaire ou éditeur responsable, sa demeure, et l'imprimerie, dûment autorisée, dans laquelle le journal ou l'écrit périodique doît être imprimé..... *Loi du 9 juin* 1819, A. *art.* 1er, 1°.

1960. La responsabilité des auteurs ou éditeurs indiqués dans la déclaration s'étendra à tous les articles insérés dans le journal ou écrit périodique, sans préjudice de la solidarité des auteurs ou rédacteurs desdits articles. *Loi du 9 juin* 1819, A. *art.* 2.

DIVISION DU 4e DEGRÉ.

1970. *Du cautionnement.*

1980. *Sous la loi du 9 juin* 1819, A.

1990. Les propriétaires ou éditeurs de tout journal ou écrit périodique *désigné au n° 1950*, seront tenus :....

.... De fournir un cautionnement, qui sera, dans les départemens de la Seine, de Seine-et-Oise et de Seine-et-Marne, de dix mille francs de rente pour les journaux quotidiens, et de cinq mille francs de rente pour les journaux ou écrits périodiques paraissant à des termes moins rapprochés ;

Et dans les autres départemens, le cautionnement relatif aux journaux quotidiens sera de deux mille cinq cents francs de rente dans les villes de cinquante mille ames et au-dessus ; de quinze cents francs de rente dans les villes au-dessous, et de la moitié de ces rentes pour les journaux ou écrits périodiques qui paraissent à des termes moins rapprochés.

Les cautionnemens pourront être également effectués à la caisse des consignations, en y versant le capital de la rente au cours du jour du dépôt. *Loi du 9 juin* 1819, A. *art.* 1er, 2°.

2000. L'éditeur ou propriétaire d'un journal ou écrit périodique, de la nature de ceux désignés par l'article 1er de la loi de ce jour, 9 *juin* 1819, A. (*n*os 1950 *et* 1990), qui voudra fournir en rentes le cautionnement prescrit par la loi, déclarera à l'agent judiciaire du trésor royal qu'il affecte l'inscription dont il est propriétaire au cautionnement de son entreprise. L'acte de cautionnement sera fait double entre l'agent judiciaire et le titulaire de l'inscription.

L'inscription donnée en cautionnement sera déposée à la caisse centrale du trésor royal. Les arrérages continueront à en être payés sur la représentation d'un bordereau délivré par l'agent judiciaire.

Lorsque le cautionnement sera fourni en inscription départementale, le directeur de l'enregistrement remplira, pour le département, au livre auxiliaire duquel appartient la rente, les fonctions ci-dessus attribuées à l'agent judiciaire ;

l'inscription sera déposée à la caisse du receveur des domaines du chef-lieu.

Les mêmes formalités devront être remplies par tout propriétaire d'une rente qui déclarerait l'affecter au cautionnement de l'entreprise formée par un éditeur ou propriétaire de journal. *Ordonnance du 9 juin* 1819, B. *art.* 1er.

2010. Toute inscription directe ou départementale, affectée à un cautionnement, devra être visée pour cautionnement, soit par le directeur du grand-livre, soit par le receveur-général, avant d'être présentée à l'agent judiciaire ou au directeur de l'enregistrement, à l'appui de la déclaration prescrite par l'article 1er (*no* 2000). *Ordonnance du 9 juin* 1819, B. *art.* 2.

2020. Lorsque le cautionnement aura été, soit versé à la caisse des consignations, soit fourni en rentes, l'éditeur ou propriétaire fera, devant le préfet de police, la déclaration prescrite par le no 1 de l'article 1er de la loi du 9 *juin* 1819, A. (*no* 1950). Il représentera en même-temps, soit le reçu de la caisse des consignations, soit l'acte constatant qu'il a fourni son cautionnement en rentes.

Le préfet donnera sur-le champ acte de la déclaration et de la justification du cautionnement.

La publication du journal ou de l'écrit périodique pourra commencer immédiatement après. *Ordonnance du 9 juin* 1819, B. *art.* 3

2030. Le complétement ou remplacement d'un cautionnement aura lieu dans les formes prescrites pour le cautionnement primitif. *Ordonnance du 9 juin* 1819, B. *art.* 6.

2040. Le propriétaire ou éditeur de journal ou écrit périodique qui voudra cesser son entreprise, en fera déclaration au préfet du département, ou, à Paris, au préfet de police. Le préfet lui donnera acte de ladite déclaration : sur le vu de cette pièce, et après un délai de trois mois, son cautionnement sera remboursé ou libéré, à moins que, par suite de condamnations ou de poursuites commencées, des oppositions n'aient été faites, soit à la caisse des consignations, soit entre les mains de l'agent judiciaire ou du directeur de l'enregistrement. *Ordonnance du 9 juin* 1819, B. *art.* 7.

DIVISIOIN DU 4e DEGRÉ.

2050. *Du dépôt des feuilles ou livraisons du journal ou écrit périodique.*

2060. *Sous la loi du 9 juin* 1819, A.

[2070. Au moment de la publication de chaque feuille ou livraison du journal ou écrit périodique, il en sera remis, à la préfecture pour les chefs-lieux de département, à la sous-préfecture pour ceux d'arrondissement, et, dans les autres villes, à la mairie, un exemplaire signé d'un propriétaire ou éditeur responsable.]

Cette formalité ne pourra ni retarder ni suspendre le départ ou la distribution du journal périodique. *Loi du 9 juin* 1819, A. *art.* 5.

[2080. La remise au moment de la publication de chaque feuille ou livraison du journal ou écrit périodique, exigée par l'article 5 de la loi *du 9 juin* 1819, A. (*no* 2070), sera faite, à Paris, à la préfecture de police. *Ordonnance du 9 juin* 1819, B. *art.* 4.]

2090. *Sous la loi du* 17 *mars* 1822, A.

2100. Le premier exemplaire de chaque feuille ou livraison des écrits périodiques et journaux sera, à l'instant même de son tirage, remis et déposé au parquet du procureur du roi du lieu de l'impression. Cette remise tiendra lieu de celle qui était prescrite par l'article 5 de la loi du 9 juin 1819, A. (*n°* 2070). *Loi du* 17 *mars* 1822, A. *art.* 2.

DIVISION DU 4ᵉ DEGÉ.

2110. *Des délais accordés pour l'exécution des formalités ci-dessus.*

2120. *Sous l'ordonnance du 9 juin* 1819, B.

[2130. Il est accordé aux éditeurs ou propriétaires des journaux et écrits périodiques désignés par l'article 1ᵉʳ de la loi du 9 juin 1819, A. (*n°* 1950 *et* 1990), actuellement existans, un délai de quinze jours pour accomplir les formalités prescrites par la loi de ce jour 9 *juin* 1819, A. et par la présente ordonnance. *Ordonnance du 9 juin* 1819, B. *art.* 8.]

DIVISION DU 4e DEGRÉ.

2140. *De l'inobservation des conditions ci-dessus prescrites.*

2150. *Sous la loi du* 9 *juin* 1819, A.

2160. Quiconque publiera un journal ou écrit périodique sans avoir satisfait aux conditions prescrites par les articles 1er, 4 et 5 de la présente loi (*nos* 1950, 1990, 2070 *et* 12660), sera puni correctionnellement d'un emprisonnement d'un mois à six mois, et d'une amende de deux cents francs à douze cents francs. *Loi du* 9 *juin* 1819, A. *art.* 6.

DIVISION DU 3e DEGRÉ.

2170. *De la censure.*

2180. *Sous la loi du* 31 *mars* 1820, A.

[2190. La libre publication des journaux et écrits périodiques, consacrés en tout ou en partie aux nouvelles et aux matières politiques, paraissant, soit à jour fixe, soit irrégulièrement et par livraisons , est suspendue temporairement jusqu'au terme,.. fixé *par l'article* 10 (*n*o 790). *Loi du* 31 *mars* 1820, A. *art.* 1er.]

[2200. Avant la publication de toute feuille ou livraison , le manuscrit devra être soumis ; par le propriétaire ou l'éditeur responsable, à un examen préalable. *Loi du* 31 *mars* 1820, A. *art.* 4.]

[2210. Tout propriétaire ou éditeur responsable qui aurait fait imprimer et distribuer une feuille ou livraison d'un journal ou écrit périodique, sans l'avoir communiquée au censeur avant l'impression, ou qui aurait inséré dans une desdites feuilles ou livraisons, un article non communiqué ou non approuvé, sera puni correctionnellement d'un emprisonnement d'un mois à six mois, et d'une amende de deux cents francs à douze cents francs, sans préjudice des poursuites auxquelles pourrait donner lieu le contenu de ces feuilles, livraisons et articles. *Loi du* 31 *mars* 1820, *art.* 5.]

[2220. Lorsqu'un propriétaire ou éditeur responsable, sera poursuivi en vertu de l'article 5 (*n*° 2210), le gouvernement pourra prononcer la suspension du journal ou écrit périodique jusqu'au jugement. *Loi du* 31 *mars* 1820, A. *art.* 6.

[2230. Sur le vu du jugement de condamnation, le gouvernement pourra prolonger, pour un terme qui n'excédera pas six mois, la suspension dudit journal ou écrit périodique. En cas de récidive, il pourra en prononcer définitivement la suppression. *Loi du* 31 *mars* 1820, A. *art.* 7.]

[2240. Dans les cinq jours qui suivront la publication de la présente ordonnance, les propriétaires ou éditeurs responsables des journaux et écrits périodiques actuellement existants, seront tenus de déclarer, à Paris, devant le préfet de police, et dans les départemens, devant les préfets, qu'ils entendent se conformer aux dispositions de la loi du 31 mars 1820, A. (*n^os* 2190 *et suivans*), et profiter, en conséquence, de l'autorisation qui leur est accordée par l'article 2 de la dite loi (*n°* 1860). *Ordonnance du 1er avril 1821, A. art. 1er.*]

[2250. *Les dispositions ci-dessus, sont applicables à tous les journaux ou écrits périodiques paraissant, soit à jour fixe, soit irrégulièrement ou par livraison, quelque soit leur titre et leur objet. Loi du 26 juillet 1820, A. art. 2. Voyez ci-dessus n° 810.*]

2260. *Sous la loi du 17 mars 1822, A.*

2270. Si dans l'intervalle des sessions des chambres, des circonstances graves rendaient momentanément insuffisantes les mesures de garantie et de repression établies, les lois des 31 mars 1820, A. et 26 juillet 1821, A. (*n°* 2190 *et suivans*), pourront être remises imédiatemment en vigueur, en vertu d'une ordonnance du roi, délibérée en conseil et contre-signée par trois ministres.

Cette disposition cessera de plein droit un mois après l'ouverture de la session des Chambres, si, pendant ce délai, elle n'a pas été convertie en loi.

Elle cessera pareillement de plein droit le jour où serait publiée une ordonnance qui prononcerait la dissolution de la Chambre des Députés. *Loi du* 17 *mars* 1822, A. *art.* 4.

[2280. Les Lois des 31 mars 1820, A. et 26 juillet 1821, A. (*n° 2190 et suivans*), sont remises en vigueur, à dater de ce jour. *Ordonnance du* 15 *août* 1824, A. *art.* 1er.]

[2280. Les lois des 31 mars 1820, A. et 26 juillet 1821, A. (*n° 2190 et suivans*) sont remises en vigueur, à dater de ce jour. *Ordonnance du* 24 *juin* 1827, A. *art.* 1er.]

DIVISION DE 3e DEGRÉ.

2290. *Des droits et obligations des journaux.*

2300... Le Moniteur est le seul journal officiel. *Arrêté du* 3 *avril* 1814, B.

2310. Les éditeurs de tout journal ou écrit périodique ne pourront rendre compte des séances secrètes des Chambres, ou de l'une d'elles, sans leur autorisation. *Loi du* 9 *juin* 1819, A. *art.* 7.

2320. La contravention *à l'article* 7 (*n° 2310*)... de la présente loi, sera punie correctionnellement d'une amende de cent francs à mille francs. *Loi du* 9 *juin* 1819, A. *art.* 12.

2340. Les propriétaires ou éditeurs de tout journal ou écrit périodique, seront tenus d'y insérer, dans les trois jours de la réception, ou dans le plus prochain numéro, s'il n'en était pas publié avant l'expiration des trois jours, la réponse de toute personne nommée ou désignée dans le

4*

journal ou écrit périodique, sous peine d'une amende de cinquante francs à cinq cents francs, sans préjudice des autres peines et dommages-intérêts auxquels l'article incriminé pourrait donner lieu. Cette insertion sera gratuite, et la réponse pourra avoir le double de la longueur de l'article auquel elle sera faite. *Loi du 25 mars 1822, A. art. 11.*

2350. Tout journal sera tenu d'insérer les publications officielles qui lui seront adressées, à cet effet, par le gouvernement, le lendemain du jour de l'envoi de ces pièces, sous la seule condition du paiement des frais d'insertion. *Loi du 9 juin 1819, A. art. 8.*

2360. La contravention *à l'article* 8 de la présente loi (*n° 2350*), sera punie correctionnellement d'une amende de cent francs à mille francs. *Loi du 9 juin 1819, A. art. 12.*

DIVISION DU 1er DEGRÉ.

2370. *Des ouvrages non périodiques.*

DIVISION DU 2e DEGRÉ.

2380. *Des ouvrages imprimés en France.*

DIVISION DU 3e DEGRÉ.

2390. *Des conditions imposées aux ouvrages imprimés en France, avant leur publication sous les lois rendues depuis le 28 mars 1805, jusqu'au 5 février 1810.*

DIVISION DU 4e DEGRÉ.

2400. *Des livres profanes.*

DIVISION DU 5e DEGRÉ.

2410. De la garantie de l'administration.

2420. *Sous le décret du 5 février 1810, A.*

(*Tit.* 3 , *sect.* 1re, *art.* 10 à 20.)

[2430. Chaque imprimeur sera tenu d'avoir un livre coté et paraphé par le préfet du département, où il inscrira, par ordre de date, le titre de chaque ouvrage qu'il voudra imprimer, et le nom de l'auteur, s'il lui est connu. Ce livre sera représenté à toute réquisition , et visé, s'il est jugé convenable, par tout officier de police. *Décret du 5 février 1810, A. art.* 11.]

[2440. L'imprimeur remettra ou adressera sur-le-champ, au directeur général de l'imprimerie et de la librairie, et en outre aux préfets, copie de la transcription faite sur son livre, *en vertu de l'article* 11 (*n°* 2430), et la déclaration qu'il a l'intention d'imprimer l'ouvrage : il lui en sera donné récépissé.]

Les préfets donneront connaissance de chacune de ces déclarations à notre ministre de la police générale. *Décret du 5 février 1810, A. art.* 12.]

[2450. Le directeur général pourra ordonner, si bon lui semble, la communication et l'examen de l'ouvrage, et surseoir à l'impression. *Décret du 5 février* 1810, A. *art.* 13.]

[2460. Lorsque le directeur général aura sursis à l'impression d'un ouvrage, il l'enverra à un censeur choisi parmi ceux que nous nommerons pour remplir cette fonction, sur l'avis du directeur général et la proposition de notre ministre de l'intérieur. *Décret du 5 février* 1810, A. *art.* 14.]

[2470. Notre ministre de la police générale, et les préfets dans leurs départemens, feront surseoir à l'impression de tous ouvrages qui leur paraîtront en contravention à l'article 10 *du présent décret (no* 9760); en ce cas, le manuscrit sera envoyé dans les vingt-quatre heures au directeur général, comme il est dit ci-dessus. *Décret du 5 février* 1810, A. *art.* 15.]

[2475. Sur le rapport du censeur, le directeur général pourra indiquer à l'auteur les changemens et suppressions jugés convenables, et sur son refus de les faire, défendre la vente de l'ouvrage, faire rompre les formes, et saisir les feuilles ou exemplaires déjà imprimés. *Décret du 5 février* 1810, A. *art.* 16.]

[2480. En cas de réclamation de l'auteur, elle sera adressée à notre ministre de l'intérieur, et il sera procédé à un nouvel examen. *Décret du 5 février* 1810, A. *art.* 17.]

[2490. Un nouveau censeur en sera chargé : il rendra compte au directeur général, lequel, assisté du nombre de censeurs qu'il jugera à propos de s'adjoindre, décidera définitivement. *Décret du 5 février* 1810, A. *art.* 18.]

[2500. Lorsque le directeur général jugera qu'un ouvrage qu'on se propose d'imprimer intéresse quelque partie du service public, il en préviendra le ministre du département auquel l'objet de cet ouvrage sera relatif, et, sur la demande de ce ministre, il en ordonnera l'examen. *Décret du 5 février* 1810, A. *art.* 19.]

[2510. Si nos ministres sont informés, autrement que par le directeur général, qu'un auteur ou un imprimeur se propose d'imprimer un ouvrage qui intéresse quelque partie de leurs attributions, et qui doive être soumis à l'examen, ils requerront le directeur général d'ordonner qu'il soit examiné.

Le résultat de cet examen sera communiqué au ministre du département; et, en cas de diversité d'opinions, il nous en sera rendu compte par notre ministre de l'intérieur. *Décret du 5 février* 1810, A. *art.* 20.]

DIVISION DU 5e DEGRÉ.

2520. De la garantie des auteurs et imprimeurs.

2530. *Sous le décret du 5 février* 1810, A.

(*Titre* 3, *sect.* 2, *art.* 21 à 22.)

[2540. Tout auteur ou imprimeur pourra,

5

avant l'impression, soumettre à l'examen l'ouvrage qu'il veut imprimer ou faire imprimer : il lui en sera donné un récépissé, à Paris, au secrétariat du directeur général, et dans les départemens, au secrétariat de la préfecture. *Décret du 5 février* 1810, A. *art.* 21.]

[2550. Il en sera usé dans ce cas comme il est dit aux articles 14, 15, 16, 17 et 18, (*n*os 2460, 2470, 2475, 2480 et 2490.) *Décret du 5 février* 1810, A. *art.* 22.]

DIVISION DU 5e DEGRÉ.

2560. Dispositions relatives à l'exécution des deux *divisions* précédentes.

2565. *Sous le décret du 5 février* 1810, A.

(*Titre* 3, *sect.* 3, *art.* 23 à 28.)

[2570. Lorsque le directeur général pensera qu'il n'y a pas lieu à examiner un ouvrage, et qu'aucun de nos ministres n'en aura provoqué l'examen, le directeur général enverra un récépissé de la feuille de transcription du registre de l'imprimeur; et il pourra alors être donné suite à l'impression. *Décret du 5 février* 1810, A. *art.* 23]

[2580. Lorsque l'ouvrage que l'imprimeur aura déclaré vouloir imprimer aura été examiné, soit d'office, soit sur la demande d'un de nos ministres, soit d'après un sursis ordonné par le minis-

tre de la police et les préfets dans leurs départemens, soit enfin sur la demande de l'auteur, et
qu'il n'y aura été rien trouvé de contraire aux dispositions de l'art. 10 (*n°* 9760), il en sera dressé
procès-verbal par le censeur, qui paraphera l'ouvrage; et copie du procès-verbal, visé par le directeur général, sera transmise, selon le cas, à
l'auteur ou à l'imprimeur. *Décret du 5 février*
1810, A. *art.* 24.]

[2590. Si le directeur général, sur l'avis du
censeur, a décidé qu'il y a lieu à des changemens
ou suppressions, il en sera fait mention audit procès-verbal, et l'auteur ou l'imprimeur seront tenus de s'y conformer. *Décret du 5 février* 1810,
A. *art.* 25.]

[2600. La vente et circulation de tout ouvrage
dont l'auteur ou éditeur ne pourra représenter
un tel procès-verbal, pourra être suspendue ou
prohibée, en vertu d'une décision de notre ministre de la police ou de notre directeur de l'imprimerie, ou des préfets, chacun dans leur département; et en ce cas, les éditions ou exemplaires pourront être saisis ou confisqués entre
les mains de tout imprimeur ou libraire. *Décret
du 5 février* 1810, A. *art.* 26.]

[2610. La vente et circulation de tout ouvrage
dont l'auteur, éditeur ou imprimeur pourra représenter le procès-verbal dont il est parlé à l'article 24, (*n°* 2580), ne pourra être suspendue, et

les exemplaires provisoirement mis sous le séquestre, que par notre ministre de la police.

En ce cas, et dans les vingt-quatre heures, notre ministre de la police transmettra à la commission du contentieux de notre conseil d'état un exemplaire dudit ouvrage, avec l'exposé des motifs qui l'ont déterminé à en ordonner la suspension *Décret du 5 février* 1810, A. *art.* 27.]

[2620. Le rapport et l'avis de la commission du contentieux seront renvoyés à notre conseil d'état, pour être statué définitivement. *Décret du 5 février*, 18 0, A. *art.* 28.]

[2630. Il y aura lieu à confiscation et amende au profit de l'état, dans les cas suivans, sans préjudice des dispositions du code pénal :

1º . . . .

2º Si l'auteur ou l'imprimeur n'a pas fait, avant l'impression de l'ouvrage, l'enregistrement et la déclaration prescrits aux articles 11 et 12; (*n*º 2430 et 2440.)

3º Si l'ouvrage ayant été demandé pour être examiné, on n'a pas suspendu l'impression ou la publication ;

4º Si, l'ouvrage ayant été examiné, l'auteur ou l'imprimeur se permet de le publier, malgré la défense prononcée par le directeur général ;

5º Si l'ouvrage est publié malgré la défense du ministre de la police générale, quand l'auteur, éditeur ou imprimeur n'a pu représenter le procès-verbal dont il est parlé article 24 (*n*° 2580). ... *Décret du 5 février* 1810, A. *art.* 41.]

DIVISION DU 4e DEGRÉ.

2640. *Des livres d'église.*

2650. *Sous le décret du* 28 *mars* 1805, A.

[2660. Les livres d'église, les heures et prières, ne pourront être imprimés ou réimprimés que d'après la permission donnée par les évèques diocésains ; laquelle permission sera textuellement rapportée et imprimée en tête de chaque exemplaire. *Décret du* 28 *mars* 1805, A. *art.* 1er.]

[2670. Les imprimeurs, libraires, qui feraient imprimer, réimprimer des livres d'église, des heures ou prières, sans avoir obtenu cette permission, seront poursuivis conformément à la loi du 19 juillet 1793, C. (*n*^{os} 3430, *les précédens et suivans*). *Décret du* 28 *mars* 1805, A. *art.* 2.]

[2680. En exécution de l'article 39 de la loi du (8 *avril* 1802, A.) 18 germinal an X, le catéchisme annexé au présent décret, approuvé par S. Exc. le cardinal légat, sera publié et seul en usage dans toutes les églises catholiques de l'empire. *Décret du* 4 *avril* 1806, B. *art.* 1er.]

DIVISION DU 3ᵉ DEGRÉ.

2690. *Des conditions imposées aux ouvrages imprimés en France, avant leur publication, sous
la loi du 21 octobre 1814, A.*

(*Tit.* 1ᵉʳ De la publication des ouvrages, *art.* 1 à 10.)

2700. Tout écrit [de plus de vingt feuilles d'impression] pourra être publié librement et sans
examen ou censure préalable. *Loi du* 21 *octobre*
1814 , A. *art.* 1ᵉʳ.

2710 Il en sera de même [quel que soit le
nombre de feuilles] :

1º Des écrits en langues mortes et en langues
étrangères ;

2º Des mandemens, lettres pastorales, caté-
chismes et livres de prières ;

3º Des mémoires sur procès, signés d'un avocat
ou d'un avoué près les cours et tribunaux ;

4º Des mémoires des sociétés littéraires et sa-
vantes établies ou reconnues par le roi ;

5º Des opinions des membres des deux chambres. *Loi du* 21 *octobre* 1814, A. *art.* 2.

[2720. A l'égard des écrits de vingt feuilles et
au-dessous non désignés en l'article précédent,
le directeur général de la librairie à Paris, et les
préfets dans les départemens, pourront ordonner,
selon les circonstances, qu'ils soient communiqués
avant l'impression. *Loi du* 21 *octobre* 1814, A.
art. 3.]

[2730. Le directeur général de la librairie fera examiner par un ou plusieurs censeurs, choisis entre ceux que le roi aura nommés, les écrits dont il aura requis la communication, et ceux que les préfets lui auront adressés. *Loi du* 21 *octobre* 1814, A. *art.* 4.]

[2740. Si deux censeurs au moins jugent que l'écrit est un libelle diffamatoire, ou qu'il peut troubler la tranquillité publique, ou qu'il est contraire à la charte constitutionnelle, ou qu'il blesse les bonnes mœurs, le directeur général de la librairie pourra ordonner qu'il soit sursis à l'impression. *Loi du* 21 *octobre* 1814, A. *art.* 5.]

[2750. Les auteurs et imprimeurs pourront requérir, avant la publication d'un écrit, qu'il soit examiné en la forme prescrite par l'article 4 (*n°* 2730); s'il est approuvé, l'auteur et l'imprimeur sont déchargés de toute responsabilité, si ce n'est envers les particuliers lésés. *Loi du* 21 *octobre* 1814, A. *art.* 10.]

[2760. Si un écrit a été examiné sur la réquisition de l'auteur ou de l'imprimeur, et qu'il soit approuvé, il leur sera délivré un procès-verbal d'approbation; et la remise de ce procès-verbal les déchargera de toute responsabilité, si ce n'est envers les particuliers lésés, conformément à l'article 10 (*n°* 2750). *Ordonnance du* 24 *octobre* 1814, B. *art.* 5.]

[2770. Si l'examen d'un écrit n'a eu lieu que par ordre du directeur général de la librairie ou du préfet du département, la permission d'imprimer pourra être donnée sans approbation ; et, en ce cas, elle sera seulement constatée par la délivrance du récépissé de la déclaration. *Ordonnance du 24 octobre 1814, B. art. 6.*]

[2780. Il sera formé, au commencement de chaque session des deux chambres, une commission composée de trois pairs, trois députés des départemens, élus par leur chambre respective, et trois commissaires du Roi. *Loi du 21 octobre 1814, A. art. 6.*]

[2790. Le directeur général de la librairie rendra compte, à cette commission, des surcis qu'il aura ordonnés depuis la fin de la session précédente, et il mettra sous ses yeux l'avis des censeurs. *Loi du 21 octobre 1814, A. art. 7.*]

[2800. Si la commission estime que les motifs d'un surcis sont insuffisans, ou qu'ils ne subsistent plus, il sera levé par le directeur de la librairie. *Loi du 21 octobre 1814, A. art. 8.*]

[2810. Les dispositions *ci-dessus de la loi du* 21 octobre 1814, A. (*n° 2720 et suivans*), cesseront d'avoir leur effet à la fin de la session de 1816, à moins qu'elles n'aient été renouvelées par une loi, si les circonstances le faisaient juger nécessaire. *Loi du 21 octobre 1814, A. art. 22.*]

[2820. Notre directeur de la librairie et nos préfets n'useront point de la liberté qui leur est laissée par les articles 3, 4 et 5 de la loi du 21 octobre 1814, A. (*n*ᵒˢ 2720, 2730 et 2740). *Or-donnance du 20 juillet 1815, A. art. 1ᵉʳ.*]

DIVISION DU 2ᵉ DEGRÉ.

2830. Des livres imprimés à l'étranger.

2840. *Sous le décret du 5 février 1810, A.*

(*Tit.* 5, *art.* 3 *à* 38.)

2850. Indépendamment des dispositions de l'article 34 (1) *relatif au droit de douane*, aucun livre imprimé ou réimprimé hors de la France, ne pourra être introduit en France sans une permission du directeur général de la librairie, annonçant le bureau de douane par lequel il entrera. *Décret du 5 février 1810, A. art. 36.*

2860. En conséquence, tout ballot de livres venant de l'étranger, sera mis, par le préposé des douanes, sous corde et sous plomb, et envoyé à la préfecture la plus voisine. *Décret du 5 février 1810, A. art. 37.*

2870. Si les livres sont reconnus conformes à la permission, chaque exemplaire, ou le premier volume de chaque exemplaire, sera marqué d'une estampille au lieu du dépôt provisoire; et ils seront remis au propriétaire. *Décret du 5 février 1810, A. art. 38.*

2880. Il y aura lieu à confiscation et amende au profit de l'état.... sans préjudice des dispositions du Code Pénal...:

Si étant imprimé à l'étranger, *un ouvrage*

----

(1) *Voyez le Code des Douanes.*

6

est présenté à l'entrée sans permission, ou circule sans être estampillé.... *Décret du 5 février 1810, A. art.* 41 , 6°.

DIVISION DU 2e DEGRÉ.

2890. *Des discours ou adresses faits au nom des corps constitués.*

2900. *Sous le décret du 25 février 1809,* A.

2910. Tout discours ou adresse fait au nom d'un des corps de l'état, politiques, administratifs, judiciaires, savans ou littéraires, par leur président, ne pourra être prononcé qu'après avoir été préalablement soumis à l'approbation respective de chaque corps. *Décret du 25 février* 1809, A. *art.* 1er.

2920. Lorsque la rédaction du projet de discours ou d'adresse n'aura pas été confiée à une commission, le président en sera chargé de droit. *Décret du 25 février* 1809, A. *art.* 2.

2930. Lorsqu'une commission en aura été chargée, elle désignera un de ses membres pour la rédaction ; elle entendra ensuite la lecture, discutera s'il y a lieu, arrêtera les changemens, additions ou retranchemens, que le rédacteur exécutera ; et le projet adopté par la commission, sera ensuite soumis à l'approbation de l'assemblée générale. *Décret du 25 février* 1809, A. *art.* 3.

2940. Lorsque le président sera chargé de la rédaction, une commission de cinq membres sera formée par le sort, et l'on procédera comme il est dit à l'article précédent. *Décret du 25 février 1809A . art. 4*.

2950. Les discours et adresses, lus et approuvés dans l'assemblée générale, seront inscrits sur les registres du secrétariat, ou sur le procès-verbal; et expédition en sera remise au président chargé de porter la parole. *Décret du 25 février 1809, A. art. 5.*

DIVISION DU 2e DEGRÉ.

2960. *Des dessins gravés ou lithographiés.*

2970. *Sous l'ordonnance du 24 octobre 1814. B.*

2980. Il est défendu de publier aucune estampe et gravure diffamatoire ou contraire aux bonnes mœurs, sous la peine prononcée par le Code Pénal (*n° 10200 et suivans*). *Ordonnance du 24 octobre 1814, B. art. 11.*

2990. *Sous la loi du 31 mars 1820, A.*

3000 Nul dessin imprimé, gravé ou lithographié, ne pourra être publié, exposé, distribué ou mis en vente, sans l'autorisation préalable du gouvernement.

Ceux qui contreviendraient à cette disposition, seront punis des peines portées en l'art. 5 de la présente loi (*n° 2210*). *Loi du 31 mars 1820, A. art. 8.*]

3010. Toute autorisation accordée sera insérée au journal de la librairie. *Ordonnance du 1er avril 1820, A. art. 12.*

3o2o. *Sous les lois et ordonances rendues depuis le 25 mars 1822 jusqu'à ce jour.*

3o3o. Toute publication, vente ou mise en vente, exposition, distribution sans l'autorisation préalable du gouvernement, de dessins gravés ou lithographiés, sera, pour ce seul fait, punie d'un emprisonnement de trois jours à six mois, et d'une amende de dix francs à cinq cents francs, sans préjudice des poursuites auxquelles pourrait donner lieu le sujet des dessins. *Loi du 25 mars* 1822, A. *art.* 12.

3o4o. Dans le cas prévu par l'article 12 de la loi du 25 mars 1822, A. (*n°* 3o3o), l'autorisation du gouvernement sera délivrée, à Paris, au bureau de la librairie, et dans les départemens, au secrétariat de chaque préfecture, en exécution de la loi du 21 octobre 1814, A. (*n°* 4720) et de notre ordonnance du 24 *octobre* 1814, B. (*n°* 4760); cette autorisation contiendra la désignation sommaire du dessin gravé ou lithographié, et du titre qui lui aura été donné.

Elle sera inscrite sur une épreuve qui demeurera au pouvoir de l'auteur ou de l'éditeur, et qu'il sera tenu de représenter à toute requisition.

L'auteur ou l'éditeur, en recevant l'autorisation, déposera au bureau de la librairie, ou au secrétariat de la préfecture, une épreuve destinée à servir de pièce de comparaison; il certifiera, par une déclaration inscrite sur cette épreuve, sa conformité avec le reste de l'édition pour laquelle l'autorisation lui sera accordée. *Ordonnance du* 1er *mai* 1822, F. *art.* 1er.

[3050. A l'égard des dessins gravés ou lithographiés qui ont paru avant la publication de la présente ordonnance, il est accordé un délai d'un mois pour se pourvoir de la même autorisation. *Ordonnance du* 1er *mai* 1822, F. *art.* 2.]

DIVISION DU 2e DEGRÉ.

Des affiches.

3060. *Sous les lois rendues depuis le* 18 *mai* 1791, *jusqu'à ce jour.*

3070. Aucun citoyen et aucune réunion de citoyens ne pourront rien afficher sous le titre d'arrêtés, de délibérations, ni sous toute autre forme obligatoire et impérative. *Décret du* 18 *mai* 1791, A. *art.* 13.

3080. Aucune affiche ne pourra être faite sous un nom collectif; [tous les citoyens qui auront coopéré à un affiche, seront tenus de la signer]. *Décret du* 18 *mai* 1791, A. *art.* 14.

3090. La contravention aux articles 13 et 14 (*n*^{os} 3070 *et* 3080) sera punie d'une amende de cent livres, laquelle ne pourra être modérée, et dont la condamnation sera prononcée par voie de police. *Décret du* 18 *mai* 1791, A. *art.* 15.

3100. Aucun placard ni affiche ne pourra être apposé dans les rues ou places publiques sans avoir été préalablement présenté à la préfecture de police, qui donnera le vu pour afficher. *Arrêté du 7 avril* 1814, C. *art.* 1er.

3110. Toute personne qui sera convaincue d'avoirarraché les... bulletins *imprimés par ordre de [l'assemblée nationale]*, ou empêché leur publication et affiche, sera poursuivie devant les tribunaux comme ennemie du peuple et coupable d'offense à la loi, à la diligence du procureur de la commune du lieu où seront faites lesdites affiches, et condamnée à cent livres d'amende pour la première fois ; et en cas de récidive, à deux mois de prison. *Décret du* 15 *septembre* 1792 , H. *art.* 3.

3120... Les affiches des actes émanés de l'autorité publique, seront seules imprimées sur papier blanc ordinaire ; et celles faites par des particuliers, ne pourront l'être que sur papier de couleur, sous peine de l'amende ordinaire de police municipale. *Décret du* 22 *juillet* 1791 , B. *article unique.*

3125...... Conformément à la loi du 22 *juillet* 1791, B. ═28 juillet 1791. *Le papier des affiches des particuliers* ne pourra être de couleur blanche... *Loi du* 28 *avril* 1816, A. *art.* 65.

3130. Dans les villes et dans chaque municipalité, il sera, par les officiers municipaux, désigné des lieux exclusivement destinés à recevoir les affiches des lois et des actes de l'autorité publique. Aucun citoyen ne pourra faire des affiches particulières dans lesdits lieux, sous peine d'une amende de cent livres, dont la condamnation sera prononcée par voie de police. *Décret du 18 mai 1791, A. art. 11.*

DIVISION DU 1ᵉʳ DEGRÉ.

3140. *De la propriété littéraire.*

DIVISION DU 2ᵉ DEGRÉ.

3150. *En quoi consiste la propriété littéraire.*

DIVISION DU 3ᵉ DEGRÉ.

3160. *Des ouvrages appartenant à des particuliers.*

3170. *Sous les lois rendues depuis le 19 juillet 1793 jusqu'à ce jour.*

3180. Les auteurs d'écrits en tout genre, les compositeurs de musique, les peintres et dessinateurs qui feront graver des tableaux ou dessins, jouiront durant leur vie entière du droit exclusif de vendre, faire vendre, distribuer, leurs ouvrages dans le territoire de la [république] et d'en céder la propriété en tout ou en partie. *Décret du 19 juillet 1793, C. art. 1ᵉʳ.*

3190. Le droit de propriété est garanti à l'auteur et à sa veuve pendant leur vie, si les conventions matrimoniales de celle-ci lui en donnent le droit, et à leurs enfans pendant vingt ans. *Décret du 5 février 1810, A. art. 39.*

3200. Les héritiers de l'auteur d'un ouvrage de

littérature ou de gravure, ou de toute autre production de l'esprit ou de génie qui appartienne aux beaux-arts, en auront la propriété exclusive pendant dix années. *Décret du 19 juillet 1793, C. art. 7.*

3210. Les auteurs, soit nationaux, soit étrangers, de tout ouvrage imprimé ou gravé, peuvent céder leur droit à un imprimeur ou libraire, ou à toute autre personne qui est alors substituée en leur lieu et place, pour eux et leurs ayans-cause, comme il est dit à l'article 39, (*n° 3190*). *Décret du 5 février 1810, A. art. 40.*

3220... *Néanmoins* les héritiers ou cessionnaires *ne* jouiront du... droit *de propriété que* durant l'espace de dix ans après la mort des auteurs. *Décret du 19 juillet 1793, C. art. 2.*

3230. Les propriétaires, par succession ou à autre titre, d'un ouvrage posthume, ont les mêmes droits que l'auteur, et les dispositions des lois sur la propriété exclusive des auteurs et sur sa durée leur sont applicables; toutefois, à la charge d'imprimer séparément les œuvres posthumes, et sans les joindre à une nouvelle édition des ouvrages déjà publiés et devenus propriété publique. *Décret du 22 mars 1805, B. art. 1er.*

3240. *Les dispositions ci-dessus de la loi du 19 juillet 1793, C. sont applicables aux ouvrages dramatiques. Décret du 1er septembre 1793, B. art. 2.*

· 3250... Les dispositions *ci-dessus des lois* sur la propriété des auteurs et sur sa durée..., sont applicables *aux propriétaires d'ouvrages dramatiques posthumes*, ainsi qu'il est dit au décret du (22 *mars* 1805, B. *no* 3230) 1er. germinal an XIII. *Décret du 8 juin* 1806, A. *art.* 12.

DIVISION DU 3e DEGRÉ.

3260. *Des manuscrits et archives appartenant à l'État.*

3265. *Sous le décret du* 20 *février* 1809, A.

3270. Les manuscrits des archives de notre ministère des relations extérieures, et ceux des bibliothèques [impériales] départementales et communales, ou des autres établissemens de notre empire, soit que ces manuscrits existent dans les dépôts auxquels ils appartiennent, soit qu'ils en aient été soustraits, ou que leurs minutes n'y aient pas été déposées aux termes des anciens réglemens, sont la propriété de l'état, et ne peuvent être imprimés et publiés sans autorisation. *Décret du* 20 *février* 1809, A. *art.* 1er.

3275. Cette autorisation sera donnée par notre ministre des relations extérieures, pour la publication des ouvrages dans lesquels se trouveront des copies, extraits ou citations des manuscrits qui appartiennent aux archives de son ministère, et par notre ministre de l'intérieur, pour celle des ouvrages dans lesquels se trouveront des copies, extraits ou citations des manuscrits qui appartiennent à l'un des autres établissemens publics mentionnés dans l'article précédent. *Décret du* 20 *février* 180 , A. *art.* 2.

DIVISION DU 3ᵉ DEGRÉ.

3280. *Des lois et actes émanés du gouvernement.*

3285. *Sous les décrets et ordonnances rendus depuis le 6 juillet* 1810 *jusqu'à ce jour.*

3290. Il est défendu à toutes personnes d'imprimer et débiter les sénatus-consultes, codes, lois et réglemens d'administration publique, avant leur insertion et publication par la voie du bulletin au chef - lieu du département. *Décret du* 6 *juillet* 1810 C. *art.* 1ᵉʳ.

3300. Les éditions faites en contravention de l'article précédent (*n°* 3290), seront saisies, à la requête de nos procureurs-généraux, et la confiscation en sera prononcée par le tribunal de police correctionnelle. *Décret du* 6 *juillet* 1810, C. *art.* 2.

3310..... Il est permis à tous imprimeurs ou libraires d'imprimer et de débiter les lois et ordonnances du royaume , aussitôt après leur publication officielle au Bulletin des lois. *Ordonnance du* 12 *janvier* 1820 , B. *art.* 3.

3320....*Néanmoins*, nous n'entendons, en aucune manière, priver nos sujets de l'avantage de connaître, comme par le passé, par la voie des journaux, l'objet des sénatus - consultes, lois et réglemens, au moment où ils sont annoncés... *Décret du* 6 *juillet* 1810, C. *préambule.*

DIVISION DU 2ᶜ DEGRÉ.

3330. *Comment la propriété littéraire est constatée.*

3335. *Sous les lois rendues depuis le 19 juillet 1793 jusqu'à ce jour.*

3340. Tout citoyen qui mettra au jour un ouvrage, soit de littérature ou de gravure, dans quelque genre que ce soit, sera obligé d'en déposer [deux] exemplaires [à la bibliothèque nationale ou au cabinet des estampes de la république] dont il recevra un reçu signé [par le bibliothécaire] faute de quoi il ne pourra être admis en justice pour la poursuite des contrefacteurs. *Décret du 19 juillet 1793, C. art. 6.*

3350. *Les modifications apportées à cet article sont constatées aux n° 4660 et suivans.*

DIVISION DU 2ᵉ DEGRÉ.

3360. *Des actions qui naissent de la propriété littéraire.*

3370. *Sous les lois rendues depuis le 19 juillet 1793, jusqu'à ce jour.*

3380. Toute édition d'écrits, de composition musicale, de dessin, de peinture ou de toute autre production, imprimée ou gravée en entier ou en partie, au mépris des lois et réglemens relatifs à la propriété des auteurs, est une contrefaçon; et toute contrefaçon est un délit. *Loi du 19 février 1810, A. art. 425, C. P.*

3390. Le débit d'ouvrages contrefaits, l'introduction sur le territoire français d'ouvrages qui, après avoir été imprimés en France, ont été contrefaits chez l'étranger, sont un délit de la même espèce. *Loi du* 19 *février* 1810, A. *art.* 426, *C. P.*

3400. Il y a lieu à confiscation, et amende au profit de l'État...., sans préjudice des dispositions du Code pénal....

... Si *l'ouvrage* est une contrefaçon, c'est-à-dire si c'est un ouvrage imprimé sans le consentement et au préjudice de l'auteur ou éditeur, ou de leurs ayans-cause. *Décret du* 5 *février* 1810, A. *art.* 41, 7°.

3410. Dans ce dernier cas, il y aura lieu, en outre, à des dommages-intérêts envers l'auteur ou éditeur, ou leurs ayans-cause; et l'édition ou les exemplaires contrefaits seront confisqués à leur profit. *Décret du* 5 *février* 1810, A. *art.* 42.

3420. La peine contre le contrefacteur, ou contre l'introducteur, sera une amende de cent francs au moins et de deux mille francs au plus; et contre le débitant, une amende de vingt-cinq francs au moins et de cinq cents francs au plus.

La confiscation de l'édition contrefaite sera prononcée tant contre le contrefacteur que contre l'introducteur et le débitant.

Les planches, moules ou matrices des objets contrefaits, seront aussi confisqués. *Loi du* 19 *février* 1810, A. *art.* 427, *C. P.*

3430. Tout contrefacteur sera tenu de payer au véritable propriétaire une somme équivalente au prix de trois mille exemplaires de l'édition originale. *Décret du* 19 *juillet* 1793 *, C. art.* 4.

344o. Tout débitant d'édition contrefaite, s'il n'est pas reconnu contrefacteur, sera tenu de payer au véritable propriétaire une somme équivalente au prix de cinq cents exemplaires de l'édition originale. *Décret du* 19 *juillet* 1793 *, C. art.* 5.

345o. Dans les cas prévus par les articles 425, 426 et 427 (*n^{os}* 338o, 339o *et* 342o)..., le produit des confiscations... sera remis au propriétaire pour l'indemniser d'autant du préjudice qu'il aura souffert; le surplus de son indemnité, ou l'entière indemnité s'il n'y a *point* en vente d'objets confisqués..., sera réglé par les voies ordinaires. *Loi du* 19 *février* 1810, A. *art.* 429, *C. P.*

346o. Les peines prononcées et les dommages-intérêts seront arbitrés par le tribunal correctionnel ou criminel, selon les cas et d'après les lois. *Décret du* 5 *février* 1810, A. *art.* 43.

347o. [Les officiers de paix] seront tenus de faire confisquer, à la réquisition et au profit des auteurs, compositeurs, peintres ou dessinateurs et autres, leurs héritiers ou cessionnaires, tous les exemplaires des éditions imprimées ou gravées sans la permission formelle et par écrit des auteurs. *Décret du* 19 *juillet* 1793, C. *art.* 3.

348o. Les fonctions attribuées aux officiers de paix par l'article 3 de la loi du 19 juillet 1793, C. [vieux style] (*n^o* 347o), seront à l'avenir exercées par les commissaires de police, et par les juges de paix dans les lieux où il n'y a pas de commissaire de police. *Loi du* 13 *juin* 1795, A. *art.* 1er.

DIVISION DU 2e DEGRÉ.

3490. *Des ouvrages français imprimés dans des pays étrangers, avant leur réunion à la France.*

DIVISION DU 5e DEGRÉ.

3500. *Des ouvrages imprimés en Hollande, avant le* 1er *janvier* 1811.

3510. *Sous le décret du* 29 *décembre* 1810, B.

[3520. Les éditions antérieures au 1er janvier 1811, faites en Hollande, d'ouvrages imprimés en France antérieurement à la même époque, et faisant partie de la propriété littéraire privée, ne pourront être considérées comme des contrefaçons, lorsqu'elles auront été estampillées avant le 1er mars prochain. *Décret du* 29 *décembre* 1810, B. *art.* 1er.]

[3530. En conséquence, les éditeurs, imprimeurs, libraires ou tout autre faisant le commerce de la librairie en Hollande, qui s'en trouveraient possesseurs ou propriétaires, seront tenus de déclarer, dans le délai d'un mois à dater de la promulgation de notre présent décret, au préfet de leur département qui en instruira notre intendant général de l'intérieur en Hollande, le nombre d'exemplaires qu'ils possèdent de chacune desdites éditions.

Notre intendant général de l'intérieur transmettra copie de ces déclarations à notre directeur général de la librairie. *Décret du* 29 *décembre* 1810, B. *art.* 2.]

[3540. Ces exemplaires doivent être représentés, dans chaque département et par chaque imprimeur ou libraire, avant le 1er mars, au commissaire qui sera délégué à cet effet sur les lieux ; et la première page de chacun d'eux sera estampillée à sa diligence, après quoi ils pourront être librement vendus dans tout l'empire. *Décret du* 29 *décembre* 1810, B. *art.* 3.]

[3550. Les libraires seront tenus de payer aux auteurs ou propriétaires le douzième de la totalité des exemplaires déclarés par eux existant actuellement dans leurs magasins ou à leur disposition ; et cela tous les six mois, dans la proportion des ventes qu'ils feront, et qui seront évaluées par le nombre d'exemplaires qui leur resteront et qu'ils représenteront. *Décret du* 29 *décembre* 1810, B. *art.* 4.]

[3560. Au 1er mars, l'estampille sera renvoyée à notre directeur général de la librairie, avec les procès - verbaux d'estampillage qui auront été dressés ; et dès ce moment, tous les exemplaires des éditions susmentionnées qui seront trouvés dénués de la marque d'estampille, seront considérés comme contrefaçons, et ceux sur lesquels ils seront saisis, soumis aux peines portées par

les lois et nos réglemens. *Décret du 29 décembre
1810, B. art. 5.*]

DIVISION DU 3e DEGRÉ.

3570. *Des ouvrages imprimés dans les départemens anséatiques, avant le 1er janvier 1811.*

3580. *Sous le décret du 24 août 1811. A.*

[3590. Les éditions antérieures au 1er janvier
1811, faites dans les départemens de la 32e, 29e et
30e division militaire, d'ouvrages imprimés en
France antérieurement à la même époque, et faisant partie de la propriété littéraire privée, ne
pourront être considérées comme des contrefaçons lorsqu'elles auront été estampillées avant le
1er janvier prochain. *Décret du 24 août 1811, A.
art. 1er.*]

[3600. En conséquence, les éditeurs, imprimeurs, ou tout libraire, ou tout autre faisant le
commerce de la librairie dans les départemens ci-
dessus désignés, qui s'en trouveraient possesseurs
ou propriétaires, seront tenus de déclarer au préfet de leur département le nombre d'exemplaires
qu'ils possèdent de chacune desdites éditions.

Les préfets transmettront la copie de ces déclarations à notre directeur général de la librairie.
Décret du 24 août 1811, B. art. 2.]

[3610. Ces exemplaires doivent être représentés
dans chaque département, et par chaque imprimeur ou libraire, avant le 1er octobre, au com-

missaire qui sera délégué à cet effet sur les lieux ; et la première page de chacun d'eux sera estampillée à sa diligence, après quoi ils pourront être librement vendus dans tout l'empire. *Décret du 24 août 1811, A. art. 3.*]

[3620. Les libraires seront tenus de payer aux auteurs ou propriétaires le douzième de la totalité des exemplaires déclarés par eux existant actuellement dans leurs magasins ou à leur disposition ; et cela, tous les six mois, dans la proportion des ventes qu'ils feront, et qui seront évaluées par le nombre des exemplaires qui leur resteront et qu'ils représenteront. *Décret du 24 août 1811, A. art. 4.*]

[3630. Au 1er octobre, l'estampille sera renvoyée à notre directeur général de la librairie, avec les procès-verbaux d'estampillage qui auront été dressés ; et, dès ce moment, tous les exemplaires des éditions susmentionnées, qui seront trouvés dénués de la marque de l'estampille, seront considérés comme des contrefaçons, et ceux sur lesquels ils seront saisis, soumis aux peines portées par les lois et nos réglemens. *Décret du 24 août 1811, A. art. 5.*]

DIVISION DU 2e DEGRÉ.

3640. *Des ouvrages imprimés en France, dans des pays réunis, depuis leur réunion à la France.*

[3650. Les auteurs français et italiens, ainsi

8

que les héritiers des uns et des autres, jouiront réciproquement, comme s'ils étaient nationaux, dans toute l'étendue de notre empire et du royaume d'Italie, des droits d'auteur assurés par l'article 39 de notre décret du 5 février 1810, A. (*n° 3190*). *Décret du 19 juin 1811, B. art. 2.*]

DIVISION DU 2e DEGRÉ.

3660. *Du droit à percevoir sur les ouvrages connus sous le nom de labeurs.*

3670. *Sous les décrets rendus depuis le 29 avril jusqu'au 19 juin 1811.*

[3680. A dater de la publication du présent décret, il est établi, dans toute l'étendue de notre empire, un droit d'un centime par feuille d'impression, sur tous les ouvrages connus en imprimerie sous le nom de labeurs, quel que soit le format du volume, si ces ouvrages n'appartiennent à aucun auteur vivant ou à ses héritiers. *Décret du 29 avril 1811, A. art. 1er.*]

[3690. Ne seront pas passibles de cette taxe, les ouvrages d'imprimerie connus sous le nom d'ouvrages de ville ou bilboquets. *Décret du 29 avril 1811, A. art. 2.*]

[3700. Le produit de ce droit sera affecté aux dépenses de notre direction générale de l'imprimerie et de la librairie. *Décret du 29 avril 1811, A. art. 3.*]

[3710. Le mode de perception et le mode de

comptabilité seront réglés par nous en notre conseil d'État, sur la proposition du directeur général, et sur le rapport de notre ministre de l'intérieur. *Décret du 29 avril 1811, A. art. 4.*]

[3720. Chaque imprimeur, en effectuant le dépôt de cinq exemplaires ordonné par l'article 48 du réglement du 5 février 1810, A. (*n° 4680*), devra l'accompagner de la remise de son obligation personnelle, par laquelle il s'engagera à payer, dans trois mois, à partir du jour du dépôt, la somme dont il est redevable d'après le nombre d'exemplaires de son édition, et le nombre de feuilles de chaque exemplaire. *Décret du 3 juin 1811, B. art. 1er.*]

[3730. Les obligations des imprimeurs seront versées sur bordereau à la caisse d'amortissement, dont le caissier général fournira son reçu provisoire au directeur de l'imprimerie. *Décret du 3 juin 1811, B. art. 2.*]

[3740. A leurs échéances respectives, elles seront présentées, par les soins de la caisse d'amortissement, aux imprimeurs qui les auront souscrites ; et les fonds en provenant seront portés, à dater du jour du recouvrement, au crédit du compte de la direction générale de l'imprimerie. *Décret du 3 juin 1811, B. art. 3.*]

[3750. En cas de non-paiement, l'obligation échue sera protestée suivant les formes d'usage, et le renvoi en sera fait, par la caisse d'amortissement, au directeur de l'imprimerie. *Décret du 3 juin* 1811, B. *art.* 4.]

[3760. Le directeur général de l'imprimerie fera poursuivre, par les voies de droit, les débiteurs en retard. *Décret du 3 juin* 1811, B. *art.* 5.]

[3770. Quoique l'échéance habituelle des obligations soit fixée à trois mois, qui commencent le jour du dépôt, néanmoins un plus long délai pourra être accordé aux imprimeurs par le directeur général de l'imprimerie, pour les ouvrages qui, par leur importance ou la mise de fonds nécessaire à leur entreprise, mériteront évidemment cette faveur. Il pourra même, à cette effet, leur faire souscrire des coupures d'obligations. *Décret du* 3 *juin* 1811, B. *art.* 6.]

[3780. Les paiemens de la direction de l'imprimerie seront effectués par la caisse d'amortissement sur les ordonnances du ministre de l'intérieur, auxquelles seront annexés des bordereaux du directeur général de l'imprimerie.

Si les fonds sont destinés à acquitter les dépenses du service extérieur, la caisse d'amortissement fera payer les parties prenantes sur le lieu de leur résidence, et leurs quittances seront versées, comme pièces comptables, à la direction de l'imprimerie. *Décret du* 3 *juin* 1811, B. *art.* 7.]

[3790. Les recettes faites à Paris pour le compte de la direction de l'imprimerie seront gratuites, et la caisse d'amortissement n'est autorisée à répéter que le remboursement de ses avances; mais il lui est alloué une remise de sept huitièmes pour cent sur tous les recouvremens qu'elle aura effectués dans les départemens, en indemnité des commissions qu'elle - même est obligée de payer. *Décret du 3 juin 1811, B. art. 8.*]

[3800. Au 1ᵉʳ janvier de chaque année, la caisse d'amortissement arrêtera le compte de la direction de l'imprimerie, et dressera son état de situation en recette et en dépense. L'excédant du débet de crédit sera porté à compte nouveau, et formera le premier article de l'exercice courant. *Décret du 3 juin 1811, B. art. 9.*]

[3810. *Les dispositions ci-dessus du* décret du 29 avril 1811, A. (*nᵒ* 3680 *et suivans*)... ont été rendu*es* applicable*s au* royaume d'Italie... *Décret du 19 juin 1811, B. art. 1ᵉʳ.*]

3820. *Sous les lois rendues depuis la restauration jusqu'à ce jour.*

[3830. *Le droit établi sur les ouvrages connus sous le nom de labeurs, n'a été compris dans aucun des budjets votés depuis la restauration.*]

DIVISION DU 1ᵉʳ DEGRÉ.

3850. De la conservation de la propriété des dessins *des fabricans.*

3860. *Sous la loi du 18 mars 1806, A.*

(*Tit.* 2 , *sect.* 3, *art.* 14 *à* 19.)

3870. Le conseil de prud'hommes *de la ville*

8*

de Lyon est chargé des mesures conservatrices de la propriété des dessins *inventés par des fabricans de cette ville. Loi du* 18 *mars* 1806 , A. *art.* 14.

3880. Tout fabricant qui voudra pouvoir revendiquer par la suite, devant le tribunal de commerce, la propriété d'un dessin de son invention, sera tenu d'en déposer aux archives du conseil de prud'hommes, un échantillon plié sous enveloppe, revêtue de ses cachets et signature, sur laquelle sera également apposé le cachet du conseil de prud'hommes. *Loi du* 18 *mars* 1806, A. *art.* 15.

3890. Les dépôts de dessins seront inscrits sur un registre tenu ad hoc par le conseil de prud'hommes, lequel délivrera aux fabricans un certificat rappelant le numéro d'ordre du paquet déposé, et constatant la date du dépôt. *Loi du* 18 *mars* 1806, A. *art.* 16.

3900. En cas de contestation entre deux ou plusieurs fabricans sur la propriété d'un dessin, le conseil de prud'hommes procédera à l'ouverture des paquets qui auront été déposés par les parties; il fournira un certificat indiquant le nom du fabricant qui aura la priorité de date. *Loi du* 18 *mars* 1806, A. *art.* 17.

3910. En déposant son échantillon, le fabricant déclarera s'il entend se réserver la propriété exclusive pendant une, trois ou cinq années, ou à perpétuité : il sera tenu note de cette déclaration.

A l'expiration du délai fixé par ladite déclaration, si la réserve est temporaire, tout paquet d'échantillon déposé sous cachet dans les archives du conseil, devra être transmis au conservatoire des arts de la ville de Lyon, et les échantillons y contenus être joints à la collection du conservatoire. *Loi du* 18 *mars* 1806, A. *art.* 18.

3920. En déposant son échantillon, le fabricant acquittera entre les mains du receveur de la commune une indemnité qui sera réglée par le conseil de prud'hommes, et ne pourra excéder un franc pour chacune des années pendant lesquelles il voudra conserver la propriété exclusive de son dessin, et sera de dix francs pour la propriété perpétuelle. *Loi du* 18 *mars* 1806, A. *art.* 19.

3930. *Les dispositions ci-dessus sont applicables dans toutes les villes où il a été institué des conseils de prud'hommes (Voyez le Code des Manufactures.)*

3940. Le dépôt des échantillons de dessins qui doit être fait, conformément à l'article 15 de la loi du 18 mars 1806, A. (*n*º 3880), aux archives des conseils de prud'hommes, pour les fabriques situées dans le ressort de ces conseils, sera reçu pour toutes les fabriques situées hors du ressort d'un conseil de prud'hommes, au greffe du tribunal de commerce, ou au greffe du tribunal de première instance, dans les arrondissemens où les tribunaux civils exerceront la juridiction des tribunaux de commerce. *Ordonnance du 17 août 1825, A. art. 1er.*

3950. Ce dépôt se fera dans les formes prescrites pour le même dépôt aux archives des conseils de prud'hommes par les articles 15; 16 et 18, sect. 3, titr. 2 de la loi du 18 mars 1806, A. (*nos* 3880, 3890 *et* 3910).

Il sera reçu gratuitement, sauf le droit du greffier, pour la délivrance du certificat constatant ledit dépôt. *Ordonnance du 17 août 1825, A. art. 2.*

DIVISION DU 1er DEGRÉ.

3960. *Des droits de timbre, de poste et de douane, dans leurs rapports avec la presse.*

3970. *Cette matière est traitée dans les Codes spéciaux du Timbre, de la Poste et des Douanes.*

DIVISION DU 1er DEGRÉ.

3980. *Des diverses professions relatives à la presse.*

DIVISION DU 2e DEGRÉ.

3990. *Dispositions générales.*

4000. *Sous les lois rendues depuis le 5 février 1810 jusqu'à ce jour.*

4010. Il sera statué par des réglemens particuliers, comme il est dit à l'article 3 (n° 4070), sur ce qui concerne :

1° Les imprimeurs et libraires, leur réception et leur police,

2° Les libraires étaleurs, lesquels ne sont pas compris dans les dispositions ci-dessus,

3° Les fondeurs de caractères,

4° Les graveurs,

5° Les relieurs, et ceux qui travaillent dans toutes les autres parties de l'art ou du commerce de l'imprimerie et librairie. *Décret du 5 février 1810, A. art. 49.*

4020. Ces réglemens seront proposés et arrêtés en Conseil-d'État, sur la proposition du directeur général de la librairie, et le rapport de notre ministre de l'intérieur. *Décret du 5 février 1810, A. art. 50.*

DIVISION DU 2e DEGRÉ.

4030. *Des imprimeurs.*

DIVISION DU 3e DEGRÉ.

4040. *Du nombre des imprimeurs, et des mesures en cas de réduction.*

DIVISION DU 4e DEGRÉ.

4050. *Du nombre des imprimeurs.*

4060. *Sous le décret du 5 février 1810, A.*

4070. A dater du 1er janvier 1811, le nombre des imprimeurs dans chaque département sera fixé, et celui des imprimeurs à Paris sera réduit à [soixante.] *Décret du 5 février* 1810, A. *art.* 3.

[4080. La réduction dans le nombre des imprimeurs ne pourra être effectuée sans qu'on ait préalablement pourvu à ce que les imprimeurs actuels qui seront supprimés, reçoivent une indemnité de ceux qui seront conservés. *Décret du 5 février* 1810, A. *art.* 4.]

4090. *Sous le décret du* 11 *février* 1811, A.

4100. Le nombre des imprimeurs de la ville de Paris, fixé à soixante par les décrets précédens (*n°* 4070), est porté à quatre-vingts. *Décret du* 11 *février* 18 1, A. *art.* 1er.

4110. En conséquence, il sera dressé une liste supplémentaire de vingt imprimeurs. *Décret du* 11 *février* 1811, A. *art.* 2.

DIVISION DU 4e DEGRÉ.

4120. *Des mesures à prendre en cas de réduction.*

DIVISION DU 5e DEGRÉ.

4130. *Des presses ayant appartenu à des imprimeurs supprimés.*

4140. *Sous le décret du* 2 *février* 1811, A.

(*Tit.* 1er. Des presses supprimées, *art.* 1 à 4.)

[4150. Les imprimeurs conservés dans notre bonne ville de Paris, sont tenus d'acheter les presses des imprimeurs supprimés ; ils les paieront au prix de l'estimation qui en sera faite , en un an et en quatre termes. *Décret du 2 février 1811, A. art. 1er.*

[4160. Chacun des imprimeurs conservés paiera un soixantième du prix total de cette acquisition. *Décret du 2 février 1811 , A. art. 2.*]

[4170 Les imprimeurs conservés s'entendront entre eux pour se partager les presses ainsi acquises. *Décret du 2 février 1811 , A. art. 3.*]

DIVISION DU 5ᵉ DEGRÉ.

4180. *Des caractères ayant appartenu à des imprimeurs supprimés.*

4185. *Sous le décret du 2 février 1811, A.*

[4190. Immédiatement après la publication du présent décret, les scellés seront apposés sur les caractères appartenant aux imprimeurs supprimés.

Ils pourront les vendre à leur gré, pourvu que cette vente ne soit faite qu'à des imprimeurs et fondeurs brevetés. *Décret du 2 février 1811 , A. art. 4.*]

DIVISION DU 5e DEGRÉ.

4200. *Des indemnités représentatives de la valeur des fonds d'imprimeurs supprimés.*

4210. *Sous le décret du 2 février 1811, A.*

(*Tit.* 2. De l'indemnité accordée aux imprimeurs supprimés. *Art.* 5 à 12.)

[4220. Il sera payé par les imprimeurs conservés aux imprimeurs supprimés, une indemnité. *Décret du 2 février* 1811, A. *art.* 5.]

[4230. Cette indemnité est fixée sur le pied de quatre mille francs par imprimeur supprimé. *Décret du 2 février* 1811, A. *art.* 6.]

[4240. Il en sera fait une somme totale qui sera répartie entre les imprimeurs supprimés, proportionnellement à l'importance et à l'activité de leur établissement, dûment constatées. *Décret du 2 février* 1811, A. *art.* 7.]

[4250. A cet effet, les imprimeurs supprimés seront divisés en plusieurs classes. On placera dans la première ceux dont l'établissement sera reconnu avoir le plus d'importance; et dans la dernière, ceux qui seront trouvés avoir l'établissement le moins considérable en valeur mobilière et en occupations. *Décret du 2 février* 1811, A. *art.* 8.]

[4260. Cette division en classe sera faite et l'indemnité sera fixée par une commission dont il sera parlé ci-après (*n°* 4320). *Décret du 2 février* 1811, A. *art.* 9.]

[4270. Chacun des soixante imprimeurs conservés paiera un soixantième de la somme totale fixée pour l'indemnité due aux imprimeurs supprimés. *Décret du 2 février* 1811, A. *art.* 10.]

DIVISION DU 5ᵉ DEGRÉ.

4280. *Du mode de paiment des indemnités ci-dessus.*

4290. *Sous le décret du 2 février 1811, A.*

[4300. Les sommes payées par les imprimeurs conservés, tant pour l'achat des presses que pour l'indemnité des imprimeurs supprimés, seront versées à la caisse d'amortissement; savoir, le premier quart comptant et en espèces, les trois autres quarts en effets payables à quatre, huit et douze mois: les valeurs n'en seront tirées pour être réparties aux imprimeurs supprimés, que sur les mandats du président de la commission, visés par le directeur général de la librairie. *Décret du 2 février 1811, A. art. 11.*]

[4310. Tout créancier des imprimeurs supprimés pourra faire opposition à la caisse d'amortissement pour la conservation de ses droits. *Décret du 2 février 1811, A. art. 12.*]

DIVISION DU 5e DEGRÉ.

4320. *De la commission chargée de régler ces indemnités.*

4330. *Sous le décret du 2 février 1811, A.*

(*Tit.* 3. De la commission. *Art.* 13 à 16.)

[4340. La commission dont il est parlé à l'article 9 (*n*° 4260), sera composée de l'inspecteur de l'imprimerie impériale, qui la présidera; d'un auditeur au Conseil-d'État, de deux inspecteurs de la librairie, et de deux imprimeurs brevetés. *Décret du 2 février 1811, A. art.* 13.]

9[*]

[4350. Cette commission sera chargée de faire et d'ordonner toutes les opérations nécessaires à la fixation du prix de l'acquisition des presses, à la fixation des indemnités, et à leur répartition entre les imprimeurs supprimés. *Décret du 2 février 1811, A. art. 14.*]

[4360. Toutes les décisions de la commission seront soumises à notre directeur général, pour être approuvées par lui, s'il y a lieu, après avoir entendu les parties intéressées.

En cas de réclamations, elles seront portées devant notre ministre de l'intérieur, qui décidera définitivement. *Décret du 2 février 1811, A. art. 15.*]

DIVISION DU 3e DEGRÉ.

4370. *Des conditions requises pour être imprimeur.*

4380. *Sous le décret du 5 février 1810, A.*

[4390. Les imprimeurs seront brevetés et assermentés. *Décret du 5 février 1810, A. art. 5.*]

4400. Lorsqu'il viendra à vaquer des places d'imprimeurs, soit par décès, soit autrement, ceux qui leur succéderont ne pourront recevoir leurs brevets et être admis au serment, qu'après avoir justifié de leur capacité, de leurs bonne vie et mœurs, et de leur attachement à la patrie et au souverain. *Décret du 5 février 1810, A. art. 7.*

4410. On aura, lors des remplacemens, des

égards particuliers pour les familles des impri-meurs décédés. *Décret du 5 février* 1810, A. *art.* 8.

4420..... L'impétrant prêtera serment.... au tri-bunal civil du lieu de sa résidence...., de ne rien imprimer de contraire aux devoirs envers le sou-verain et à l'intérêt de l'État... *Décret du 5 février* 1810, A. *art.* 9.

4430. *Sous les lois rendues depuis le* 21 *octobre* 1814, *jusqu'à ce jour.*

4440. Nul ne sera imprimeur.... s'il n'est breveté par le roi, et assermenté. *Loi du* 21 *octobre* 1814, A. *art.* 11.

4450. Nul ne sera imprimeur-lithographe, s'il n'est breveté et assermenté. *Ordonnance du 8 oc-tobre* 1817, A. *art.* 1er.

4460. Les brevets d'imprimeurs.... délivrés jus-qu'à ce jour sont confirmés : les conditions aux-quelles il en sera délivré à l'avenir, seront déter-minées par un nouveau réglement. *Ordonnance du* 24 *octobre* 1814, B. *art.* 1er.

DIVISION DE 3e DEGRÉ.

4470. *De la forme de la délivrance des brevets.*

4480. *Sous le décret du 5 février* 1810, A.

4490. Le brevet d'imprimeur sera délivré par notre directeur général de l'imprimerie, et soumis à l'approbation de notre ministre de l'intérieur : il sera enregistré au tribunal civil du lieu de la résidence de l'impétrant..... *Décret du 5 février 1810, A. art.* 9.

4500. Les brevets d'imprimeur seront délivrés sur parchemin par notre directeur général de l'imprimerie, en la forme voulue par l'article 9 de notre décret du 5 février 1810, **A.** (*n^os* 4420 *et* 4490), suivant le modèle ci-joint. *Décret du 2 février 1811,* B. *art.* 1er.

4510. Les frais d'expédition des brevets demeurent fixés à cinquante francs pour Paris, et vingt-cinq francs pour les autres villes de l'empire. *Décret du 2 février 1811,* B. *art.* 2.

4520. Les brevets ne seront remis aux impétrans que sur le vu de la quittance des frais d'expédition. *Décret du 2 février 1811,* B. *art.* 3.

. 4530. Ces fonds seront réunis aux fonds spéciaux affectés aux dépenses générales de l'imprimerie et de la librairie. *Décret du 2 février 1811,* B. *art.* 4.

DIVISION DU 3e DEGRÉ.

4540. *Des obligations imposées aux imprimeurs.*

DIVISION DU 4e DEGRÉ.

4550. *Du nombre des presses qu'ils doivent avoir.*

4560. *Sous le décret du 5 février* 1810, **A.**

4570.... *Les imprimeurs* seront tenus d'avoir, à Paris, quatre presses, et dans les départemens, deux. *Décret du 5 férier* 1810, A. *art.* 6.

DIVISION DU 4e DEGRÉ.

4580. *Du livre-journal des impressions.*

5583. *Sous le décret du 5 février 1810, A.*

4584. *Voyez ci-dessus, n° 2430.*

4590. *Sous l'ordonnance du 24 octobre 1814, B.*

4600. Chaque imprimeur sera tenu, conformément aux réglemens, d'avoir un livre coté et paraphé par le maire de la ville où il réside, où il inscrira par ordre de dates, et avec une série de numéros, le titre littéral de tous les ouvrages qu'il se propose d'imprimer; le nombre des feuilles, des volumes et des exemplaires, et le format de l'édition. Ce livre sera représenté, à toute réquisition, aux inspecteurs de la librairie et aux commissaires de police, et visé par eux s'ils le jugent convenable.

La déclaration prescrite par l'article 14 de la loi du 21 octobre 1814, A. (*n^{os}* 4680 *et* 4720), sera conforme à l'inscription portée au livre. *Ordonnance du 24 octobre 1814, B. art. 2.*

DIVISION DU 4e DEGRÉ.

4610. *De la déclaration préalable.*

4620. *Sous les lois et ordonnances rendues depuis le 21 octobre 1814, jusqu'à ce jour.*

4630. Nul imprimeur ne pourra imprimer un

écrit avant d'avoir déclaré qu'il se propose de l'imprimer.... *Loi du 21 octobre 1814, A. art. 14.*

4640. Toutes les impressions lithographiques seront soumises à la déclaration.... avant la publication, comme tous les autres ouvrages d'imprimerie. *Ordonnance du 8 octobre 1817, A. art. 2.*

DIVISION DU 4ᵉ DEGRÉ.

4650. *Du dépôt préalable.*

4670. *Sous le décret du 5 février 1810, A.*

[4680. Chaque imprimeur sera tenu de déposer à la préfecture de son département, et, à Paris, à la préfecture de police, cinq exemplaires de chaque ouvrage, savoir :

Un pour la bibliothèque impériale, un pour le ministre de l'intérieur, un pour la bibliothèque de notre Conseil-d'État, un pour le directeur général de la librairie. *Décret du 5 février 1810, A. art. 48.*]

4690. *Sous le décret du 2 juillet 1812, M.*

[4700. Des cinq exemplaires de chaque ouvrage imprimé à Paris, qui, aux termes de l'article 48 de notre décret du 5 février 1810, A. (*nº 4680*), doivent être déposés à la préfecture de police, un seul exemplaire y sera déposé désormais; les quatre autres exemplaires seront déposés à la direction générale de l'imprimerie et de la librairie, en même-temps que le premier à la préfecture de police. *Décret du 2 juillet 1812, M. art. 1ᵉʳ.*

4710. *Sous les lois et ordonnances rendues depuis le 21 octobre 1814, jusqu'au 8 octobre 1817.*

4720. Nul imprimeur ne pourra..... mettre en vente ou... publier *un écrit*, de quelque manière que ce soit, avant d'avoir déposé le nombre prescrit d'exemplaires, savoir : à Paris, au secrétariat de la direction générale ; et dans les départemens, au secrétariat de la préfecture. *Loi du 21 octobre 1814, A. art. 14.*

4730. Les dispositions... *de l'article 14 de la loi du 21 oct. 1814, A. (nº 4720)*, s'appliquent aux estampes et aux planches gravées accompagnées d'un texte. *Ordonnance du 24 oct. 1814, B. art. 3.*

[4740. Le nombre d'exemplaires qui doivent être déposés, ainsi qu'il est dit... *en l'article 14 de la loi du 21 octobre 1814, A. (nº 4720)*, reste fixé à cinq, lesquels seront répartis ainsi qu'il suit : un pour notre bibliothèque, un pour notre amé et féal chevalier, le chancelier de France ; un pour notre ministre secrétaire d'État au département de l'intérieur, un pour le directeur général de la librairie, et le cinquième pour le censeur qui aura été ou qui sera chargé d'examiner l'ouvrage. *Ordonnance du 24 octobre 1814, B. art. 4.*]

4750. Le nombre d'épreuves des estampes et planches gravées, sans texte, qui doivent être déposées [pour notre bibliothèque] reste fixé à deux, dont une avant la lettre ou en couleur, s'il en a été tiré ou imprimé de cette espèce.

Il sera déposé en outre trois épreuves, dont une pour notre amé et féal chevalier, le chancelier de France, une pour notre ministre secrétaire d'État au département de l'intérieur, et la troisième pour le directeur général de la librairie.] *Ordonnance du 24 octobre* 1814, B. *art.* 8.

4760. Le dépôt ordonné en l'article...8 (*n° 4750*), sera fait, à Paris, au secrétariat de la direction générale; et dans les départemens, au secrétariat de la préfecture. Le récépissé détaillé qui en sera délivré à l'auteur, formera son titre de propriété, conformément aux dispositions de la loi du 19 juillet 1793, C. (*n° 3340*). *Ordonnance du 24 octobre* 1814, B. *art.* 9.

4770. Toutes les impressions lithographiques seront soumises.... au dépôt, avant la publication, comme tous les autres ouvrages d'imprimerie. *Ordonnance du 8 octobre* 1817, A. *art.* 2.

4780. *Sous les ordonnances rendues depuis le 9 janvier* 1828, *jusqu'à ce jour.*

4790. Le nombre des exemplaires des écrits imprimés, et des épreuves des planches et estampes dont le dépôt est exigé par la loi, et qui avait été fixé à cinq par les articles 4 et 8 de l'ordonnance royale du 24 octobre 1814, B. (*n°s 4740 et 4750*), est réduit, outre l'exemplaire et les deux épreuves destinés à notre bibliothèque, conformément à la même ordonnance, à un seul exemplaire et une seule épreuve pour la bibliothèque du ministère de l'intérieur. *Ordonnance du 9 janvier 1828, A. art. 1ᵉʳ.*

4800. Il sera formé à la bibliothèque de Sainte-Geneviève un dépôt particulier, pour y recevoir l'exemplaire des livres du dépôt légal, qui, en vertu de notre ordonnance du 9 janvier 1828, A. (*n° 4790*), est destiné à la bibliothèque du ministère de l'intérieur. *Ordonnance du 27 mars 1828, A. art. 1ᵉʳ.*

4810. Chaque année, notre ministre de l'intérieur fera dans ce dépôt, un choix des ouvrages qu'il jugera convenable de répandre, et il les répartira entre les bibliothèques publiques du royaume, suivant leurs besoins et leur importance. *Ordonnance du 27 mars 1828, A. art. 2.*

DIVISION DU 4ᵉ DEGRÉ.

4820. *Des peines prononcées pour défaut de déclaration et de dépôt.*

4830. *Sous les lois et ordonnances rendues depuis le 21 octobre 1814, jusqu'à ce jour.*

4840. Il y a lieu à saisie et séquestre d'un ouvrage :

...Si l'imprimeur ne représente pas le récépissé de la déclaration et du dépôt ordonné en l'article 14 (*nᵒˢ 4630 et 4720*).... *Loi du 21 octobre 1814, A. art. 15. 1°*

4850. Le défaut de déclaration avant l'impression, et le défaut de dépôt avant la publication

constatés comme il est dit en l'art...15 (*nos* 4840),
seront punis chacun d'une amende de mille
francs pour la première fois, et de deux mille
francs pour la seconde. *Loi du 21 octobre* 1814,
A. *art.* 16.

4860. Toute estampe ou planche gravée, publiée ou mise en vente avant le dépôt *des*... épreuves constaté par le récépissé, sera saisie par les
inspecteurs de la librairie et les commissaires de
police, qui en dresseront procès-verbal. *Ordonnance du 24 octobre* 1814, B. *art.* 10.

DIVISION DU 4e DEGRÉ.

4870. *De l'indication des noms d'auteurs ou d'imprimeurs, sur toute espèce d'écrit imprimé.*

4880. *Sous la loi du 17 avril* 1796, A.

[4890 Il ne doit être imprimé aucuns journaux,
gazettes ou autres feuilles périodiques que ce soit,
distribué aucun avis dans le public, imprimé ou
placardé aucune affiche, qu'ils ne portent le nom
de l'auteur ou des auteurs, le nom et l'indication
de la demeure de l'imprimeur. *Loi du 17 avril*
1796, A. *art.* 1er.]

[4900. La contravention à cette disposition,
soit par le défaut de mention du nom de l'auteur,
ou du nom et de la demeure de l'imprimeur, soit
par l'expression d'un faux nom ou d'une fausse
demeure, sera poursuivie par les officiers de police, et punie, indépendamment de ce qui pour-

rait donner lieu aux poursuites dont il sera parlé ci-après (*n° 9460 et suivans*), d'un emprisonnement par forme de police correctionnelle, du temps de six mois pour la première fois, et en cas de récidive, du temps de deux années. *Loi du 17 avril 1796, A. art. 2.*]

[4910. S'il est inséré dans les écrits mentionnés ci-dessus quelque article non signé, ou extrait ou supposé extrait de papiers étrangers, celui qui fait publier le journal ou autre écrit sous son nom, en sera responsable. *Loi du 17 avril 1796, A. art. 3.*]

[4920. Les mêmes peines seront appliquées aux distributeurs, vendeurs, colporteurs et afficheurs d'écrits imprimés en contravention à l'article... 3 (*n° 4910*). *Loi du 17 avril 1796, A. art. 4.*]

4930. *Sous le décret du 5 février 1810, A.*

[4940. Il y aura lieu à confiscation....
Si l'ouvrage est sans nom d'auteur ou d'imprimeur....*Décret du 5 février 1810, A. art. 41.1°.*]

4950. *Sous le décret du 15 février 1810, A.*

4960. Toute publication ou distribution d'ouvrages, écrits, avis, bulletins, affiches, journaux, feuilles périodiques ou autres imprimés, dans lesquels ne se trouvera pas l'indication vraie des noms, profession et demeure [de l'auteur ou] de l'imprimeur, sera, pour ce seul fait, punie d'un emprisonnement de six jours à six mois, contre toute personne qui aura sciemment contribué à la publication ou distribution. *Loi du* 15 *février* 1810, A. *art.* 283, *C. P.*

4970. Cette disposition sera réduite à des peines de simple police :

1° A l'égard des crieurs, afficheurs, vendeurs ou distributeurs qui auront fait connaître la personne de laquelle ils tiennent l'écrit imprimé;

2° A l'égard de quiconque aura fait connaître l'imprimeur;

3° A l'égard même de l'imprimeur qui aura fait connaître l'auteur. *Loi du* 15 *février* 1810, A. *art.* 284, *C. P.*

4980. Seront punies d'amende, depuis six francs jusqu'à dix francs inclusivement, ... les personnes désignées... *en l'*article 284... (*n°* 4970) du présent Code. *Loi du* 20 *février* 1810, H. *art.* 475, 13° *C. P.*

[4990. Dans tous les cas ci-dessus, *prévus par les articles* 283 *et* 284 (*n°s* 4960 *et* 4970), il y aura confiscation des exemplaires saisis. *Loi du* 15 *février* 1810, A. *art.* 286, *C. P.*]

5000. *Sous la loi du* 21 *octobre* 1814, A.

5010. Le défaut d'indication, de la part de l'imprimeur, de son nom et de sa demeure, sera puni d'une amende de trois mille francs. L'indication d'un faux nom et d'une fausse demeure sera punie d'une amende de six mille francs, sans préjudice de l'emprisonnement prononcé par le Code Pénal, *art.* 283 (*n°* 4960). *Loi du* 21 *octobre* 1814, A. *art.* 17.

5020. Tout libraire chez qui il sera trouvé, ou qui sera convaincu d'avoir mis en vente ou distribué un ouvrage sans nom d'imprimeur, sera condamné à une amende de deux mille francs, à moins qu'il ne prouve qu'il a été imprimé avant la promulgation de la présente loi. L'amende sera réduite à mille francs, si le libraire fait connaître l'imprimeur. *Loi du* 21 *octobre* 1814, A. *art.* 19.

5030. Il y a lieu à saisie et sequestre d'un ouvrage.....

Si chaque exemplaire ne porte pas le vrai nom et la vraie demeure de l'imprimeur. *Loi du* 21 *octobre* 1814, A. *art.* 15, 2°.

DIVISION DU 3e DEGRÉ.

5040. *Quels imprimeurs peuvent être privés de leurs brevets.*

5050. *Sous le décret du 5 février* 1810, A.

[5060. Notre ministre de l'intérieur *aura le droit,* sur le rapport du directeur général, de retirer le brevet à tout imprimeur qui aura été pris en contravention. *Décret du 5 février* 1810, A. *art.* 10.]

Sous la loi du 21 *octobre* 1814, A.

5070. Le brevet pourra être retiré à tout imprimeur.... qui aura été convaincu par un juge-

11

ment de contravention aux lois et réglemens. *Loi du 21 octobre 1814, A. art. 12.*

DIVISION DU 5ᵉ DEGRÉ.

5080. *Des imprimeries clandestines.*

5090. *Sous le décret du 18 novembre 1810, B.*

[5100. A dater du 1ᵉʳ janvier 1811, ceux de nos sujets qui cesseront d'exercer la profession d'imprimeur, et généralement tous ceux qui n'exerçant pas ladite profession, se trouveront propriétaires, possesseurs ou détenteurs de presses, fontes, caractères ou autres ustensiles d'imprimerie, devront, dans le délai d'un mois, faire la déclaration desdits objets, dans le département de la Seine, au préfet de police, et dans les autres départemens, au préfet.

Sont exceptées de cette disposition les presses à cylindre, servant à tirer des copies. *Décret du 18 novembre 1810, B. art. 1ᵉʳ.*]

[5110. Le préfet de police à Paris, et les préfets des départemens, transmettront lesdites déclarations à notre conseiller-d'état directeur général de l'imprimerie et de la librairie, avec leur avis sur les demandes d'être autorisé à conserver lesdites presses et ustensiles pour continuer d'en faire usage, qui pourront être jointes aux déclarations. *Décret du 18 novembre 1810, B. art. 2.*

[5120. Notre directeur général de l'imprimerie et de la librairie rendra compte du tout à nos ministres de l'intérieur et de la police, sur le rapport desquels il sera statué par nous. *Décret du 18 novembre* 1810, B. *art.* 3.]

[5130. Sont sujets aux dispositions de l'article 1er du présent décret (*n°* 5100), les imagers, dominotiers et tapissiers. *Décret du* 18 *novembre* 1810, B. *art.* 4.]

[5140. Les contraventions au présent décret, seront punies d'un emprisonnement de six jours à six mois, et constatées et poursuivies conformément aux dispositions *des articles* 45, 46 *et* 47, *formant* la sect. 2 du titre VII du décret du 5 février 1810, A. (*n°* 11,900, 11,910 *et* 11,990). *Décret du* 18 *novembre* 1810, B. *art.* 5.]

5150. *Sous la loi du* 21 *octobre* 1814, A.

5160. Les imprimeries clandestines seront détruites, et les possesseurs et dépositaires punis d'une amende de dix mille francs et d'un emprisonnement de six mois.

Sera réputée clandestine, toute imprimerie non déclarée à la direction générale de la librairie, et pour laquelle il n'aura pas été obtenu de permission. *Loi du* 21 *octobre* 1814, A. *art.* 13.

DIVISION DU 2e DEGRÉ.

5170. *Des libraires.*

DIVISION DU 3 DEGRÉ.

5180. *Des conditions requises pour être libraire.*
5190. *Sous l'édit du mois d'août* 1686.

[5200. Défendons.... à toutes personnes autres

qu'aux imprimeurs et libraires, de vendre et débiter aucuns livres, et de les faire afficher pour les vendre en leurs noms, soit qu'ils s'en disent les auteurs ou autrement, à peine de cinq cents livres d'amende contre les contrevenans, et de confiscation desdits livres. *Édit du mois d'août* 1686, *art.* 6.]

5210. *Sous le réglement du 28 février* 1723, A.

[5220. Défenses sont faites à toutes personnes, de quelques qualité et condition qu'elles soient, autres que les libraires et imprimeurs, de faire le commerce des livres, en vendre et débiter aucuns, les faire afficher pour les vendre en leurs noms, soit qu'ils s'en disent les auteurs ou autrement; tenir boutique et magasin de livres, acheter pour revendre en gros ou en détail, en chambre et autres lieux, même sous prétexte de les vendre à l'encan, aucun livre en blanc ou reliés, gros ou petits, neufs ou fripés, même de vieux papiers qu'on appelle à la rame, et vieux parchemins, à peine de cinq cents livres d'amende, de confiscation et de punition exemplaire. *Réglement du* 28 *février* 1723, A. *art.* 4.]

5230. *Sous les lois rendues depuis le 2 mars* 1791, *jusqu'au 5 février* 1810.

5240. A compter du 1er avril prochain, il sera libre à toute personne de faire tel négoce, ou d'exercer telle profession, art ou métier qu'elle trouvera bon ; mais elle sera tenue de se pourvoir auparavant d'une patente, d'en acquitter le prix suivant les taux ... déterminés *par la présente loi*, et de se conformer aux réglemens de police qui sont ou pourront être faits. *Décret du 2 mars 1791, B. art.* 7.

[5250. A dater du 1er janvier 1811, les libraires seront brevetés et assermentés. *Décret du 5 février 1810, A. art.* 29.]

5260. Les brevets ne pourront être accordés aux libraires qui voudront s'établir à l'avenir, qu'après qu'ils auront justifié de leur bonne vie et mœurs, et de leur attachement à la patrie et au souverain. *Décret du 5 février 1810, A. art.* 33.

5270. L'impétrant... prêtera... au tribunal civil du lieu de *sa* résidence..., serment de ne vendre, débiter et distribuer aucun ouvrage contraire aux devoirs envers le souverain et à l'intérêt de l'État. *Décret du 5 février 1810, A. art.* 30.

5280. *Sous les lois et ordonnances rendues depuis le 21 octobre 1814, jusqu'à ce jour.*

5290. Nul ne sera.... libraire, s'il n'est breveté par le roi, et assermenté. *Loi du 21 octobre 1814, A. art.* 11.

5300. Les brevets... de libraires délivrés jusqu'à ce jour sont confirmés. Les conditions auxquelles il en sera délivré à l'avenir seront déterminées par un nouveau réglement. *Ordonnance du 24 octobre 1814, B. art* 1er.

11.

5310. La peine de contravention à la disposition de l'art. 11 de la loi du 21 octobre 1814, A. (*n° 5290*), en ce qui concerne le commerce de la librairie, est celle de l'amende de cinq cents francs portée en l'article 4 du titre 2 du réglement du 28 février 1723, A. (*n° 5220*). *Ordonnance du 1er septembre 1827, A. art. 1er* (1).

DIVISION DU 5e DEGRÉ.

5320. *De la forme de la délivrance des brevets.*

5330. *Sous les décrets rendus depuis le 5 février 1810 jusqu'à ce jour.*

5340. Les brevets de libraires seront délivrés par notre directeur général de l'imprimerie, et soumis à l'approbation de notre ministre de l'intérieur : ils seront enregistrés au tribunal civil du lieu de la résidence de l'impétrant... *Décret du 5 février 1810, A. art.* 3o.

5350. Les dispositions de notre décret du 2 février, 1811 B. (*n°s 4500 et suivans*), relatives aux brevets des imprimeurs, sont déclarées applicables et rendues communes aux libraires. *Décret du 11 juillet 1812, C. art.* 1er.

5360. Leur brevet sera conforme au modèle ci-annexé. *Décret du 11 juillet 1812, C. art.* 2.

------

(1) *On a élevé la question de savoir si cette ordonnance devait être appliquée par les tribunaux, en se fondant sur l'abrogation du réglement du 28 février 1723, A. résultant du n° 5240..*

[AU NOM DE L'EMPEREUR.]

BREVET.

Vu le décret impérial du 5 février 1810, A., contenant réglement sur l'imprimerie et la librairie;

Nous conseiller-d'état, directeur général de l'imprimerie et de la librairie, conformément aux art. 30 et 33 du même décret (*n*ᵒˢ 5260 *et* 5340), et suivant les dispositions du décret impérial du ⁤   1812, avons délivré le présent brevet de libraire au sieur   pour lui servir ce que de raison et exercer ledit état de libraire à   département d   en se conformant aux lois et réglemens, à la charge par l'impétrant de le faire enregistrer au tribunal de première instance du lieu de sa résidence, après y avoir prêté serment de ne vendre, débiter et distribuer aucun ouvrage contraire aux devoirs des sujets envers le souverain et à l'intérêt de l'état.

Fait à l'hôtel de la direction générale de l'imprimerie et de la librairie.

Le

Vu et approuvé par le ministre de l'intérieur,
Par le ministre:

Le secrétaire général du ministère,
Le conseiller-d'état directeur général,
Vu l'approbation de S. Ex. le ministre de l'intérieur,
Délivré par ordre:

Le secrétaire général de la direction.
Décret du 12 *juillet* 1812, *C. préambule.*

DIVISION DU 3_e DEGRÉ.

5380. *Quels libraires peuvent être privés de leurs brevets.*

5390. *Sous la loi du 21 octobre 1814, A.*

5400. Le brevet pourra être retiré à tout ... libraire qui aura été convaincu, par un jugement, de contravention aux lois et réglemens. *Loi du 21 octobre* 1814, A. *art.* 12.

DIVISION DU 2e DEGRÉ.

5400. *De la faculté de cumuler les professions de libraire et d'imprimeur.*

5420. *Sous le décret du 5 février* 1810, A.

5430. La profession de libraire pourra être exercée concurremment avec celle d'imprimeur. *Décret du 5 février* 1810, A. *art.* 31.

5440. L'imprimeur qui voudra réunir la profession de libraire, sera tenu de remplir les formalités qui sont imposées aux libraires (*n*° 5180 *et suivans*).

Le libraire qui voudra réunir la profession d'imprimeur, sera tenu de remplir les formalités qui sont imposées aux imprimeurs (*n*₀ 4370 *et suivans*). *Décret du 5 février* 1810, A. *art.* 32.

DIVISION DU 2e DEGRÉ.

5450 *Des libraires-étaleurs-bouquinistes.*

5460. Ne sont pas compris dans *les dispositions*

des art. 1 *et* 2 (n°s 5350 *et* 5360), les libraires-étaleurs-bouquinistes. *Décret du* 11 *juillet* 1812, C. *art.* 3.

DIVISION DU 2e DEGRÉ.

5470. *Des crieurs, colporteurs et afficheurs.*

5480. *Sous les lois et ordonnances rendues depuis le* 25 *décembre* 1796 *jusqu'à ce jour.*

5490. Il est défendu à tout individu, d'annoncer dans les rues, carrefours et autres lieux publics, aucun journal ou écrit périodique, autrement que par le titre général et habituel qui le distingue des autres journaux. *Loi du* 25 *décembre* 1796, B. *art.* 1er.

5500. Il est également défendu d'annoncer aucune loi, aucun jugement, ou autres actes d'une autorité constituée, autrement que par le titre donné auxdits actes, soit par l'autorité de laquelle ils émanent, soit par celle qui a le droit de les publier. *Loi du* 25 *décembre* 1796, B. *art.* 2.

5510. La contravention aux deux précédens articles sera punie, par voie de police correctionnelle, d'un emprisonnement de deux mois pour la première fois, et de six en cas de récidive. *Loi du* 25 *décembre* 1796, B. *art.* 3.

5520. Les membres du bureau central, les commissaires de police, et les commandans des postes de la garde nationale du canton de Paris, sont personnellement responsables de toute contravention ultérieure qui serait faite à la loi du (25 *décembre* 1796, B.) 5 nivôse an V (*n°* 5490), et dont les auteurs ne seraient pas arrêtés sur-le-champ. *Arrêté du 5 décembre* 1797, A. *art.* 4.

5530. Toute administration municipale ou départementale dans l'arrondissement de laquelle la loi du (25 *décembre* 1796, B.), 5 nivôse an V serait enfreinte à l'avenir, en répondra pareillement, si elle n'a pris des mesures nécessaires pour faire punir les infracteurs. *Arrêté du 5 décembre* 1797, A. *art.* 5.

5540. La disposition de l'article précédent est commune aux bureaux centraux de Lyon, Marseille et Bordeaux. *Arrêté du 5 décembre* 1797, A. *art.* 6.

5550. Tout individu qui, sans y avoir été autorisé par la police, fera le métier de crieur ou afficheur d'écrits imprimés, dessins ou gravures, même munis des noms d'auteur, imprimeur, dessinateur ou graveur, sera puni d'un emprisonnement de six jours à deux mois. *Loi du* 15 *février* 1810, A. *art.* 290, *C. P.*

5560. Il est défendu à aucun colporteur de crier dans les rues, vendre [et distribuer] aucun pamphlet et aucune feuille dont la distribution n'ait pas été autorisée par la préfecture de police. *Arrêté du 7 avril* 1814, C. *art.* 2. (*Voyez n°* 1210, 2390 *et les suivans.*)

DIVISION DU 1er DEGRÉ.

5570. *Des théâtres.*

DIVISION DU 2e DEGRÉ.

5580. *Des conditions requises pour ouvrir un théâtre.*

DIVISION DU 3e DEGRÉ.

5590. *Des conditions requises pour ouvrir un théâtre, sous les lois rendues depuis le 16 août 1790, jusqu'au 13 janvier 1791.*

5600. *Sous le décret du 16 août 1790, B.*

[5610. Les spectacles publics ne pourront être permis et autorisés que par les officiers municipaux. Ceux des entrepreneurs et directeurs actuels qui ont obtenu des autorisations, soit des gouverneurs des anciennes provinces, soit de toute autre manière, se pourvoiront devant les officiers municipaux qui confirmeront leur jouissance pour le temps qui en reste à courir, à charge d'une redevance envers les pauvres. *Décret du 16 août 1790, B. tit.* 11, *art.* 4.]

5620. *Sous le décret du 13 janvier 1791, C.*

[5630. Tout citoyen pourra élever un théâtre public...., en faisant préalablement à l'établissement de son théâtre, sa déclaration à la municipalité des lieux. *Décret du 13 janvier 1791, C. art.* 1er.]

DIVISION DU 3e DEGRÉ.

5640. *Des conditions requises pour ouvrir un théâtre, sous les lois rendues depuis le 8 juin 1806, jusqu'à ce jour.*

DIVISION DU 4e DEGRÉ.

5650. *Dans Paris.*

5660. *Sous les lois rendues depuis le 8 juin 1806, jusqu'à ce jour.*

5670. Aucun théâtre ne pourra s'établir dans la capitale sans notre autorisation spéciale, sur le rapport qui nous en sera fait par notre ministre de l'intérieur. *Décret du 8 juin 1806, A. art.* 1er.

5680. Tout entrepreneur qui voudra obtenir cette autorisation, sera tenu de faire la déclaration prescrite par la loi, et de justifier, devant notre ministre de l'intérieur, des moyens qu'il aura pour assurer l'exécution de ses engagemens. *Décret du 8 juin 1806, A. art.* 2.

5690. Tout entrepreneur qui aura fait faillite, ne pourra plus rouvrir de théâtres. *Décret du 8 juin 1806, A. art.* 13.

5700. Toute contravention au présent décret, en ce qui touchera l'ouverture d'un théâtre ou spectacle *dans Paris*, sans déclaration ou permission, sera poursuivie devant nos cours et tribunaux, par voie de police correctionnelle, et punie

des peines portées à l'article 410 du Code Pénal,
§ 1er (1). *Décret du 13 août 1811, A. art. 12.*

5710. Nos procureurs près nos cours et tribunaux sont chargés d'y tenir la main, et de faire,
même d'office, toutes poursuites nécessaires, selon le cas. *Décret du 13 août 1811, A. art. 13.*

DIVISION DU 4e DEGRÉ.

5720. *Dans les départemens.*

5730. *Sous le décret du 8 juin 1806, A.*

5740. Aucune troupe ambulante ne pourra
subsister sans l'autorisation des ministres de l'in-

---

(1) Ceux qui auront tenu une maison de jeux de hasard,
et y auront admis le public, soit librement, soit sur la
présentation des intéressés ou affiliés, les banquiers de cette
maison, tous ceux qui auront établi ou tenu des loteries
non autorisées par la loi, tous administrateurs, préposés
ou agens de ces établissemens, seront punis d'un emprisonnement de deux mois au moins, et de six mois au plus,
et d'une amende de cent francs à six mille francs.

Les coupables pourront être de plus, à compter du jour
où ils auront subi leur peine, interdits pendant cinq ans
au moins et dix ans au plus, des droits mentionnés en
l'article 42 du présent Code.

Dans tous les cas, seront confisqués tous les fonds ou
effets qui seront trouvés exposés au jeu ou mis à la loterie,
les meubles, instrumens, ustensiles, appareils employés
ou destinés au service des jeux ou des loteries, les meubles
et les effets mobiliers dont les lieux seront garnis ou dé-
corés. *Loi du 19 février 1810, A. art. 410, C. P.*

térieur [et de la police. .] *Décret du 8 juin* 1806, A. *art.* 8.

5750. *Sous l'ordonnance du 8 décembre* 1824, A.

5760..... *Dans les départemens, les comédiens sédentaires, les comédiens d'arrondisssement et les comédiens ambulans...* ne pourront exister que sous la conduite de directeurs nommés pour trois ans par le ministre de l'intérieur. *Ordonnance du* 8 *décembre* 1824, A. *art.* 2.

5770. Un directeur ne pourra avoir qu'une seule troupe, qu'il devra diriger en personne, à moins d'empêchement constaté. *Ordonnance du* 8 *décembre* 1824, A. *art.* 3.

5780. Il ne pourra vendre ni céder son brevet, sous peine de destitution. *Ordonnance du* 8 *décembre* 1824, A. *art.* 4.

5790. Les directions de ces troupes ne pourront pas être confiées à des femmes. *Ordonnance du* 8 *décembre* 1824, A. *art.* 5.

5800. Conformément à l'article 13 du décret.... *du 8 juin* 1806, A. (*n° 5690*), tout directeur qui aura fait faillite, ne pourra être appelé de nouveau à la direction d'un théâtre. *Ordonnance du* 8 *décembre* 1824, A. *art.* 10.

DIVISION DU 2ᵉ DEGRÉ.

5810. *Du nombre des théâtres qui peuvent s'établir dans les différentes villes de la France et des salles qui leur sont assignées.*

DIVISION DU 3e DEGRÉ.

5811. *Des théâtres de Paris.*

5812. *Sous l'arrêté ** du 25 avril 1807. A.*

5814 *Il y aura à* Paris, trois grands théâtres et deux annexes, [cinq théâtres secondaires et neuf annexes ou doubles..] *Arrêté ** du 25 avril 1807, A. tableau.*

5816. *Sous le décret du 29 juillet 1807, A.*

[5818. Le maximum du nombre des théâtres de notre bonne ville de Paris, est fixé à huit, en conséquence, sont seuls autorisés à ouvrir, afficher et représenter.... *les théâtres maintenus par le présent décret. Décret du 29 juillet 1807, A. art. 14.*

[5820. *Pour connaître les théâtres maintenus par le décret du 29 juillet 1807, A. voyez les règles particulières à certains théâtres n°s 9120 et suivans.*]

[5822. Tous les théâtres non autorisés *par le présent décret*, seront fermés avant le 15 août.]

.... On ne pourra représenter aucune pièce sur d'autres théâtres dans notre bonne ville de Paris, que ceux.... *autorisés par nous,* sous aucun prétexte, ni y admettre le public, même gratuitement; faire aucune affiche, distribuer aucun billet imprimé ou à la main, sous les peines portées par les lois et réglemens de police (n° 5700). *Décret du 29 juillet 1807, A. art. 5.*

5824. Aucune nouvelle salle de spectacle ne pourra être construite; aucun déplacement d'une troupe d'une salle dans une autre ne pourra avoir lieu dans notre bonne ville de Paris, sans une autorisation donnée par nous, sur le rapport de notre ministre de l'intérieur. *Décret du* 29 *juillet* 1807, A. *art.* 3.

5826. *En vertu de l'article précédent, n° 5824, divers théâtres ont été successivement autorisés et dès-lors les théâtres ont cessé d'être limités à un certain nombre.*

DIVISION DU 3ᶜ DEGRÉ.

5828. *Des théâtres de départemens.*

5830. *Sous le décret du 8 juin 1806, A. et l'arrêté* ** *du 25 avril 1807, A.*

[5832. *Il y a des comédiens sédentaires et des comédiens ambulans.*]

5834. *Sous l'ordonnance du 8 décembre 1824, A.*

5836. Il y aura dans les départemens des troupes de comédiens *sédentaires et* des troupes de comédiens.... ambulans. *Ordonnance du 8 décembre* 1824, A. *art.* 1ᵉʳ.

DIVISION DU 4ᵉ DEGRÉ.

5838. *Des comédiens sédentaires.* *

5840. *Sous le décret du 8 juin 1806, A. et l'arrêté* ** *du 25 avril 1807, A.*

[5842. Dans les grandes villes de l'empire, les

théâtres seront réduits au nombre de deux. Dans les autres villes il n'en pourra subsister qu'un. Tous devront être munis de l'autorisation du préfet, qui rendra compte de leur situation au ministre de l'intérieur. *Décret du 8 juin 1806, A. art. 7.*

[5844. *Il y aura à....* Lyon, Bordeaux, Marseille, Nantes, Turin, deux troupes *sédentaires. Arrêté** du 25 avril 1807, A. tableau.*]

[5846. *Il pourra y avoir une troupe sédentaire* à Rouen, Brest, Bruxelle, Toulouse, Montpellier, Nice, Gênes, Alexandrie, Gand, Anvers, Lille, Dunkerque, Metz, Strasbourg. *Arrété ** du 25 avril 1807, A. tableau.*]

[5848. Dans les villes où un théâtre peut subsister pendant toute l'année, l'autorisation d'y établir une troupe sera accordée par les préfets, conformément à l'article 7 du décret du 8 juin 1806 A. (*n*° 5842). Ce seront également les préfets qui accorderont ces autorisations dans les villes où il y a deux théâtres. *Arrété ** du 25 avril 1807, A. art. 15.*]

5850. *Sous l'ordonnance du 8 décembre 1824, A.*

(*Tit.* 2. Des troupes sédentaires, *art.* 16 *à* 18.)

5852. Les troupes sédentaires sont établies dans les villes suivantes :

Bordeaux (Gironde), Lyon (Rhône), Marseille (Bouches-du Rhône), Rouen (Seine-Inférieure), Le Hâvre (idem), Toulouse (Haute-Garonne),

Montpellier (Hérault), Lille (Nord), Strasbourg (Bas-Rhin), Metz (Moselle), Nancy (Meurthe), Toulon (Var), Nantes (Loire-Inférieure), Brest (Finistère), Perpignan (Pyrénées-Orientales), Calais (Pas-de-Calais), Boulogne (idem), Versailles (Seine-et-Oise). *Ordonnance du 8 décembre 1824, A. art.* 16.

5854. Sur la demande des autorités locales, le ministre de l'intérieur pourra autoriser la formation de troupes sédentaires dans les autres villes qui, désirant avoir un spectacle permanent, assureront aux directeurs les moyens de s'y maintenir, en leur accordant la jouissance gratuite de la salle, et, si cela est jugé nécessaire, une allocation annuelle sur les fonds communaux. *Ordonnance du 8 décembre* 1824, *A. art.* 17.

5856. Lorsqu'une de ces villes ne pourra entretenir une troupe sédentaire, le théâtre de cette ville sera du domaine du directeur de la troupe d'arrondissement qui exploite le département, *et dont il est parlé ci-après* (*n*ᵒˢ 5860 *et suivans*). *Ordonnance du 8 décembre* 1824, *A. art.* 18.

DIVISION EU 4ᵉ DEGRÉ.

5860. *Des comédiens ambulans.*

DIVISION DU 5ᵉ DÉGRÉ.

5870. *Des comédiens ambulans, sous le décret du 8 juin* 1806, *A. et l'arrêté* ** *du* 25 *avril* 1807, A.

[5880.... Le ministre de l'intérieur désignera

les arrondissemens qui.... seront destinés *aux troupes ambulantes*, et en préviendra les préfets. *Décret du 8 juin* 1806, A. *art.* 8.]

[5890. Les villes qui ne peuvent avoir de spectacle que pendant une partie de l'année, ont été classées de manière à former vingt-cinq arrondissemens.

Le tableau de ces arrondissemens, et celui du nombre de troupes qui paraîtrait nécessaire pour chacun d'eux, est joint au présent réglement (n° 5950). *Arrêté** du 25 avril* 1807, A. *art.* 10.]

[5900. Aucun entrepreneur de spectacle ne pourra envoyer de troupes ambulantes dans l'un ou l'autre de ces arrondissemens, 1° s'il n'y a été formellement autorisé par le ministre de l'intérieur, devant lequel il devra faire preuve des moyens qu'il peut avoir de remplir ses engagemens; 2° s'il n'est, en outre, muni de l'approbation du ministre de la police générale. *Arrêté** du 25 avril* 1807, A. *art.* 11.]

[5910. Les entrepreneurs de spectacles qui se présenteront pour tel ou tel arrondisssement, devront, avant le 1ᵉʳ août prochain, et dans les années subséquentes, toujours avant la même époque, 1° désigner le nombre de sujets dont seront composés la troupe ou les troupes qu'ils se proposent d'employer; 2° indiquer à quelle époque leurs troupes se rendront, et combien de temps ils s'engageront à les faire rester dans chaque ville de l'arrondissement postulé par eux. *Arrêté* ** *du* 25 *avril* 1807, A. *art.* 12.]

[5920. Chaque autorisation ne sera accordée que pour trois années au plus. Les conditions auxquelles ces concessions seront faites, seront communiquées aux préfets, qui en surveilleront l'exécution.

L'inexécution de ces conditions sera dénoncée au ministre par les préfets, et punie par la révocation des autorisations, et s'il y a lieu, par des indemnités qui seront versées dans la caisse des pauvres. *Arrêté* ** *du* 25 *avril* 1807 A. *art.* 13.]

[5930. Des doubles de chacune des autorisations accordées aux entrepreneurs de spectacles par le ministre de l'intérieur seront envoyés au ministre de la police - générale, pour qu'il donne de son côté à ces entrepreneurs, une approbation particulière, s'il n'y trouve aucun inconvénient. Il lui sera donné connaissance de toutes les mutations qui pourront survenir parmi les entrepreneurs de spectacles. *Arrêté* ** *du* 25 *avril* 1807 , A. *art.* 14.]

[5940. Les autorisations pour les troupes ambulantes seront délivrées aux entrepreneurs de spectacles dans le courant de l'année 1807. La nouvelle organisation des spectacles en cette partie, devra être en pleine activité au renouvellement de l'année théâtrale (en avril 1807). En attendant, les préfets sont autorisés à suivre, à l'égard des troupes ambulantes, les dispositions qui ont été

en vigueur jusqu'à ce jour, s'ils n'y ont déjà dérogé. *Arrêté ** du 25 avril 1807, A. art. 16.*]

[5950. Fixation des Arrondissemens pour les
troupes ambulantes. *Arrêté ** du 25 avril 1807,
A. tableau.*]

[5960. 1er Arrondissement. — Une troupe.

Meurthe. — Nancy, Lunéville, Toul, Pont-à-
Mousson, Phalsbourg.

Meuse. — Bar-sur-Ornain, Verdun.

Moselle. — Sarre-Libre, Thionville, Longwy.
*Arrêté ** du 25 avril 1807, A. tableau.*]

[5970. 2me Arrondissement. — Une troupe.

Côte-d'Or. — Dijon, Beaune, Nuits, Auxonne.

Saône-et-Loire. — Châlons, Mâcon, Autun.

Ain. — Bourg.

Jura. — Poligny, Dôle, Lons-le-Saulnier.

Léman. — Genève. *Arrêté ** du 25 avril 1807, A.
tableau.*]

[5980. 3me Arrondisssement. — Une troupe.

Isère. — Grenoble, Vienne.

Drôme. — Valence, Montélimard, Romans.

Mont-Blanc. — Chambéry. *Arrêté ** du 25 avril
1807, A. tableau.*]

[5990. 4me Arrondissement. — Une troupe.

Gard.—Nîmes, Beaucaire, le Pont-S.-Esprit, Uzès.

Vaucluse. — Avignon, Carpentras, Orange. *Arrété ** du 25 avril 1807, A. tableau.*]

[6000. 5me Arrondissement. — Deux troupes.

Var. — Toulon, Grasse, Fréjus, Draguignan, Antibes, Brignolles , Saint-Tropès.

Bouches-du-Rhône. — Aix, Arles, la Ciotat, Tarascon.

Haute et Basses-Alpes. — Gap, Briançon.

Basses-Alpes. — Digne. *Arrêté* ** *du 25 avril 1807, A. tableau.*]

[6010. 6me Arrondissement.—Une troupe forte.

Hérault. — Béziers, Pézénas, Adge, Lodève, Frontignan , Lunel , Ganges.

Aude. — Carcassonne, Narbonne, Castelnaudary.

Pyrénées-Orientales.— Perpignan. *Arrêté* ** *du 25 avril 1807, A. tableau.*]

[6020. 7me Arrondissement. — Une troupe forte.

Tarn. — Montauban, Albi, Castres, Sorèze.

Lot-et-Garonne. — Agen , Marmande.

Lot. — Cahors, Figeac, Moissac.

Gers. — Auch.

Landes. — Mont-de-Marsan , Dax. *Arrêté* ** *du 25 avril 1807, A. tableau.*]

[6030. 8me Arrondissement. — Deux troupes.

Basses-Pyrénées. — Bayonne, Pau, Lescar, Navareins.

Hautes-Pyrénées. — Tarbes, Bagnères, Barèges.

Arriége.—Foix, Mirepoix, Saint-Giron. *Arrêté* ** *du 25 avril 1807, A. tableau.*]

[6040. 9ᵐᵉ Arrondissement. — Deux troupes.

Haute-Vienne. — Limoges, Tulles.
Corrèze. — Uzerches, Brives-la-Gaillarde.
Vienne. — Poitiers, Lusignan.
Dordogne. — Périgueux, Bergerac.
Charente. — Angoulême, Cognac. *Arrêté ** du
25 avril 1807, A. tableau.*]

[6050. 10ᵐᵉ Arrondissement. — Deux troupes.

Charente-Inférieure. — La Rochelle, Saintes, Ro-
chefort, Saint-Jean-d'Angely, Royan.
Deux-Sèvres. — Niort, Saint-Maixent.
Vendée. —Fontenay. la Chataigneraye ,Mortagne.
*Arrête ** du 25 avril 1807, A. tableau.*]

[6060. 11ᵐᵉ Arrondissement. — Deux troupes

Puy-de-Dôme. — Clermont, Riom.
Cantal. — Saint-Flour, Aurillac.
Haute-Loire. — Le Puy.
Lozère. — Mende.
Aveyron. — Rodez, Milhaud, Ville-Franche.
Ardèche. — Privas, Tournon, Aubenas. *Arrêté **
du 25 avril 1807, A. tableau.*]

[6070. 12ᵐᵉ Arrondissement. — Deux troupes.

Allier. — Moulins.
Nièvre. — Nevers.
Loire. — Montbrison, Saint-Étienne, Roanne.
Cher. — Bourges.
Creuse. — Gueret.

Indre.— Châteauroux. *Arrêté** du 25 avril 1807*, A. *tableau.*]

[6080. 13ᵐᵉ Arrondissement. — Deux troupes.

Loiret. — Orléans, Beaugency, Montargis, Courtenay.

Indre-et-Loire. — Tours, Amboise.

Loir-et-Cher. — Blois.

Maine-et-Loire. — Anger, Saumur. *Arrêté ** du 25 avril 1807*, A. *tableau.*]

[6090. 14ᵐᵉ Arrondissement. — Une troupe.

Marne. — Reims, Châlons, Vitry, Épernay.

Seine-et-Marne. — Melun, Fontainebleau, Nemours, Provins.

Haute-Marne. — Chaumont, Langres, Joinville. *Arrêté ** du 25 avril 1807*, A. *tableau.*]

[6100. 15ᵐᵉ Arrondissement. — Une troupe.

Yonne. — Auxerre, Sens, Joigny, Avallon, Vermanton, Tonnerre.

Aube. — Troyes, Bar-sur-Aube, Bar-sur-Seine. *Arrêté ** du 25 avril 1807*, A. *tableau.*]

[6110. 16ᵐᵉ Arrondissement. — Deux troupes.

Doubs. — Besançon, Pontarlier, Mont-Béliard.

Haute-Saône. — Vesoul, Gray.

Haut-Rhin. — Colmar, Béfort, Huningue, Neuf-Brisac, Porentrui. *Arrêté ** du 25 avril 1807*, A. *tableau.*

[6120. 17ᵐᵉ Arrondissement. — Deux troupes.

Ille-et-Vilaine. — Rennes, Vitré, Dol, Saint-

Saint-Malo, Cancale.

Mayenne. — Laval, Mayenne.

Sarthe. — Le Mans, La Flèche, La Ferté-Bernard. *Arrété ** du 25 avril 1807, A. tableau.*]

[6130. 18me Arrondissement. — Une troupe.

Finistère. — Quimper, Morlaix.

Côtes-du-Nord. — Saint-Brieux, Lamballe, Dinan.

Morbihan. — Vannes, Lorient. *Arrété ** du 25 avril 1807, A. tableau.*]

[6140. 19me Arrondissement. — Une troupe.

Calvados. — Caen, Bayeux, Lisieux, Falaise, Honfleur.

Manche. — Coutances, Cherbourg, Avranches.

Orne. — Alençon, L'Aigle. *Arrété ** du 25 avril 1807, A. tableau.*]

[6150. 20me Arrondissement. — Deux troupes.

Somme. — Amiens, Abbeville, Péronne.

Seine-Inférieure. — Le Havre, Dieppe, Caudebec.

Eure. — Évreux, Louviers.

Eure-et-Loire. — Chartres, Dreux.

Seine-et-Oise. — Pontoise, Étampes, Mantes, Versailles, Saint-Germain. *Arrété ** du 25 avril 1807, A. tableau.*]

[6160. 21me Arrondiss. — Deux fortes troupes.

Pas-de Calais. — Calais, Arras, Saint-Omer, Boulogne.

Nord. — Douay, Gravelines, Valenciennes, Cambray.

Oise. — Beauvais, Noyon, Compiègne, Senlis, Chantilly.

Aisne.—Laon, Soissons, Saint-Quentin. *Arrêté** du 25 avril 1807, A. tableau.*]

[6170. 22me Arrondissement. — Deux troupes.

Ourthe. — Liége, Spa.

Roer. — Aix-la-Chapelle, Clèves, Cologne.

Meuse-Inférieure. — Maëstricht, Saint-Tron.

Jemmapes. — Mons, Tournay. *Arrêté** du 25 avril 1807, A. tableau.*]

[6180. 23me Arrondissement. — Une troupe.

Lys. — Bruges, Ostende, Courtray, Ypres.

Dyle. — Louvain, Tirlemont.

Deux-Nèthes. — Malines.

Sambre-et-Meuse. — Namur, Bouvine, Fleurus. *Arrêté** du 25 avril 1807, A. tableau.*]

[6190. 24me Arrondissement. — Une troupe.

Mont-Tonnerre. — Mayence, Worms, Neustadt, Deux-Ponts.

Rhin-et-Moselle. — Coblentz.

Sarre. — Sarrebourg, Sarrebruck.

Forêts. — Luxembourg.

Ardennes. — Mézières, Sedan, Givet. *Arrêté** du 25 avril 1807, A. tableau.*]

[6200. 25me Arrondissement. — Une troupe.

Bas-Rhin. — Saverne, Schelestadt, Haguenau, Fort-Libre, Wissembourg.

Vosges. — Épinal. *Arrêté** du 25 avril 1807, A. tableau.*]

DIVISION DU 5ᵉ DEGRÉ.

6210 *Des commédiens ambulans sous l'ordonnance du 8 décembre 1824, A.*

6220. *Cette ordonnance divise les comédiens ambulans en troupes de comédiens d'arrondissement et troupes de comédiens ambulans proprement dits. Ordonnance du 8 décembre 1824, A. 1ᵉʳ.*

DIVISION DU 6ᵉ DEGRÉ.

6230. *Des troupes ambulantes d'arrondissement.*

6240. *Sous l'ordonnance du 8 décembre 1824, A.*

(*Tit.* 3. Troupes d'arrondissement, *art.* 19 *à* 24.)

6250. Le nombre des troupes d'arrondissement est fixé à dix-huit. *Ordonnance du 8 décembre 1824, A. art.* 19.

6260. Tout directeur de troupe d'arrondissement, en recevant son brevet, désignera au ministre et aux préfets des départemens composant sa direction, celles des villes dont il se chargera d'exploiter les théâtres, et indiquera les époques précises où il donnera des représentations. *Ordonnance du 8 décembre 1824, A. art.* 20.

6270. Il devra conduire sa troupe au moins une fois tous les six mois dans chacune de ces villes, et donner au moins quinze représentations à chaque voyage. *Ordonnance du 8 décembre 1824, A. art.* 21.

6280. Lorsque deux foires se trouveront à la

même époque dans le même arrondissement théâ-
tral, le directeur de la troupe d'arrondissement
sera tenu d'indiquer, quinze jours d'avance, au
préfet du département, celle de ces deux foires
où il n'ira pas, afin que la troupe ambulante
puisse s'y transporter. *Ordonnance du 8 décembre 1824, A. art. 22.*

6290. Les directeurs avertiront, huit jours à
l'avance, les autorités des villes où ils devront
conduire leur troupe. *Ordonnance du 8 décembre
1824, A. art. 23.*

6295. Il sera organisé immédiatement des troupes ambulantes dans les départemens qui ne font
point partie des arrondissemens indiqués dans le
titre 3 (n° 6300). *Ordonnance du 8 décembre
1824, A. art. 26.*

6300. Les troupes d'arrondissement sont réparties de la manière suivante :

1er Arrondissement. — Départemens du Nord
(moins Lille), du Pas de-Calais (moins Calais et
Boulogne).

2e Arrondissement. — Départemens de la
Somme, de l'Aisne, de l'Oise.

3e Arrondissement.—Départemens de la Marne,
des Ardennes, de la Meuse.

4e Arrondissement.—Départemens de la Haute-
Marne, de l'Yonne, de l'Aube.

5e Arrondissement. — Départemens d'Ille-et-
Villaine, de la Mayenne, de la Sarthe.

6ᵉ Arrondissement. — Départemens du Finistère, des Côtes-du-Nord, du Morbihan.

7ᵉ Arrondissement. — Départemens du Calvados, de la Manche, de l'Eure.

8ᵉ Arrondissement. — Départemens de la Côte-d'Or, de Saône-et-Loire, de l'Ain, du Jura.

9ᵉ Arrondissement. — Départemens du Doubs, de la Haute-Saône, du Haut-Rhin, des Vosges.

10ᵉ Arrondissement. — Départemens du Loiret, d'Indre-et-Loire, de Loir-et-Cher, de Maine-et-Loire.

11ᵉ Arrondissement. — Départemens de la Charente-Inférieure, des Deux-Sèvres, de la Vendée.

12ᵉ Arrondissement. — Départemens du Puy-de-Dôme, de la Nièvre, du Cher, de l'Allier, de la Haute-Loire, de la Loire, du Cantal.

13ᵉ Arrondissement. — Départemens de la Haute-Vienne, de la Vienne, de la Dordogne, de la Charente, de la Corrèze.

14ᵉ Arrondissement. — Départemens de l'Isère, de la Drôme.

15ᵉ Arrondissement. — Départemens de Tarn-et-Garonne, du Tarn, de Lot-et-Garonne, de l'Aude, de l'Hérault (moins Montpellier), du Lot.

16ᵉ Arrondissement. — Départemens du Gers, des Landes, des Basses-Pyrénées, des Hautes-Pyrénées.

17ᵉ Arrondissement. — Département du Gard.

18ᵉ Arrondissement. — Départemens de Vau-

14*

cluse, des Bouches-du-Rhône (moins Marseille), des Basses-Alpes , des Hautes-Alpes. *Ordonnance du 8 décembre* 1824 *, A. art.* 24.

6310. Le ministre de l'intérieur est autorisé à faire à la circonscription des arrondissemens les changemens partiels qui, plus tard, seraient jugés nécessaires. *Ordonnance du 8 décembre* 1824, A. *art.* 28.

DIVISION DU 6ᵉ DEGRÉ.

6320. *Des troupes ambulantes proprement dites.*

6330. *Sous l'ordonnance du 8 décembre* 1824. A.

(*Tit.* 4. Des troupes ambulantes , *art.* 25 *à* 28.)

6340. Les directeurs des troupes ambulantes exploiteront,

1º Les théâtres des villes qui ne feront partie d'aucun arrondissement ;

2º Les théâtres des villes qui n'auront pas été comprises dans la désignation que les directeurs des troupes d'arrondissement auront faite chaque année, par suite de l'art. 20 du titre III (*nº* 6260).

3º Les théâtres des villes dans lesquelles les directeurs des troupes d'arrondissement auront été plus de six mois sans donner quinze représentations , bien que ces villes eussent été comprises dans la désignation susmentionnée.

4º Ils pourront en outre , et sur la demande des autorités, remplacer les directeurs de troupes d'arrondissement, lorsque ceux-ci auront donné

les représentations fixées par leur itinéraire. *Ordonnance du* 8 *décembre* 1824, A. *art.* 25.

6360. Il sera organisé ultérieurement des troupes ambulantes dans les arrondissemens indiqués
au titre 3 (*no* 6300). Le nombre de ces troupes
et les lieux qu'elles devront parcourir, seront déterminés aussitôt que les directeurs des troupes
d'arrondissement auront fait la désignation qui
leur est prescrite par l'article 20 (*n°* 6260). *Ordonnance du* 8 *décembre* 1824, A. *art.* 27.

DIVISION DU 6ᵉ DEGRÉ.

6370. *Disposisions communes aux troupes ambulantes d'arrondissement et aux troupes ambulantes proprement dites.*

6380. Deux directeurs de troupes d'arrondissement et ambulante pourront, s'ils le jugent convenable, changer temporairement de circonscription, pourvu qu'ils obtiennent l'autorisation des
préfets, qui en informeront le ministre. *Ordonnance du* 8 *décembre* 1824, A. *art.* 6.

DIVISION DU 2ᵉ DEGRÉ.

6390. *Des genres auxquels les divers théâtres sont
consacrés.*

DIVISION DU 3ᵉ DEGRÉ.

6700. *Des genres auxquels les divers théâtres sont
consacrés, sous le décret du* 13 *janvier* 1791, C.

[6710. Tout citoyen... *qui a élevé un théâtre*

public peut y faire représenter des pièces de tous les genres. *Décret du* 13 *janvier* 1791, C. *art.* 1er.]

DIVISION DU 3ᵉ DEGRÉ.

6720. *Des genres auxquels les divers théâtres sont consacrés sous les lois et ordonnances rendues depuis le* 8 *juin* 1806 *jusqu'à ce jour.*

6730. *Dispositions générales.*

6740. *Sous le décret du* 8 *juin* 1806, A.

6750. Le ministre de l'intérieur pourra assigner à chaque théâtre un genre de spectacle dans lequel il sera tenu de se renfermer. *Décret du* 8 *juin* 1806, A. *art.* 5.

DIVISION DU 4ᵉ DEGRÉ.

6760. *Des théâtres de Paris.*

DIVISION DU 5ᵉ DEGRÉ.

6770. *Des grands théâtres.*

6780. *Sous les lois et réglemens rendus depuis le* 8 *juin* 1806 *jusqu'à ce jour.*

6790. Les répertoires des *grands théâtres....* seront arrêtés par le ministre de l'intérieur, et nul autre théâtre ne pourra représenter, à Paris, des pièces comprises dans les répertoires de ces... grands théâtres sans leur autorisation, et sans leur payer une rétribution qui sera réglée de gré à gré, et avec l'autorisation du ministre. *Décret du* 8 *juin* 1806, A. *art.* 4.

6800. Aucun des airs, romances et morceaux de musique qui auront été exécutés sur les *grands théâtres, tels que*... l'Opéra et... l'Opéra-Comique, ne pourra, sans l'autorisation des auteurs ou propriétaires, être transporté sur un autre théâtre de la capitale, même avec des modifications dans les accompagnemens, que cinq ans après la première représentation de l'ouvrage dont ces morceaux font partie. *Arrêté* ** *du* 25 *avril* 1807, A. art. 2.

6810. *Les théâtres qui devaient être considérés comme grands théâtres sont indiqués dans les règles particulières à certains théâtres.* (*n*⁰ 9170)

DIVISION DU 5ₑ DEGRÉ.

6820. *Des théâtres secondaires.*

6830. *Sous l'arrêté* ** *du* 25 *avril* 1807, A.

6850. *Les règles particulières à certains théâtres, font connaitre ceux qui ont été déclarés secondaires par l'art* 3 *de l'arrêté* ** *du* 25 *avril* 1807, A. (*Voyez n*⁰ 9170 *et suivans*).

6860. *Les théâtres non déclarés secondaires par le présent*... actuellement existans à Paris, et autorisés par la police antérieurement au décret du 8 juin 1806, A., seront considérés comme annexes ou doubles des théâtres secondaires. Chacun des directeurs de ces établissemens est tenu de choisir parmi les genres qui appartiennent aux théâtres secondaires le genre qui paraîtra convenir à son théâtre.

Ils pourront jouer, ainsi que les théâtres secondaires, quelques pièces des répertoires des grands théâtres, mais seulement avec l'autorisation des administrations de ces spectacles, et après qu'une rétribution due aux grands théâtres aura été réglée de gré à gré, conformément à l'article 4 du décret du 8 juin 1806, A. (*n° 6790*), et autorisée par le ministre de l'intérieur, *sans préjudice des dispositions de l'article 5 (n 6890). Arrété ** du 25 avril 1807, A. art. 4.*

DIVISION DU 5ᵉ DEGRÉ.

6870. *Dispositions communes aux grands théâtres et aux théâtres secondaires.*

6880. *Sous l'arrété ** du 25 avril 1807. A.*

6890. Aucun des théâtres de Paris ne pourra jouer des pièces qui sortiraient du genre qui lui a été assigné.

Mais lorsqu'une pièce aura été refusée à l'un des trois grands théâtres, elle pourra être jouée sur l'un ou l'autre des théâtres de Paris, pourvu toutes fois que la pièce se rapproche du genre assigné à ce théâtre. *Arrété ** du 25 avril 18.7 , A. art 5.*

6900. Lorsque les directeurs et entrepreneurs de spectacle voudront s'assurer que les pièces qu'ils ont reçues ne sortent point du genre de celles qu'ils sont autorisés à représenter, et éviter l'interdiction inattendue d'une pièce dont la mise en scène aurait pu leur occasionner des frais, ils pourront déposer un exemplaire de ces pièces dans les bureaux du ministère de l'intérieur.

Lorsqu'une pièce ne paraîtra pas être du genre qui convient au théâtre qui l'aura reçue, les entrepreneurs ou directeurs de ce théâtre en seront prévenus par le ministre.

L'examen des pièces dans les bureaux du ministère de l'intérieur, et l'approbation donnée à leur représentation, ne dispenseront nullement les directeurs de recourir au ministère de la police où les pièces doivent être examinées sous d'autres rapports. (*Voyez n° 7250*). *Arrêté ** du 25 avril 1807, A. art.* 6.

6910. Pour que les théâtres n'aient pas à souffrir de cette détermination et distribution de genres, le ministre leur permet de conserver en entier leurs anciens répertoires, quand même il s'y trouverait quelques pièces qui ne fussent pas du genre qui leur est assigné; mais ces anciens répertoires devront rester rigoureusement tels qu'ils ont été déposés dans les bureaux du ministère de l'intérieur et arrêtés par le ministre.

Par cet article, toutefois, il n'est nullement contrevenu à l'article 4 du décret du 8 juin 1806, A. (*n° 6790*), qui ne permet à aucun théâtre de Paris de jouer les pièces des grands théâtres, sans

leur payer une rétribution. *Arrété* ** *du* 25 *avril*
1807, A. *art.* 7.

DIVISION DU 4ᵉ DEGRÉ.

6920. *Des théâtres de départemens.*

6930. *Sous les lois et règlemens rendus depuis le*
8 juin 1806 jusqu'au 25 avril 1807.

6940. Dans les départemens, les troupes perma-
nentes ou ambulantes pourront jouer, soit les
pièces des répertoires des grands théâtres, soit
celles des théâtres secondaires et de leurs doubles,
(sauf les droits des auteurs ou des propriétaires
de ces pièces). *Arrété* ** *du* 25 *avril* 1807, A. *art.* 8.

6950. Dans les villes où il y a deux théâtres,
le principal théâtre jouira spécialement du droit
de représenter les pièces comprises dans les répertoires des grands théâtres ; il pourra aussi, mais
avec l'autorisation du préfet, choisir et jouer quelques pièces des théâtres secondaires, sans que
pour cela l'autre théâtre soit privé du droit de
jouer ces mêmes pièces.

Le second théâtre jouira spécialement du droit
de représenter les pièces des répertoires des théâtres secondaires; il ne pourra jouer les pièces des
trois grands théâtres que dans les suppositions
suivantes :

1º Si les auteurs mêmes lui ont vendu ou donné leurs pièces.

2° Si le premier théâtre n'a point joué telle ou telle pièce depuis plus d'un an, à compter du jour de sa première représentation, à Paris, sur un des grands théâtres; dans ce cas, le second théâtre pourra jouer cette pièce pendant une année entière, et même plus long-temps, si, pendant le cour de cette année, la pièce n'a point été représentée par le principal théâtre.

Au reste, le préfet, dans les villes où il y a deux théâtres, peut en outre autoriser le second théâtre à représenter des pièces des grands répertoires, toutes les fois qu'il le jugera convenable.

Lorsque le second théâtre, dans ces villes, sera préparé à la représentation d'une pièce du genre de celles qui forment son répertoire, le grand théâtre ne pourra empêcher ni retarder cette représentation, sous aucun prétexte, et quand même il prouverait qu'il a obtenu du préfet l'autorisation de jouer la même pièce. *Arrété* ** *du* 25 *avril* 1807, A. *art.* 9.

[6960. Dans chaque chef-lieu de département, le théâtre principal jouira seul du droit de donner des bals masqués. *Décret du* 8 *juin* 1806, A. *art.* 9.]

6970. *Sous l'ordonnance du* 8 *décembre* 1824, A.

6980. Au temps du carnaval, les directeurs *des théâtres de département* jouiront du droit de donner des bals masqués dans les théâtres dont l'exploitation leur est confiée. *Ordonnance du 8 décembre 1824, A. art. 13.*

DIVISION DU 2ᵉ DEGRÉ.

6990. *De la police des théâtres.*

DIVISION DU 3ᵉ DEGRÉ.

7000. *Dispositions générales.*

7010. *Sous le décret du 9 juin 1790, A..*

[7020.. Les anciennes ordonnances de police.. notamment sur la police des spectacles, doivent être exécutées provisoirement, jusqu'à ce qu'il en ait été autrement ordonné. *Décret du 9 juin 1790, A. article unique*].

7030. *Sous les lois et règlemens rendus depuis le 13 janvier 1791 jusqu'à ce jour.*

7040. *Les anciennes ordonnances sur la police des spectacles ont été remplacées par les dispositions suivantes.*

DIVISION DE 3ᵉ DEGRÉ.

7050. *Des autorités chargées de la police des théâtres.*

7060. *Sous les lois rendues depuis le 13 janvier 1791 jusqu'au 1ᵉʳ septembre 1793.*

[7070. Les entrepreneurs, ou les membres des diférens théâtres seront, à raison de leur état, sous l'inspection des municipalités; ils ne recevront des ordres que des officiers municipaux. . qui ne pourront rien enjoindre aux comédiens, que conformément aux lois et aux règlemens de police : règlemens sur lesquels le comité de constitution dressera incessamment un projet d'instruction. Provisoirement les anciens règlemens seront exécutés. *Décret du* 13 *janvier* 1791 , C. *art.* 6.]

[7080. La police des spectacles continuera d'appartenir exclusivement aux municipalités... *Décret du* 1er *septembre* 1793 , B. *art.* 3.]

7090. *Sous l'arrêté du* 1er *juillet* 1800 , A.

[7100. *Le préfet de police* ... aura la police des théâtres en ce qui touche la sûreté des personnes, les précautions à prendre pour prévenir les accidens, et assurer le maintien de la tranquillité et du bon ordre tant au dedans qu'au dehors. *Arrêté du* 1er *juillet* 1800, A. *art.* 12.]

[7110. *Les commissaires généraux* ... auront la police des théâtres, en ce qui touche la sûreté des personnes , les précautions à prendre pour prévenir les accidens, et assurer le maintien de la tranquillité et du bon ordre tant au dedans qu'au dehors. *Arrêté du* 27 *octobre* 1800 , B. *art.* 11.]

7120. *Sous le décret du* 12 *décembre* 1805, A.

7130. Les commissaires généraux de police sont chargés de la police des théâtres , seulement en ce qui concerne les ouvrages qui y sont représentés. *Décret du* 12 *décembre* 1805, A. *article* 1er.

7140. Les maires sont chargés, sous tous les autres rapports, de la police des théâtres, et du maintien de l'ordre et de la sûreté. *Décret du* 12 *décembre* 1805, A. *art.* 2.

DIVISION DU 3e DEGRÉ.

7150 *Des conditions sous lesquelles les ouvrages dramatiques peuvent être représentés.*

DIVISION DU 4e DEGRÉ.

7160. *Des représentations en général.*

7170. *Sous les lois rendues depuis le* 13 *janvier* 1791, *jusqu'au* 16 *janvier* 1793.

[7180. ... Les officiers municipaux... ne pourront pas arrêter, ni défendre la représentation d'une pièce, sauf la responsabilité des auteurs et des comédiens.... *Décret du* 13 *janvier* 1791, C. *art.* 6.]

[7190. La convention nationale, sur la lecture donnée d'une lettre du maire de Paris, qui annonce qu'il y a un rassemblement autour de la salle du théâtre de la nation, qui demande que la convention nationale prenne en considération une députation dont le peuple attend l'effet avec impatience, et dont l'objet est d'obtenir une décision favorable, afin que la pièce de l'Ami des Lois soit représentée nonobstant l'arrêté du corps municipal de Paris, qui en défend la représentation, passe à l'ordre du jour, motivé sur ce qu'il n'y a point de loi qui autorise les corps municipaux à censurer les pièces de théâtre. *Décret du* 12 *janvier* 1793, A. *fin.*]

[7200. La convention nationale casse l'arrêté du conseil exécutif provisoire, en ce que l'injonction faite aux directeurs des différens théâtres étant vague et indéterminée, blesse les principes, donnerait lieu à l'arbitraire, et est contraire à l'art 6 du décret du 13 janv. 1791 C. (*n*os 7070 *et* 7180), qui porte que « les entrepreneurs ne recevront des ordres « que des officiers municipaux, qui ne pourront « pas arrêter ni défendre la représentation d'une « pièce, sauf la responsabilité des auteurs et des « comédiens, que conformément aux lois et aux « règlemens de police. » *Décret du* 16 *janvier* 1793, A *fin.*]

7210. *Sous les lois rendues depuis le* 14 *août* 1793 *jusqu'au* 14 *février* 1796.

[7220.... Les conseils des communes sont autorisés à diriger les spectacles, et y faire représenter les pièces les plus propres à former l'esprit public et développer l'énergie républicaine. *Décret du* 14 *août* 1793, D. *fin.*]

[7230. En exécution des lois qui attribuent aux officiers municipaux des communes la police et la direction des spectacles, le bureau central de police dans les cantons où il en est établi, et les administrations municipales dans les autres cantons de la république, tiendront sévèrement la main à l'exécution des lois et réglemens de police sur le fait des spectacles, notamment des lois rendues les 16 *août* 1790, B. = 24 août 1790 (*n*° 5610), 2 *août* 1793, A. (*n*^{os} 7300 *et* 7330), et 14 août 1793, D. (*n*° 7220); en conséquence, ils veilleront à ce qu'il ne soit représenté sur les théâtres établis dans les communes de leur arrondissement, aucune pièce dont le contenu puisse servir de prétexte à la malveillance et occasionner du désordre, et ils arrêteront la représentation de toutes celles par lesquelles l'ordre public aurait été troublé d'une manière quelconque. *Arrêté du* 14 *février* 1796, A. *art.* 1er.]

7240. *Sous les lois et réglemens rendus depuis le 8 juin* 1806 *jusqu'à ce jour.*

7250. Aucune pièce ne pourra être jouée sans l'autorisation du ministre de la police générale. *Décret du* 8 *juin* 1806, A. *art.* 14.

7260. Les pièces nouvelles et celles qui sont représentées à Paris, ne pourront être jouées dans les départemens que d'après manuscrit ou exemplaire visé au ministère de l'intérieur, conformément à l'article 14 du décret du 8 juin 1806, A. (*n*° 7250), et à la circulaire du 29 octobre 1822. Le titre sous lequel elles auront été jouées, ne pourra être changé. *Ordonnance du* 8 *décembre* 1824, A. *art.* 8.

7270. Aucun concert ne sera donné *dans Paris*,

sans que le jour ait été fixé par le surintendant de nos théàtres, après avoir pris l'avis du directeur de notre Académie impériale de Musique. *Décret du* 13 *août* 1811, A. *art.* 11.

DIVISION DU 4e DEGRÉ.

7280. *Des représentations ordonnées et défendues.*

7290. *Sous les lois rendues depuis le 2 août* 1793,
jusqu'à ce jour.

[7300. A compter du 4 de ce mois, et jusqu'au 1er septembre prochain, seront représentées trois fois la semaine, sur les théâtres de Paris qui seront désignés par la municipalité, les tragédies de Brutus, Guillaume Tell, Caïus Gracchus, et autres pièces dramatiques qui retracent les glorieux événemens de la révolution, et les vertus des défenseurs de la liberté. Une de ces représentations sera donnée chaque semaine aux frais de la république. *Décret du* 2 *août* 1793, A. *art.* 1er.]

[7310... Tous les directeurs, entrepreneurs et propriétaires des spectacles de Paris sont tenus, sous leur responsabilité individuelle, de faire jouer, chaque jour, par leur orchestre, avant la levée de la toile, les airs chéris des républicains, tels que « la Marseillaise, Ça ira, Veillons au salut « de l'Empire, et le Chant du Départ. »

Dans l'intervalle des deux pièces, on chantera toujours l'Hymne des Marseillais, ou quelque autre chanson patriotique.

Le Théâtre des Arts donnera, chaque jour de

spectacle, une représentation de l'Offrande à la Liberté avec ses chœurs et accompagnemens, ou quelque autre pièce républicaine.

Il est expressément défendu de chanter, laisser ou faire chanter l'air homicide dit le « Réveil du « Peuple. » *Arrêté du 8 janvier* 1796, A. *fin.*]

[7320... Les dispositions *ci-dessus de* l'arrêté du 8 janvier 1796, A. sont communes à tous les spectacles existant dans le territoire de la république.... *Arrêté du 17 janvier* 1796, A. *fin.*]

[7330. Tout théâtre sur lequel seraient représentées des pièces tendant à dépraver l'esprit public, et à réveiller la honteuse superstition de la royauté, sera fermé, et les directeurs arrêtés et punis selon la rigueur des lois.

La municipalité de Paris est chargée de l'exécution du présent décret. *Décret du 2 août* 1793, A. *art.* 2.]

[7340. Conformément à l'art. 2 de la loi du 2 août ...1793, A. (*n*° 7330), le bureau central de police et les administrations municipales feront fermer les théâtres sur lesquels seraient représentées des pièces tendant à dépraver l'esprit public et à réveiller la honteuse superstition de la royauté, et ils feront arrêter et traduire devant les officiers de police judiciaire compétens, les directeurs desdits théâtres, pour être punis suivant la rigueur des lois. *Arrêté du 14 février* 1796, A. *art.* 2.]

7350. On ne pourra jouer ou chanter sur les

théâtres, que les pièces ou airs indiqués par les affiches. *Arrêté du* 31 *mars* 1796, C. *art.* 2.

DIVISION DU 4e DEGRÉ.

7360. *Des représentations à bénéfice.*

7370. Aucune représentation à bénéfice ne pourra avoir lieu que sur le théâtre même dont l'administration ou les entrepreneurs auront accordé le bénéfice de ladite représentation.

Les acteurs de nos théâtres [impériaux] ne pourront jamais paraître dans ces représentations que sur le théâtre auquel ils appartiennent. *Décret du* 29 *juillet* 1807, A. *art.* 1er.

DIVISION DU 4e DEGRÉ.

7380. *Des représentations gratis.*

7390. *Sous le décret du* 22 *janvier* 1794. D.

[7400. La convention nationale décrète qu'il sera mis à la disposition du ministre de l'intérieur la somme de 100,000 livres laquelle sera répartie, suivant l'état annexé au présent décret, aux vingt spectacles de Paris, qui, en conformité du décret du 2 août 1793 (vieux style *n°* 7300) ont donné chacun quatre représentations pour et par le peuple.

A l'Opéra national, huit mille cinq cents livres, ci   8,500 liv.

Au Théâtre national, ci-devant Français, sept mille livres, ci   7,000

République, rue de la Loi, sept

mille cinq cents livres, ci   7,500 liv.

De la rue Feydeau, sept mille livres, ci   7,000

Comique national de la rue Favart, sept mille livres, ci   7,000

National, rue de la Loi, sept mille livres, ci   7,000

Rue ci-devant Louvois, cinq mille cinq cents livres, ci   5,500

Vaudeville, quatre mille cinq cents livres, ci   4,500

Montensier, jardin de l'Égalité, quatre mille six cents livres, ci   4,600

Palais-Variétés, cinq mille livres, ci   5,000

National de Molière, quatre mille huit cents livres, ci   4,800

Délassemens comiques, quatre mille huit cents livres, ci   4,800

Ambigu-Comique, quatre mille huit cents livres, ci   4,800

De la Gaîté, trois mille six cents livres, ci   3,600

Patriotique, trois mille six cents livres, ci   3,600

Lycée des arts, trois mille deux cents livres,   3,200

Comique et Lyrique, trois mille deux cents livres, ci   3,200

Variétés amusantes, trois mille

deux cents livres, ci   3,200
    Franconi (spectacle d'équitation),
deux mille quatre cents livres, ci   2,400
    Républicains de la foire Saint-
Germain, deux mille huit cents livres
ci   2,800

           Total.   100,000 liv.

Décret du 22 janvier 1794, D.]

DIVISION DU 3ᵉ DEGRÉ.

7410. *Des mesures prescrites pour le maintien du bon ordre.*

7420. *Sous les lois et réglemens rendus depuis le 13 janvier 1791 jusqu'à ce jour.*

7430. Il n'y aura au spectacle qu'une garde extérieure, dont les troupes de ligne ne seront point chargées, si ce n'est dans le cas où les officiers municipaux leur en feraient la réquisition formelle. Il y aura toujours un ou plusieurs officiers civils dans l'intérieur des salles, et la garde n'y pénétrera que dans le cas où la sûreté publique serait compromise, et sur la réquisition expresse de l'officier civil, lequel se conformera aux lois et aux règlemens de police. Tout citoyen sera tenu d'obéir provisoirement à l'officier civil. *Décret du 13 janvier 1791, C. art.* 7.

7440. La garde des théâtres royaux, dans la capitale, sera désormais confiée à notre garde royale, à l'exclusion de toute autre troupe de ligne. Elle sera, pour la police tant intérieure qu'extérieure, sous la direction de l'autorité civile.

Pourront néanmoins les commissaires de police et officiers de paix avoir à leur disposition un piquet de gendarmerie royale de Paris, qui sera établi sous le péristyle et à l'extérieur.

Lorsque nous nous rendrons dans l'un de ces théâtres, notre service se fera comme par le passé, nos loges et les escaliers qui y conduisent étant considérés comme intérieur. *Ordonnance du* 31 *décembre* 1815, A. *art.* 14.

7450. Tout spectacle où des troubles se manifesteraient, sera fermé. *Arrêté du* 31 *mars* 1796, C. *art.* 1er.

DIVISION DU 3e DEGRÉ.

7460. *Des mesures contre l'incendie.*

7470. *Sous l'arrêté du* 21 *mars* 1799, A.

7480. Le dépôt des machines et décorations pour les théâtres, dans toutes les communes [de la république] où il en existe, sera fait dans un magasin séparé de la salle de spectacle. *Arrêté du* 21 *mars* 1799, A. *art.* 1er.

7490. Les directeurs et entrepreneurs de spectacles seront tenus de disposer dans la salle un réservoir toujours plein d'eau, et au moins une pompe continuellement en état d'être employée. *Arrêté du* 21 *mars* 1799, A. *art.* 2.

7500. Ils seront obligés de solder, en tout temps, des pompiers exercés, de manière qu'il s'en trouve toujours en nombre suffisant pour le service au besoin. *Arrêté du 21 mars 1799, A. art. 3.*

7510. Un pompier sera constamment en sentinelle dans l'intérieur de la salle. *Arrêté du 21 mars 1799, A. art. 4.*

7520. Un poste de la garde sera placé à chaque théâtre, de manière qu'un factionnaire, relevé toutes les heures, puisse continuellement veiller avec un pompier dans l'intérieur, hors le temps des représentations. *Arrêté du 21 mars 1799, A. art. 5.*

7530. A la fin des spectacles, le concierge, accompagné d'un chien de ronde, visitera toutes les parties de la salle pour s'assurer que personne n'est resté caché dans l'intérieur, et qu'il ne subsiste aucun indice qui puisse faire craindre un incendie. *Arrêté du 21 mars 1799, A. art. 6.*

7540. Cette visite, après le spectacle, se fera en présence d'un administrateur municipal ou d'un commissaire de police, qui la constatera sur un registre tenu à cet effet par le concierge. *Arrêté du 21 mars 1799, A. art. 7.*

7550. Les dépôts de machines et décorations, la surveillance et le service pour les salles de spectacle, déterminés par le présent arrêté, seront établis, sans délai, par le bureau central dans les communes au-dessus de cent mille ames, et dans les autres communes par les administrations municipales. *Arrêté du 21 mars 1799, A. art. 8.*

7560. Tout théâtre dans lequel les précautions et formalités ci-dessus prescrites auront été négligées ou omises un seul jour, sera fermé à l'instant. *Arrêté du* 21 *mars* 1799, A. *art.* 9.

DIVISION DU 2ᵉ DEGRÉ.

7580. *Des auteurs.*

7600. *Sous le décret du* 13 *janvier* 1791, C.

7620. Les ouvrages des auteurs vivans ne pourront être représentés sur aucun théâtre public, dans toute l'étendue de la France, sans le consentement formel et par écrit des auteurs, sous peine de confiscation du produit total des représentations au profit des auteurs. *Décret du* 13 *janvier* 1791, C. *art.* 3.

7640. La disposition de l'article 3 *du présent décret* (*n°* 7620), s'applique aux ouvrages déjà représentés, quels que soient les anciens règlemens; néanmoins les actes qui auraient été passés entre des comédiens et des auteurs vivans, ou des auteurs morts depuis moins de cinq ans, seront exécutés. *Décret du* 13 *janvier* 1791, C. *art.* 4.

7660. Les héritiers, ou les cessionnaires des auteurs, seront propriétaires de leurs ouvrages, durant l'espace de cinq années après la mort de l'auteur. *Décret du* 13 *janvier* 1791, C. *art.* 5.

7680. Les ouvrages des auteurs morts depuis cinq ans et plus, sont une propriété publique, et peuvent, nonobstant tous anciens priviléges qui sont abolis, être représentés sur tous les théâtres indistinctement. *Décret du* 13 *janvier* 1791, C. *art.* 2.

7700. *Sous le décret du* 19 *juillet* 1791, B.

7720. Conformément aux dispositions des articles 3 et 4 du décret du 13 janvier. .... 1791, C. (*n^os* 7620 *et* 7640), concernant les spectacles, les ouvrages des auteurs vivans, même ceux qui étaient représentés avant cette époque, soit qu'ils fussent ou non gravés ou imprimés, ne pourront être représentés sur aucun théâtre public, dans toute l'étendue du royaume, sans le consentement formel et par écrit des auteurs, ou sans celui de leurs héritiers ou cessionnaires pour les ouvrages des auteurs morts depuis moins de cinq ans, sous peine de confiscation du produit total des représentations au profit de l'auteur, ou de ses héritiers ou cessionnaires. *Décret du* 19 *juillet* 1791, B. *art.* 1er.

7740. La convention entre les auteurs et les entrepreneurs des spectacles sera parfaitement libre, et les officiers municipaux, ni aucuns autres fonctionnaires publics, ne pourront taxer lesdits ouvrages, ni modérer ou augmenter le prix convenu; et la rétribution des auteurs, convenue entre eux ou leurs ayans-cause et les entrepreneurs de spectacle, ne pourra être ni saisie ni arrêtée par les créanciers des entrepreneurs du spectacle. *Décret du* 19 *juillet* 1791, B. *art.* 2.

7760. *Sous le décret du* 30 *août* 1792 , **A.**

[7780. Les pièces imprimées ou gravées mises en vente avant le décret du 13 janvier 1791 , C. (*no* 7620 *et suivans*) qui ont été jouées avant cette époque sur les théâtres autres que ceux de Paris, sans convention écrite des auteurs, et cependant sans aucune réclamation légalement constatée de leur part, pourront être jouées sur ces mêmes théâtres sans aucune rétribution pour les auteurs. *Décret du* 30 *août* 1792, **Á.** *art.* 1ᵉʳ.]

[7800. Les conventions faites avant le décret du 13 janvier 1791 , C. (*n°* 7620 *et suivans*) entre les auteurs et les directeurs des spectacles, seront exécutées. *Décret du* 30 *août* 1792 , **A.** *art.* 2.]

[7820. Les règlemens et arrêts du conseil qui avaient été faits pour les théâtres de Paris ayant été abrogés par le décret du 13 janvier 1791 , C. et ayant donné lieu, à cette époque, à divers traités entre les théâtres de Paris et les auteurs , ces traités seront suivis dans toute l'étendue de léurs dispositions ; en conséquence, nul autre théâtre de Paris, que celui ou ceux auxquels l'auteur ou ses ayans cause auront permis la représentation de ses pièces, ne pourra les jouer, sous les peines de la loi. *Décret du* 30 *août* 1792, **A.** *art.* 3.]

[7840. Pour prévenir toutes réclamations à l'avenir, les auteurs seront tenus, en vendant leurs pièces aux-imprimeurs ou aux graveurs, de stipuler formellement la réserve qu'ils entendront faire de leurs droits de faire représenter lesdites pièces. *Décret du* 3o *août* 1792 , A. *art.* 4.]

[7860. Le traité portant ladite réserve sera déposé chez un notaire, et imprimé à la tête de la pièce. *Décret du* 3o *août* 1792 , A. *art.* 5.]

[7880. En conséquence de cette réserve , aucun spectacle ne pourra jouer lesdites pièces imprimées ou gravées, qu'en vertu d'un consentement écrit et signé par l'auteur. *Décret du* 3o *août* 1792, A. *art.* 6.]

[7900. Les spectacles qui contreviendront au précédent article, encourront la peine de la confiscation du produit total des représentations. *Décret du* 3o *août* 1792, A. *art.* 7.]

[7920. La réserve faite en vertu de l'art. 4, *du présent décret* (*n°* 7840) n'aura d'effet que pour dix ans; au bout de ce temps, toutes pièces imprimées et gravées seront librement jouées par tous les spectacles. *Décret du* 3o *août* 1792 , A. *art.* 8.]

[7940. L'assemblée nationale n'entend rien préjuger sur les décrets ou règlemens de police qu'elle pourra donner dans le Code de l'Instruction publique , sous le rapport de l'influence des théâtres sur les mœurs et les beaux-arts. *Décret du* 3o *août* 1792 , A. *art.* 9.]

7960. *Les dispositions ci-dessus de la loi du* 3o *août* 1792, A. *ont été abrogées. Voyez n°* 190.

17*

7970. *Sous les lois et règlemens rendus depuis le 1er septembre 1793, jusqu'à ce jour.*

7980 ..... Les entrepreneurs ou associés seront tenus d'avoir un registre dans lequel ils inscriront et feront viser par l'officier de police de service, à chaque représentation, les pièces qui seront jouées, pour constater le nombre des représentations de chacune. *Décret du 1er septembre 1793, B. art. 3.*

7990. Les auteurs et les entrepreneurs seront libres de déterminer entre eux, par des conventions mutuelles, les rétributions dues aux premiers par somme fixe ou autrement. *Décret du 8 juin 1806, A. art. 10.*

8000. Les autorités locales veilleront strictement à l'exécution de ces conventions. *Décret du 8 juin 1806, A. art. 11.*

8010. *La quotité des droits des auteurs à l'égard des ouvrages dramatiques représentés sur les grands théâtres ou sur les théâtres secondaires de Paris, est déterminée par des règlemens particuliers à chacun de ces théâtres. Voyez ci-après n° 9120 et suivant.*

8020. Les propriétaires d'ouvrages dramatiques posthumes ont le même droit que l'auteur..... *Décret du 8 juin 1806, A. art. 12.*

8030. Tout directeur, tout entrepreneur de spectacle, toute association d'artiste, qui aura fait représenter sur son théâtre des ouvrages drama-

tiques, au mépris des lois et règlemens relatifs
à la propriété des auteurs, sera puni d'une amende
de cinquante francs au moins, de cinq cents
francs au plus, et de la confiscation des recettes.
Loi du 19 *février* 1810, A. *art.* 428. *C. P.*

8040. Dans le... cas prévu par... *l'art.* 428 (*n°* 8030),
les recettes confisquées, seront remises au propriétaire pour l'indemniser d'autant du préjudice
qu'il aura souffert; le surplus de son indemnité,
ou l'entière indemnité, s'il n'y a *pas* eu... saisie de
recettes, sera réglé par les voies ordinaires. *Loi
du* 19 *février* 1810, A. *art.* 429. *C. P.*

8050. Les préfets et maires veilleront, dans les
départemens, à la stricte exécution des lois, décrets et instructions relatifs aux droits des auteurs
et compositeurs dramatiques. *Ordonnance du* 8
décembre 1824, A. *art.* 15.

DIVISION DU 2$_e$ DEGRÉ.

8070. *Des acteurs.*

8080.. *Sous l'arrêté* ** *du* 25 *avril* 1807. A.

8090. Il est fait défense aux entrepreneurs, directeurs ou régisseurs de spectacles et concerts,
d'engager aucun élève des écoles de chant ou de
déclamation du conservatoire [impériale], sans l'autorisation spéciale du ministre de l'intérieur. *Arrêté* ** *du* 25 *avril* 1807, A. *art.* 18.

8100. *Sous les lois et règlemens rendus depuis le*
29 *juillet* 1807 *jusqu'à ce jour.*

8110. Les préfets, sous-préfets et maires, sont

tenus de ne pas souffrir que, sous aucun prétexte, les acteurs des grands théâtres qui auront obtenu un congé pour aller dans les départemens, y prolongent leur séjour au-delà du temps fixé par le congé : en cas de contravention, les directeurs de spectacles seront condamnés à verser à la caisse des pauvres le montant de la recette des représentations qui auront eu lieu après l'expiration du congé. *Décret du 29 juillet 1807, A. art. 2.*

8120. Il est fait défense aux directeurs des départemens d'engager aucun élève de l'école royale de musique et de déclamation, sans une autorisation spéciale. *Ordonnance du 8 décembre 1824, A. art. 9.*

8130. Au commencement de chaque année théâtrale, le directeur *de chaque théâtre de département* enverra au ministre de l'intérieur, par l'intermédiaire du préfet du chef-lieu où il débutera, le tableau de sa troupe, contenant les nom et prénoms des acteurs, actrices et employés à ses gages, ainsi que son répertoire. La même communication sera faite à tous les préfets des départemens composant chaque circonscription de troupe d'arrondissement ou de troupe ambulante. *Ordonnance du 8 décembre 1824, A. art. 7.*

DIVISION DU 2ᵉ DEGRÉ.

8140. *Des contestations qui peuvent s'élever entre les directeurs, les acteurs et les auteurs.*

8150 *Sous l'arrêté* ** *du* 25 *avril* 1807, A.

8160. L'autorité chargée de la police des spectacles, prononcera provisoirement sur toutes contestations, soit entre les directeurs et les acteurs, soit entre les directeurs et les auteurs ou leurs agens, qui tendraient à interrompre le cours ordinaire des représentations ; et la décision provisoire pourra être exécutée nonobstant le recours vers l'autorité à laquelle il appartiendra de juger le fond de la contestation. *Arrété* ** *du* 25 *avril* 1807, A. *art.* 19.

DIVISION DU 2e DEGRÉ.

8170. *Des droits auxquels sont assujettis les théâtres de toute espèce.*

DIVISION DU 3e DEGRÉ.

8180. *Des droits des pauvres sur les théâtres ou réunions où l'on est admis en payant.*

DIVISION DU 4e DEGRÉ.

8190. *De la quotité de ces droit et des établissemens qui doivent les payer.*

8200. *Sous les lois des* 27 *novembre* 1796, B. *et* 19 *décembre* 1796, C.

[8210. Il sera perçu un décime par franc (deux sous pour livre, vieux style), en sus du prix de chaque billet d'entrée pendant six mois, dans tous les spectacles où se donnent des pièces de théâtre, des bals, des feux d'artifice, des concerts, des courses et exercices de chevaux, pour lesquels les spectateurs paient.

La même perception aura lieu sur le prix des places louées pour un temps déterminé. *Loi du 27 novembre* 1796, B. *art.* 1er.]

[8220. Le produit de la recette sera employé à secourir les indigens qui ne sont pas dans les hospices. *Loi du 27 novembre* 1796, B. *art.* 2.]

[8230. A compter du jour de la notification du présent arrêté, les directeurs, administrateurs et entrepreneurs de tous les spectacles et salles de bal, concert, feux d'artifice, courses et exercices de chevaux, à Paris, seront tenus, conformément à la loi du (*27 novembre* 1796, B.) 7 frimaire dernier, de percevoir, au profit des indigens, un décime par franc, en sus du prix des billets d'entrée. *Loi du 19 décembre* 1796, C. *art.* 1er.]

8240. *Sous la loi du 21 avril* 1797, B.

[8250. Le droit d'un décime par franc (deux sous par livre, vieux style), en sus du prix de chaque billet d'entrée dans tous les spectacles où se donnent des pièces de théâtre, dans les bals, les feux d'artifice, les courses et exercices de chevaux, établi par la loi du (*27 nov.* 1796, B.) 7 frimaire dernier, en faveur des indigens qui sont à domicile, pour six mois qui finiront le (26 *mai* 1797) 7 prairial prochain, continuera d'être perçu pendant six autres mois, à partir de ladite époque, et le produit en sera distribué de la manière prescrite par ladite loi. *Loi du* 21 *avril* 1797, B. *art.* 1er]

8260. *Sous la loi du* 26 *juillet* 1797, A.

[8270. Le droit d'un décime par franc (deux sous pour livre, vieux style), établi par la loi du (27 *novembre* 1796, B.) 7 frimaire an V, et prorogé par celle du (21 *avril* 1797, B.) 2 floréal dernier, continuera à être perçu jusqu'au (27 *novembre* 1797), 7 frimaire de l'an VI, en sus du prix de chaque billet d'entrée et d'abonnement dans tous les spectacles où se donnent des pièces de théâtre. *Loi du* 26 *juillet* 1797, A. *art.* 1er.]

[8280. Le même droit d'un décime par franc (deux sous pour livre, vieux style), établi et prorogé par les mêmes lois à l'entré des bals, des feux d'artifice, des concerts, des courses et exercices de chevaux et autres fêtes où l'on est admis en payant est porté au quart de la recette jusqu'audit jour (27 *novembre* 1797) 7 frimaire prochain. *Loi du* 26 *juillet* 1797, A. *art.* 2.]

[8290. Le produit des droits perçus en vertu des articles précédens (*n*os 8270 *et* 8280·), sera consacré uniquement aux besoins des hospices et aux secours à domicile, dans les proportions qui seront déterminées par le bureau central dans les communes où il y a plusieurs municipalités, et par l'administration municipale dans les autres, conformément à l'article 7 de la loi du (27 *novembre* 1796, B.) 7 frimaire. *Loi du* 26 *juillet* 1797, A. *art.* 3.]

8300. *Sous la loi du 22 novembre* 1797, A.

[8310. Le droit d'un décime par franc (deux sous par livre, vieux style), établi par la loi du (27 *novembre* 1796, B.) 7 frimaire an V, et prorogé par celles des (21 *avril* 1797, B. *et* 26 *juillet* 1797, A.) 2 floréal et 8 thermidor suivans, continuera à être perçu pendant le cours de l'an VI, en sus du prix de chaque billet d'entrée et d'abonnement dans tous les spectacles où se donnent des pièces de théâtre. *Loi du* 22 *novembre* 1797, A. *art.* 1er.]

[8320. Le même droit d'un décime par franc (deux sous pour livre, vieux style), établi et prorogé par les lois des (27 *novembre* 1796, B. *et* 21 *avril* 1797, B.) 7 frimaire et 2 floréal an V, en sus du prix de chaque billet d'entrée et d'abonnement aux bals, feux d'artifice, concerts, courses et exercices de chevaux, et autres fêtes où l'on est admis en payant, porté au quart de la recette brute par la loi du (26 *juillet* 1797, A.) 8 thermidor suivant, continuera à être perçu sur ce dernier taux pendant le cours de l'an VI. *Loi du* 22 *novembre* 1797, A. *art.* 2.]

[8330. Le produit des droits perçus en vertu des articles précédens, sera consacré uniquement aux besoins des hospices et aux secours à domicile, dans les proportions qui seront déterminées par le bureau central dans les communes où il y a plusieurs municipalités, et par l'administration municipale dans les autres, conformément aux lois des (27 *novembre* 1796, B. *et* 26 *juillet* 1797 ,A.) 7 frimaire et 8 thermidor derniers. *Loi du* 22 *novembre* 1797, A. *art.* 3.]

8340. *Sous la loi du* 5 *septembre* 1798, D.

[8350. Le droit d'un décime par franc, établi par la loi du (27 *novembre* 1796, B.) 7 frimaire an V, prorogé par celles des (21 *avril* 1797, B., 26 *juillet* 1797, A.; *et* 22 *novembre* 1797, A.) 2 floréal, 8 thermidor an V et 2 frimaire an VI, continuera d'être perçu, pendant le cours de l'an VII, en sus du prix de chaque billet d'entrée et d'abonnement dans tous les spectacles où il se donne des pièces de théâtre. *Loi du* 5 *septembre* 1798, D. *art.* 1ᵉʳ.]

[8360. Le même droit d'un décime par franc, établi et prorogé par les lois du (27 *novembre* 1796, B. *et* 21 *avril* 1797, B.) 7 frimaire et 2 floréal an V, en sus du prix de chaque billet d'entrée et d'abonnement aux bals, feux d'artifice, concerts, courses et exercices de chevaux auxquels on est admis en payant, porté au quart de la recette brute par la loi du (26 *juillet* 1797, A.) 8 thermidor suivant, et prorogé par celle du (22 *novembre* 1797, A.) 2 frimaire dernier, continuera d'être perçu sur ce dernier taux pendant le cours de l'an VII. *Loi du* 5 *septembre* 1798, D. *art.* 2.]

[8370. Le produit des droits perçus en vertu des articles précédens, sera consacré aux secours à domicile et aux besoins des hospices, dans les proportions qui seront déterminées par le bureau central dans les communes où il y a plusieurs municipalités, et par l'administration municipale dans les autres. *Loi du 5 septembre 1798, D. art 3.*]

8380. *Sous la loi du 22 septembre* 1799, A.

[8390. Le droit d'un décime par franc en sus du prix de chaque billet d'entrée et d'abonnement dans tous les spectacles où il se donne des pièces de théâtre, continuera d'être perçu pendant le courant de l'an VIII. *Loi du 22 septembre* 1799, A. *art.* 1er.]

[8400. Le droit d'un quart de la recette brute pour les bals, les feux d'artifice, les concerts, les courses et exercices de chevaux, et autres fêtes où l'on est admis en payant, est aussi prorogé pendant le cours de l'an VIII. *Loi du 22 septembre* 1799, A. *art.* 2.]

[8410. Le produit des droits perçus en vertu des articles précédens, sera consacré aux secours à domicile et aux besoins des hospices, dans les proportions qui seront déterminées par les administrations centrales dans les communes de leur résidence, et par l'administration municipale dans les autres communes. *Loi du 22 septembre* 1799, A. *art.* 3.]

8420. *Sous l'arrêté du 25 août* 1800. C.

[8430. Les droits établis sur les spectacles, bals,

feux d'artifice , concerts, courses et exercices de chevaux, et autres fêtes où l'on est admis en payant, continueront à être perçus, pendant l'an IX, suivant le mode établi par les lois. *Arrêté du 25 août 1800, C. art. 1er.*]

8440. Le produit de ces droits continuera d'être affecté aux besoins des hôpitaux et aux secours à domicile de chaque commune, d'après la répartition qui en sera faite par le préfet, sur l'avis du sous-préfet. *Arrêté du 25 août 1800, C. art. 2.*

8450. *Sous l'arrêté du 27 août 1801. C.*

[8460. Les dispositions de l'article 2 de la loi du (12 *mars* 1801, B.) 21 ventôse an IX, relatives à la prorogation, pour l'an X, des contributions directes et indirectes de l'an IX, sont applicables aux droits établis sur les spectacles, bals, concerts, courses, exercices de chevaux et autres fêtes publiques : en conséquence, l'arrêté du (25 *août* 1800, C.) 7 fructidor an VIII continuera de recevoir son exécution pour l'exercice de l'an X. *Arrêté du 27 août 1801, C. 1er.*]

8470. *Sous l'arrêté du 6 août 1802, A.*

[8480. Les dispositions de la loi du (4 *mai* 1802, A) 14 floréal dernier, relatives à la prorogation, pour l'an XI, des contributions indirectes de l'an X, sont applicables aux droits établis sur les spectacles, bals, concerts, courses, exercices de chevaux et autres fêtes publiques; en conséquence, l'arrêté du (27 *août* 1801, C. *n°* 8460.) 9 fructidor an IX continuera de recevoir son exécution pour l'exercice de l'an XI. *Arrêté du 6 août* 1802, A. *art.* 1er.]

8490. *Sous l'arrêté du* 29 *juillet* 1803, C.

[8500. Les dispositions de la loi du (25 *mars* 1803, A.) 4 germinal an XI, relatives à la prorogation, pour l'an XII, des contributions indirectes de l'an XI, sont applicables aux droits établis, en faveur des pauvres et des hospices, sur les spectacles, bals, concerts, feux d'artifice, courses, exercices de chevaux et autres fêtes publiques : en conséquence, l'arrêté du 6 *août* 1802, A. (n°. 8480) 18 thermidor an X, ensemble les instructions y relatives, continueront de recevoir leur exécution pour l'an XII. *Arrêté du* 29 *juillet* 1803, C *art.* 1er.]

[8510. Les établissemens connus sous la dénomination de Panorama et de Théâtre Pittoresque et Mécanique, sont assimilés, aux spectacles pour la quotité du droit à percevoir. *Arrêté du* 29 *juillet* 1803, C. *art.* 2.]

8520. *Sous le décret du* 18 *août* 1804, A.

[8530. Les droits établis par les lois et arrêtés du gouvernement en faveur des pauvres et des hospices, sur les spectacles, bals, concerts, feux d'artifice, courses, exercices de chevaux et autres fêtes publiques, recevront leur exécution pour l'an XIII. *Décret du 18 août 1804, A. art. 1er.*]

8540. *Sous le décret du 26 août 1805, C.*

[8550. La perception des droits établis par les lois sur les billets d'entrée et abonnemens dans les spectacles, et sur la recette des bals, concerts, feux d'artifice, courses, exercices de chevaux et autres fêtes où l'on entre en payant, est prorogée pour l'exercice de l'an XIV. *Décret du 26 août 1805, C. art 1er.*]

8560. *Sous le décret du 21 août 1806, C.*

8570. Les administrations charitables des pauvres et des hospices sont autorisés à percevoir, comme par le passé, [pendant le cours de l'année 1807 et des trois mois dix jours antérieurs à ladite année,] le droit d'un décime par franc en sus du prix de chaque billet d'entrée et d'abonnement dans tous les spectacles où il se donne des pièces de théâtre. *Décret du 21 août 1806, C. art. 1er.*

8580. Les administrations de charité sont pareillement autorisées à percevoir, [pendant le même espace de temps] le droit d'un quart de la recette brute pour les bals, les feux d'artifice, les concerts, les courses, les exercices de chevaux et généralement pour toutes les danses et fêtes publiques où l'on est admis, en payant les rétributions exigées, ou par la voie de cachets, ou par billets, ou par abonnement. *Décret du* 21 *août* 1807, C. *art.* 2.

8590. *Sous le décret du* 9 *décembre* 1809, A. *et l'ordonnance du* 12 *février* 1817, D.

8600. Les droits qui ont été perçus jusqu'à ce jour en faveur des pauvres ou des hospices, en sus de chaque billet d'entrée et d'abonnement dans les spectacles, et sur la recette brute des bals, concerts, danses et fêtes publiques, continueront à être [indéfiniment] perçus, ainsi qu'ils l'ont été pendant le cours de cette année et des années antérieures, sous la responsabilité des receveurs et contrôleurs de ces établissemens. *Décret du* 9 *décembre* 1809, A. *art.* 1er.

8610.... Depuis la loi du 26 juillet 1797, A. (*n*₀ 8260 *et suivans*), et par toutes les lois et tous les décrets rendus sur la perception de ce droit, notamment par le décret du 9 décembre 1809, A. (*n°* 8600), qui l'a prorogé [indéfiniment], le droit des indigens sur le produit des bals publics a été fixé au quart de la recette brute; il n'a été fait aucune exception à l'égard des bals donnés dans les spectacles,.... *ce* genre.... de divertissement..... doit être soumis aux mêmes droits, dans quelque emplacement qu'il ait lieu. *Ordonnance du* 12 *février* 1817, D. *préambule.*

8620.... Il résulte également de l'esprit des lois et décrets relatifs à la perception du droit des indigens, que le décime par franc, en sus des billets d'entrée et d'abonnement dans tous les spectacles

où se donnent des pièces de théâtre, doit être
perçu pour les loges louées, soit au jour, soit au
mois, soit à l'année, non sur le prix ordinaire des
places, mais sur le prix réel de la location de chaque place, le droit des indigens devant toujours
être proportionné au prix payé par les personnes
admises au spectacle. *Ordonnance du* 12 *février*
1817, D. *préambule.*

8630. Les représentations gratuites et à bénéfice seront, au surplus, exemptes des droits mentionnés aux articles 1ᵉʳ, 2 *et* 3... (*nᵒˢ* 8600, 8760
et 8770), sur l'augmentation mise au prix ordinaire des billets. *Décret du* 9 *décembre* 1809, A.
art. 4.

8640..... Le décret du 9 décembre 1809, A.
(*nᵒ* 8630,), n'a fait exception à la perception du
droit des indigens sur l'augmentation du prix ordinaire des places, que pour les représentations à
bénéfice....; en conséquence, le produit... *des
représentations extraordinaires* doit être soumis
au droit de décime par franc sur l'intégralité de
la recette. *Ordonnance du* 12 *février* 1817, D.
préambule.

8650. *Sous la loi du* 25 *mars* 1817, A.

8660. Les dispositions des lois auxquelles il
n'est pas dérogé par la présente, et qui régissent
actuellement les perceptions des droits.... du
dixième des billets d'entrée dans les spectacles, et
d'un quart de la recette brute dans les lieux de

réunion et de fêtes où l'on est admis en payant, et d'un décime pour franc sur ceux de ces droits qui n'en sont pas affranchis, sont et demeurent maintenues. *Loi du 25 mars 1817, A. art. 131.*

8670. *Sous la loi du 15 mai 1818, A.*

8680. Les dispositions des lois auxquelles il n'est pas dérogé par la présente, et qui régissent actuellement les perceptions des droits... du dixième des billets d'entrée dans les spectacles, et d'un quart de la recette brute dans les lieux de réunion et de fêtes où l'on est admis en payant, et d'un décime pour franc sur ceux de ces droits qui n'en sont point affranchis, sont et demeurent maintenues. *Loi du 15 mai 1818, A. art. 86.*

8690. *Sous les lois postérieures à 1818.*

8700. *Les dispositions de l'article 86 de la loi du 15 mai 1818, A. (n° 8680), ont été successivement reproduites dans les budjets votés depuis 1818.*

DIVISION DU 4e DEGRÉ.

8710. *Du mode de perception de ces droits.*

8720. *Sous les lois et réglemens rendus depuis le 27 novembre 1796, jusqu'à ce jour.*

8730. Les... administrations *municipales* détermineront les mesures qu'elles croiront convenables pour assurer le recouvrement du droit ordonné par l'article 1er *de la présente, et prorogé par les lois postérieures (n° 8200 et suivans). Loi du 27 novembre 1796, B. art. 6.*

8740. Les directeurs, administrateurs et entrepreneurs de tous les spectacles et salles de bal, concert, feux d'artifice, courses et exercices de chevaux...., enverront le [primidi de chaque décade], le relevé de leurs registres d'entrée, au bureau central du canton de Paris, pour justifier du produit de cette perception. Le bureau central pourra en faire vérifier l'exactitude. *Arrêté du 9 décembre* 1796, C. *art.* 1 *et* 2.

8750. Lorque le bureau central aura fait le décompte de la somme qui devra être versée par chaque spectacle, il le remettra au bureau général de bienfaisance, qui nommera un préposé pour en faire la recette et en donner quittance. *Loi du* 19 *décembre* 1796, C. *art.* 3.

8760. La perception de ces droits *pourra*, ... pour Paris, être mise en ferme ou régie intéressée, d'après les formes, clauses, charges et conditions qui en seront approuvées par notre ministre de l'intérieur. En cas de régie intéressée, le receveur comptable de ces établissemens et le contrôleur des recettes et dépenses seront spécialement chargés du contrôle de la régie, sous l'autorité de la commission exécutive des hospices, et sous la surveillance du préfet de la Seine. *Décret du* 9 *décembre* 1809, A. *art.* 2.

8770. Dans le cas où la régie intéressée jugerait utile de souscrire des abonnemens, ils ne pourront avoir lieu qu'avec notre approbation en

19*

conseil-d'état, comme pour les biens des hospices à mettre en régie ; et cette approbation ne sera donnée que sur l'avis du préfet de la Seine, qui consultera la commission exécutive et le conseil des hospices. *Décret du 9 décembre* 1809, A. *art.* 3.

8780. Les contestations qui pourront s'élever dans l'exécution où l'interprétation du présent arrêté *concernant les droits des pauvres sur les spectacles* (*n°* 8500), seront décidées par les préfets, en conseil de préfecture sur l'avis motivé des comités consultatifs établis en exécution de l'arrêté du (26 *juin* 1801, A.) 7 messidor an IX, dans chaque arrondissement communal, pour le contentieux de l'administration des pauvres et des hospices, sauf, en cas de réclamation, le recours au gouvernement. *Arrêté du* 29 *juillet* 1803, C. *art.* 3 (1).

8790. Les décisions rendues par les conseils de préfectures, dans les cas prévus par l'article 3 de l'arrêté du 29 *juillet* 1803, C. (*n°* 8780) 10 thermidor an XI, seront au surplus exécutées provisoirement, et sauf le recours au gouvernement, réservé par cet article. *Décret du* 26 *août* 1805, C. *art.* 3 (2).

---

(1) *L'arrêté du* 29 *juillet* 1803, C. *continuera de recevoir son exécution. Voyez n°* 420.

(2) ...*L'art.* 3... du décret du (26 *août* 1805, C.) 8 fructidor an XIII, continuera de recevoir son exécution. *Décret du* 21 *août* 1806, C. *art.* 3.

8800. Les poursuites à faire pour assurer le recouvrement des droits ci-dessus mentionnés, seront désormais dirigées suivant le mode fixé par l'arrêté du (4 *août* 1800, C.) 16 thermidor an VIII, et autres lois et règlemens relatifs au recouvrement des contributions directes et indirectes. *Décret du* 26 *août* 1805, C. *art.* 2 (1).

DIVISION DU 3ᵉ DEGRÉ.

8810. *De la redevance à payer à l'Académie royale de musique par les théâtres secondaires et petits théâtres en tous genres, à Paris.*

DIVISION DU 4ᵉ DEGRÉ.

8820. De la quotité du droit, et de ceux qui devront l'acquitter.

8830. *Sous le décret du* 13 *août* 1811, A.
(*Sect.* 1ʳᵉ, *art.* 1 à 3.)

8840. L'obligation à laquelle étaient assujettis tous les théâtres du second ordre, les petits théâtres, tous les cabinets de curiosités, machines, figures, animaux, toutes les joutes et jeux, et en général tous les spectacles de quelque genre qu'ils fussent, tous ceux qui donnaient des bals masqués ou des concerts dans notre bonne ville de Paris, de payer une redevance à notre Académie [impé-

---

(1) ... *L'art.* 2... du décret du (26 *août* 1805 , C.) 8 fructidor an XIII, continuera de recevoir son exécution. *Décret du* 21 *août* 1806, C. *art.* 3.

riale] de musique, est rétablie, à compter du 1er septembre prochain.

Les Panoramas, Cosmoramas, Tivoli et autres établissemens nouveaux, y sont de même assujettis, ainsi que le Cirque Olympique, comme théâtre où l'on joue des pantomimes.

Nos Théâtres Français, de l'Opéra-Comique et de l'Odéon, sont exceptés de la disposition concernant les théâtres. *Décret du 13 août 1811, A. art. 1er.*

8850. Ne sont pas compris dans l'obligation imposée à ceux qui donnent des bals, tous les bals et danses qui ont lieu hors des murs d'enceinte, ou dans les guinguettes des faubourgs, même dans l'enceinte des murs. *Décret du 13 août 1811, A. art. 2.*

8860. Cette redevance sera, pour les bals, concerts, fêtes champêtres de Tivoli et autres du même genre, du cinquième brut de la recette, déduction faite du droit des pauvres; et pour les théâtres et tous les autres spectacles ou établissemens, du vingtième de la recette, sous la même déduction. *Décret du 13 août 1811, A. art. 3.*

8870. *Sous les lois postérieures à la restauration.*

8880. *Ce droit ne figure pas dans les budgets votés annuellement. On a élevé la question de savoir s'il devait encore être perçu.*

DIVISION DU 4e DEGRÉ.

8890. Du mode de paiement.

8895. *Sous le décret du* 13 *août* 1811, A.
(*Sect.* 2, *art.* 4 *à* 14.)

DIVISION DU 5e DEGRÉ.

8900. De l'abonnement.

8905. *Sous le décret du* 13 *août* 1811, A.

(*Sect.* 2, § 1er, *art.* 4 *à* 7.)

8910. Tous les individus soumis au paiement de la redevance, pourront faire un abonnement avec notre Académie [impériale] de musique. *Décret du* 13 *août* 1811, A. *art.* 4.

8920. La quotité de cet abonnement sera discutée et consentie contradictoirement entre les redevables, d'une part, et le directeur de notre Académie [impériale] de musique, conjointement avec l'administrateur comptable, d'autre part. Il ne sera obligatoire qu'après l'appobation de notre surintendant des théâtres. *Décret du* 13 *août* 1811, A. *art.* 5.

8930. Il sera payable par douzième et par mois. *Décret du* 13 *août* 1811, A. *art.* 6.

8940. Il aura lieu pour trois ans au plus, et pour un an au moins, pour les théâtres; et pour les autres établissemens, par mois et même par représentation, ou par jour d'ouverture de fête, bal ou concert. *Décret du* 13 *août* 1811, A. *art.* 7.

DIVISION DU 5ᵉ DEGRÉ.

8950. Du paiement quand il n'y aura pas d'abonnement.

8955. *Sous le décret du 13 août 1811, A.*

(*Sect. 2, § 2, art. 8 à 9.*)

8960. Le paiement, quand il n'y aura pas d'abonnement, se fera par douzième et par mois, pour les théâtres;

Pour les autres établissemens débiteurs, il pourra être exigé par semaine, et même par jour, selon le cas. *Décret du 13 août 1811, A. art. 8.*

DIVISION DU 5ᵉ DÉGRÉ.

8970. Des poursuites.

8975. *Sous le décret du 13 août 1811, A.*

(*Sect. 2, § 3, art. 9 à 10.*)

8980 Le directeur de notre Académie [impériale] de musique se concertera avec la régie du droit des pauvres pour rendre commune la surveillance qu'elle exerce; et il nommera les employés nécessaires pour assurer la perception et opérer le recouvrement.

En cas de contestation, elle sera portée devant les tribunaux, et jugée sommairement à la chambre du conseil, comme il est dit à l'article suivant. *Décret du 13 août 1811, A. art. 9.*

8990. L'administrateur comptable de notre Aca-

démie [impériale] de musique, en cas de retard
de paiement pour dette non contestée, dressera,
sur les états arrêtés par le directeur, une con-
trainte qui sera rendue exécutoire, s'il y a lieu,
par le préfet du département ; et en cas de contestation sur l'exécution, elle sera portée devant nos
cours et tribunaux, et jugée comme affaire sommaire à la chambre du conseil, sur simples mémoires, nos gens du parquet entendus. *Décret du
13 août 1811, A. art. 10.*

DIVISION DU 3e DEGRÉ.

9000. *De la redevance à payer aux directeurs des
théâtres des départemens, par les spectacles de
curiosités.*

9010. *Sous les lois et ordonnances rendues depuis
le 8 décembre 1824, jusqu'à ce jour.*

9020. Les directeurs *des théâtres des départemens* continueront à jouir de l'indemnité qui leur
est allouée sur les spectacles de curiosités, de quelque nature qu'ils soient. Toute exception qui aurait pu être accordée à cet égard, est révoquée.
En conséquence, aucun spectacle de ce genre ne
pourra être autorisé par les maires qu'avec la réserve du prélèvement établi en faveur des directeurs privilégiés, qui restera fixé à un cinquième
sur la recette brute, défalcation faite du droit des
pauvres, ainsi que cela est indiqué par l'article 21
du règlement de 1815, et conformément à l'article 15 du décret du 8 juin 1806, A. (*n° 9450*).
Ordonnance du 8 décembre 1824, A. art. 11.

9030. Ce prélèvement appartiendra aux directeurs des troupes d'arrondissement dans les villes de leur itinéraire, et aux directeurs de troupes ambulantes dans toutes les autres villes ayant salle de spectacle. *Ordonnance du 8 décembre* 1824, *A. art.* 12.

9040. *Cette redevance ne figure pas dans les budjets annuels.*

DIVISION DU 3e DEGRÉ.

9050. *Des entrées gratuites.*

9060. *Sous les lois et règlemens rendus depuis le* 25 *avril* 1807, *jusqu'à ce jour.*

9070. Les spectacles n'étant point au nombre des jeux publics auxquels assistent les fonctionnaires en leur qualité, mais des amusemens préparés et dirigés par des particuliers qui ont spéculé sur le bénéfice qu'ils doivent en retirer, personne n'a le droit de jouir gratuitement d'un amusement que l'entrepreneur vend à tout le monde. Les autorités n'exigeront donc d'entrées gratuites des entrepreneurs, que pour le nombre d'individus jugés indispensables pour le maintien de l'ordre et de la sûreté publique. *Arrêté* ** *du* 25 *avril* 1807, *A. art.* 17.

9080. *Dans les théâtres de départemens,* les maires veilleront, dans l'intérêt des pauvres, à ce qu'il ne soit accordé d'entrée gratuite qu'à ceux des agens de l'autorité dont la présence est jugée indispensable pour le maintien de l'ordre et de la sûreté publique. *Ordonnance du 8 décembre 1824, A. art. 14.*

DIVISION DU 2e DEGRÉ.

9090. *Dépenses diverses relatives aux théâtres.*

9100. *Sous le décret du 11 septembre 1790, B..*

9110. A compter du 1er janvier 1791, la dépense relative aux pensions des comédiens Français et Italiens, à la garde militaire des spectacles, aux pompiers pour garantir les spectacles des incendies, sera rejetée du compte du trésor public. *Décret du 11 septembre 1790, B. art. 3.*

DIVISION DU 2e DEGRÉ.

9120. *Règles particulières à certains théâtres (1).*

---

(1) *Sous ce titre, il y aurait lieu de faire connaître les divers théâtres qui ont été autorisés à différentes époques, le genre auquel ils ont été consacrés et leur régime intérieur; mais ces différentes matières ayant pu être régies par des décrets et ordonnances non insérés au Bulletin des Lois, ou seulement par des réglemens émanés des ministres et d'autres autorités compétentes: le Code général Progressif eût dérogé à son titre en entrant dans ces détails.*

On a seulement fait connaître, par leurs dates, les décrets et ordonnances qui ont traité de ces matières, pour constater que tout ce qui se trouve dans le Bulletin des Lois sur les théâtres est fidèlement codifié. On a d'autant moins hésité à agir ainsi, que la codification progressive n'aurait eu que peu d'intérêt appliquée à des dispositions réglementaires.

On pourra plus tard, codifier dans leur dernier état, les réglemens des administrations qui voudront bien donner les communications nécessaires à cet effet, et faire connaître par la suite les changemens qu'elles pourront apporter à ces réglemens.

20*

DIVISION DU 3e DEGRÉ.

9140. *Des théâtres de Paris.*

DIVISION EU 4e DEGRÉ.

9150. *Du Théâtre-Français.*

9160. *Voyez l'arrêté ** du 25 avril 1807, A. article 1er, 1°, et le décret du 15 octobre 1812, A.*

DIVISION DU 4e DEGRÉ.

9170. *De l'Odéon.*

9180. *Voyez l'arrêté ** du 25 avril 1807, A. article 1er, 1°; le décret du 8 juin 1806, A. art. 3; le sénatus-consulte du 14 août 1806, B. art. 1er, et l'ordonnance du 25 mars 1818, F.*

DIVISION DU 4e DEGRÉ.

9188. *De l'Opéra.*

9186. *Voyez l'arrêté ** du 25 avril 1807, A. art. 1er, 2°, et le décret du 8 juin 1806, A. art. 6.*

DIVISION DU 4e DEGRÉ.

9187. *De l'Opéra-Comique.*

9188. *Voyez le décret du 16 septembre 1792, P. l'arrêté du 31 mars 1796, C. art. 3, et l'arrêté ** du 25 avril 1807, art. 1er, 3°.*

DIVISION DU 4e DEGRÉ.

9190. *Du Théâtre-Italien.*

9200. *Voyez l'arrêté ** du 25 avril 1807, A. article 1er, 3°.*

DIVISION DU 4e DEGRÉ.

9210. *Du Vaudeville.*

9220. *Voyez l'arrêté ** du 25 avril 1807, A. article 3, 1°, et le décret du 29 juillet 1807, A. art. 4, 2°.*

DIVISION DU 4e DEGRÉ.

9230. *Des Variétés.*

9240. *Voyez le décret du 8 juin 1790, A. article 3; l'arrêté ** du 25 avril 1807, A. art. 3, 2°, et le décret du 29 juillet 1807, A. art. 4, 2°.*

DIVISION DU 4e DEGRÉ.

9250. *De la Porte Saint-Martin.*

9260. *Voyez l'arrêté ** du 25 avril 1807, A. article 3, 3°.*

DIVISION DU 4e DEGRÉ.

9270. *De la Gaité.*

9280. *Voyez l'arrêté ** du 25 avril 1807, A. article 3, 4°, et le décret du 29 juillet 1807, A. article 4, 1°.*

DIVISION DU 4e DEGRÉ.

9290. *De l'Ambigu-Comique.*

9300. *Voyez le décret du 29 juillet 1807, A. art. 4, 1°.*

DIVISION DU 4e DEGRÉ.

9310. *Des Variétés étrangères.*

9320. *Voyez l'arrêté ** du 25 avril 1807, A. article 3, 5°.*

DIVISION DU 4e DEGRÉ.

9330. *Du Théâtre des Arts.*

9340. *Voyez le décret du 25 juin 1795, C., et la loi du 2 mai 1798, A.*

DIVISION DU 3e DEGRÉ.

9350. *Des théâtres de départemens.*

DIVISION DU 4e DEGRÉ.

9360. *Du théâtre de la ville du Mans.*

9370. *Voyez le décret du 17 janvier 1812. B.*

DIVISION DU 4e DEGRÉ.

9380. *Du théâtre de la ville de Niort.*

9390. *Voyez le décret du 25 mai 1811, B.*

DIVISION DU 4e DEGRÉ.

9400. *Du théâtre de Perpignan.*

9410. *Voyez l'ordonnance du 3 juillet 1822, K.*

DIVISION DU 4e DEGRÉ.

9420. *Du théâtre de Sédan.*

9430. *Voyez le décret du 2 novembre 1810, A.*

DIVISION DE 2e DEGRÉ.

9440. *Des spectacles de curiosités.*

9450. Les spectacles de curiosités seront soumis à des règlemens particuliers, et ne porteront plus le titre de théâtres. *Décret du 8 juin 1806, A. art. 15.*

DIVISION DU 1er DEGRÉ.

9460. *Des crimes et délits commis par voie de la presse et autres moyens de publication.*

DIVISION DU 2e DEGRÉ.

9470. De la provocation publique aux crimes et délits.

9480. *Sous la loi du 18 juillet 1791, B.*

[9490. Toutes personnes qui auront provoqué le meurtre, le pillage, l'incendie, ou conseillé formellement la désobéissance à la loi, soit par des placards ou affiches, soit par des écrits publiés ou colportés, soit par des discours tenus dans des lieux ou assemblées publiques, seront regardées comme séditieuses ou pertubateurs de la paix publique; et en conséquence les officiers de police sont autorisés à les faire arrêter sur-le-champ, et à les remettre aux tribunaux pour être punis suivant la loi. *Décret du 18 juillet 1791, B. art. 1er.*]

[9500. Tout homme qui, dans un attroupement ou émeute, aura fait entendre un cri de provocation au meurtre, sera puni de trois ans de chaîne, si le meurtre ne s'en est pas suivi, et comme complice du meurtre s'il a eu lieu : tout citoyen présent est tenu de s'employer ou de prêter main-forte pour l'arrêter. *Décret du 18 juillet 1791, B. art. 2.*]

21

[9510. Tout cri contre la garde nationale, la force publique en fonctions, tendant à lui faire baisser ou déposer ses armes, est un cri de sédition, et sera puni d'un emprisonnement qui ne pourra excéder deux années. *Décret du 18 juillet 1791, B. art.* 3.]

9520. *Sous la loi du 25 septembre* 1791, A.

[9530. Lorsqu'un crime aura été commis, quiconque sera convaincu d'avoir provoqué directement à le commettre, soit par des discours prononcés dans les lieux publics, soit par placards ou bulletins affichés ou répandus dans lesdits lieux, soit par des écrits rendus publics par la voie de l'impression, sera puni de la même peine prononcée par la loi contre les auteurs du crime. *Loi du 25 septembre* 1791, *A. tit.* 3, *chap.* 5, *art.* 2.]

9540. *Sous les décret du 29 mars* 1793.

[9550.... Ceux qui provoqueront par leurs écrits le meurtre et la violation des propriétés, seront punis : savoir, 1º de la peine de mort, lorsque le délit aura suivi la provocation ; 2º de la peine de six ans de fers, lorsque le délit ne l'aura pas suivie. *Décret du 29 mars* 1793, *G. art. unique.*]

[9560. Quiconque sera convaincu d'avoir composé ou imprimé des ouvrages ou écrits qui provoquent la dissolution de la représentation nationale, le rétablissement de la royauté ou de tout autre pouvoir attentatoire à la souveraineté du peuple, sera traduit au tribunal extraordinaire, et puni de mort. *Décret du 29 mars* 1793, N. *art.* 1er.]

[9570. Les vendeurs, distributeurs et colporteurs de ces ouvrages ou écrits, seront condamnés à une détention qui ne pourra excéder trois mois, s'ils déclarent les auteurs, imprimeurs ou autres personnes de qui ils les tiennent; s'ils refusent cette déclaration, ils seront punis de deux années de fers. *Décret du 29 mars* 1793, N. *art.* 2.]

9580. *Sous la loi du* 21 *mars* 1795, A., *et l'arrêté du 8 janvier* 1796, A.

[9590. Les provocations au pillage des propriétés particulières ou publiques, à des actes de violence contre les personnes;

Au rétablissement de la royauté, à la révolte contre les autorités constituées, le gouvernement républicain et la représentation nationale;

Les cris séditieux qu'on se permettrait de pousser dans les rues et autres lieux publics, contre la souveraineté du peuple, la république, la constitution de 1793 acceptée par le peuple, et la représentation nationale;

Sont des crimes. *Loi du* 21 *mars* 1795, A. *article* 1er.]

[9600. Les prévenus de ces crimes seront arrêtés et jugés par le tribunal criminel ordinaire.

S'ils sont déclarés coupables par le jury, ils seront condamnés à la déportation :

Néanmoins, cette peine sera réduite à deux années de fers, si le jury déclare qu'il y a dans le délit des circonstances atténuantes. *Loi du 21 mars 1795, A. art. 2.*]

[9610. Le ministre de la police générale donnera les ordres les plus précis pour faire arrêter tous ceux qui, dans les spectacles, appelleraient par leurs discours le retour de la royauté, provoqueraient l'anéantissement du corps législatif ou du pouvoir exécutif, exciteraient le peuple à la révolte, troubleraient l'ordre et la tranquillité publique, et attenteraient aux bonnes mœurs. *Arrêté du 8 janvier 1796, A. fin.*]

9620. *Sous les lois rendues depuis le 16 avril 1796, jusqu'au 17 janvier 1800.*

[9630. Sont coupables de crime contre la sûreté intérieure de la république, et contre la sûreté individuelle des citoyens, et seront punis de la peine de mort, conformément à l'article 612 du Code des Délits et des Peines, tous ceux qui, par leurs discours, ou par leurs écrits imprimés, soit distribués, soit affichés, provoquent la dissolution de la représentation nationale, ou celle du directoire exécutif, ou le meurtre de tous ou aucun des membres qui les composent, ou le rétablissement de la royauté, ou celui de la constitution du 24 *juin* 1793, A., ou celui de la constitution du 3 *septembre* 1791, A., ou de tout gouvernement autre que celui établi par la constitution du (22 *août* 1795, A.) 5 *fructidor an* III, accepté par le peuple français, ou l'invasion des propriétés publiques, ou le pillage ou le partage des propriétés particulières, sous le nom de loi agraire, ou de toute autre manière.

La peine de mort mentionnée au présent article, sera commuée en celle de la déportation, si le jury déclare qu'il y a dans le délit des circonstances atténuantes. *Loi du* 16 *avril* 1796, A. *art.* 1er.]

[9640. Les délits énoncés en l'article précédent, seront poursuivis immédiatement par le directeur du jury, faisant fonctions d'officier de police, de la manière prescrite par l'article 243 de l'acte constitutionnel *du* (22 *août* 1795, A.) 5 *fructidor an* III, et soumis à des jurés spéciaux d'accusation et de jugement, conformément aux dispositions du titre XIII du Code des Délits et des Peines. *Loi du* 16 *avril* 1796, A. *art.* 2.]

[9650. Les directeurs du jury d'accusation procéderont, sous peine de forfaiture, à l'instruction de ces affaires, sans délai, sans discontinuation, et toutes affaires cessantes. *Loi du* 16 *avril* 1796, A. *art.* 3.]

[9660. Immédiatement après la traduction des accusés aux tribunaux criminels, le président du tribunal les entendra, ou commettra un juge pour les entendre.

Il procédera de suite à la formation du tableau des jurés, et convoquera le jury de jugement pour un jour très-prochain, et sans attendre l'époque ordinaire de l'ouverture des sessions. La contravention à cet article est une forfaiture, et punie comme telle. *Loi du* 16 *avril* 1796, A. *art.* 4.]

[9670. Toute personne qui paraîtra en public, portant un signe de ralliement autre que la cocarde nationale, sera arrêtée et punie d'une année de détention, par voie de police correctionnelle. Celles qui portant ces signes, seront arrêtées dans les attroupemens, seront poursuivies de la manière prescrite *aux* articles 2, 3 *et* 4 *ci-dessus* (n°s 9640 *et suivans*); et, si elles sont dans le cas de la peine des fers, elles seront punies d'une peine double. *Loi du* 16 *avril* 1796, A. *article* 9.]

[9680. Les auteurs qui se permettraient de composer, et généralement toutes personnes qui imprimeraient, distribueraient, vendraient, colporteraient, afficheraient des écrits contenant les provocations déclarées criminelles par la loi du 16 *avril* 1796, A. 27 germinal présent mois, (n°s 9630 *et suivans*) seront poursuivis de la manière qu'il est porté dans ladite loi contre les auteurs de ces provocations. *Loi du* 17 *avril* 1796, A. *article* 5.]

[9690. Ceux qui seront trouvés vendant, distribuant, colportant ou affichant aucun desdits écrits, seront arrêtés et conduits devant le directeur du jury d'accusation; ils seront tenus de nommer les personnes qui leur ont remis lesdis écrits. Les personnes déclarées seront successivement appelées, jusqu'à ce que le directeur du jury parvienne à l'imprimeur ou à l'auteur. *Loi du 17 avril 1796, A. art. 6.*]

[9700. Dans le cas où l'auteur serait arrêté, il sera poursuivi et jugé conformément à la loi du (16 *avril 1796, A.*) 27 germinal an IV, et puni des peines portées dans ladite loi. *Loi du 17 avri 1796, A. art. 7.*]

[9710. Dans le cas où l'auteur ne serait point indiqué par les imprimeurs, vendeurs, distributeurs, colporteurs et afficheurs, ainsi que dans le cas où les indications qu'ils auraient données se trouveraient fausses ou porteraient soit sur un étranger, soit sur une personne non domiciliée, ils seront punis de deux années de fers; en cas de récidive, ils seront punis de la déportation. *Loi du 17 avril 1796, A. art. 8.*]

[9720. Si le jury déclare qu'il y a dans le délit des circonstances atténuantes, la peine prononcée par l'article précédent contre les personnes y dénommées pourra être commuée en une détention par forme de police correctionnelle, qui ne pourra être moindre de six mois. *Loi du 17 avril 1796, A. art. 9.*]

[9730. Lesdits imprimeurs, distributeurs, vendeurs, colporteurs et afficheurs, arrêtés en exécution de la présente loi, ne seront jugés et ils ne pourront, en aucun cas, être mis en liberté, qu'après le jugement de l'auteur, s'il a été dénoncé et saisi, ou après que l'inutilité des recherches pour le découvrir ou le saisir aura été constatée, soit par un procès-verbal de perquisition, soit par la déclaration des imprimeurs, distributeurs, vendeurs, colporteurs et afficheurs, que l'auteur leur est inconnu. *Loi du 17 avril 1796, A. art. 10.*]

[9740. Seront supprimés sur-le-champ tous les journaux qui inséreraient des articles contraires au respect dû au pacte social...., lors même que ces articles seraient extraits de feuilles périodiques étrangères. *Arrêté du 17 janvier 1800, A. art. 5.*]

9750. *Sous le décret du 5 février 1810, A. et la loi du 15 février 1810, A.*

9760. Il est défendu de rien imprimer ou faire imprimer qui puisse porter atteinte aux devoirs des sujets envers le souverain, et à l'intérêt de l'État. Les contrevenans seront traduits devant nos tribunaux, et punis conformément au Code Pénal,.... *Décret du 5 février 1810, A. art. 10.*

[9770 Seront punis comme coupables des crimes et complots mentionnés dans la.... section 2 *du chap. 1er du tit. 1er du liv. 3 du Code Pénal, concernant les crimes contre la sûreté intérieure de l'État, articles 86 à 101*, tous ceux qui, soit par discours tenus dans des lieux ou réunions publics, soit par placards affichés, soit par des écrits imprimés, auront excité directement les citoyens ou habitans à les commettre.

Néanmoins, dans le cas où lesdites provocations n'auraient été suivies d'aucun effet, leurs auteurs seront simplement punis du bannissement. *Loi du 15 février 1810, A. art. 102, C. P. (1).*]

[9780. Sera puni comme coupable de la rébellion quiconque y aura provoqué, soit par des discours tenus dans des lieux ou réunions publics, soit par placards affichés, soit par écrits imprimés.

Dans le cas où la rébellion n'aurait pas eu lieu, le provocateur sera puni d'un emprisonnement de six jours au moins et d'un an au plus. *Loi du 15 février 1810, A. art. 217, C. P. (2).*]

9790. Si *un* écrit imprimé contient quelques provocations à des crimes ou délits, les crieurs, afficheurs, vendeurs et distributeurs seront punis comme complices des provocateurs, à moins qu'ils n'aient fait connaître ceux dont ils tiennent l'écrit contenant la provocation.

En cas de révélation, ils n'encourront qu'un emprisonnement de six jours à trois mois; et la peine de complicité ne restera applicable qu'à ceux

---

(1) *L'art. 102... du Code Pénal est abrogé. Loi du 17 mai 1819, A. art. 26.*

(2) *L'art. ... 217 ... du Code Pénal est abrogé... Loi du 17 mai 1819, art. 26.*

ditieux les auteurs, marchands, distributeurs, expositeurs de dessins ou images dont la gravure, l'exposition et la distribution tendraient au même but que les cris, les discours et les écrits mentionnés en l'article précédent. *Loi du 9 novembre 1815, A. art. 6.*]

[9880. Sont déclarés actes séditieux, l'enlèvement ou la dégradation du drapeau blanc, des armes de France et autres signes de l'autorité royale, la fabrication, le port, la distribution des cocardes quelconques et de tous autres signes de ralliement défendus ou même non autorisés par le Roi. *Loi du 9 novembre 1815, A. art. 7.*]

[9890. Sont coupables d'actes séditieux, toutes personnes qui répandraient ou accréditeraient, soit des alarmes touchant l'inviolabilité des propriétés qu'on appelle nationales, soit des bruits d'un prétendu rétablissement des dîmes ou des droits féodaux, soit des nouvelles tendant à alarmer les citoyens sur le maintien de l'autorité légitime et ébranler leur fidélité. *Loi du 9 novembre 1815, A. art. 8.*]

[9900. Sont encore déclarés séditieux les discours et écrits mentionnés dans l'article 5 de la présente loi (*n°* 9860), soit qu'ils ne contiennent que des provocations indirectes aux délits énoncés aux articles 5, 6, 7 et 8 de la présente loi (*n°s* 9860 *et suivans*), soit qu'ils donnent à croire que des délits de cette nature, ou mêmes les crimes énoncés aux articles 1, 2 et 3 (*n°s* 9820 *et suivans*), seront commis, ou qu'ils répandent faussement qu'ils ont été commis. *Loi du* 9 *novembre* 1815, A. *art.* 9.]

[9910. Les auteurs et complices des délits prévus par les articles 5, 6, 7, 8 et 9 de la présente loi (*n*^{os} 9860 *et suivans*), seront poursuivis et jugés par les tribunaux de police correctionnelle, ils seront punis d'un emprisonnement de cinq ans au plus et de trois mois au moins. Ils seront en outre condamnés à une amende dont le minimum sera de cinquante francs, qui pourra être élevée jusqu'à la somme de vingt mille francs.

Tout condamné qui se trouvera jouir d'une pension de retraite civile ou militaire, ou d'un traitement quelconque de non-activité, sera privé de tout ou partie de sa pension de retraite ou de tout ou partie de son traitement de non-activité, pour un temps qui sera déterminé par le tribunal.

L'interdiction *des droits civiques et civiles* mentionnée en l'article 42 du Code Pénal pourra être ajoutée à la condamnation pour dix ans au plus et cinq ans au moins.

Les condamnés demeureront en outre, après l'expiration de la peine, sous la surveillance de la haute police, pendant un temps qui sera déterminé par le jugement, et qui ne pourra excéder cinq années, le tout conformément au chapitre 3 du livre 1er du Code Pénal, sans préjudice des poursuites criminelles, et de l'application des peines plus graves prescrites par le Code Pénal, dans le cas où les cris, les discours, écrits et actes séditieux auraient été suivis de quelque effet ou liés à quelques complots.

En cas de récidive, les coupables seront punis d'une peine double; de telle manière que l'emprisonnement pourra être de dix années, et la mise en surveillance de dix années pareillement. *Loi du 9 novembre* 1815, A. *art.* 11.]

[9920. Les dispositions de l'article 114 du Code d'Instruction criminelle, et celles de l'art. 463 du Code Pénal, ne pourront être appliquées dans les cas prévus par la présente loi. *Loi du 9 novembre* 1815, A. *art.* 11.]

[9930. Les tribunaux pourront ordonner l'impression et l'affiche des jugemens portant condamnation dans tout ou partie du ressort de l'arrondissement. *Loi du 9 novembre* 1815, A. *art.* 12.]

[9940. Les dispositions du Code d'Instruction Criminelle et du Code Pénal continueront d'être exécutées dans tout ce à quoi il n'est pas dérogé par la présente loi, notamment en ce qui touche les attentats et complots contre la personne du roi et contre sa famille, et les crimes tendant à troubler l'état par la guerre civile, tels qu'ils sont désignés dans la section 2 du chapitre 1er du livre 3 du Code Pénal. *Loi du 9 novembre* 1815, A. *art.* 13.]

9950. *Sous la loi du 17 mai* 1819, A.

(*Chapitre* 1er *art.* 1 *à* 7.)

9960. Quiconque, soit par des discours, decris ou menaces proférés dans des lieux ou réunions publics , soit par des écrits , des imprimés , des dessins , des gravures , des peintures ou emblèmes vendus ou distribués , mis en vente , ou exposés dans des lieux ou réunions publics , soit par des placards et affiches exposés aux regards du public , aura provoqué l'auteur ou les auteurs de toute action qualifiée crime ou délit à la commettre , sera réputé complice et puni comme tel. *Loi du* 17 *mai* 1819, A. *art.* 1er.

9970. Quiconque aura, par l'un des moyens énoncés en l'article 1er (*n*° 9960), provoqué à commettre un ou plusieurs crimes, sans que ladite provocation ait été suivie d'aucun effet, sera puni d'un emprisonnement qui ne pourra être de moins de trois mois ni excéder cinq années, et d'une amende qui ne pourra être au dessous de cinquante francs , ni excéder six mille francs. *Loi du* 17 *mai* 1819, A. *art.* 2.

9980. Quiconque aura, par l'un des mêmes moyens, provoqué à commettre un ou plusieurs délits, sans que ladite provocation ait été suivie d'aucun effet, sera puni d'un emprisonnement de trois jours à deux années, et d'une amende de trente francs à quatre mille francs, ou de l'une de ces deux peines seulement, selon les circonstances, sauf les cas dans lesquels la loi prononcerait une peine moins grave contre l'auteur même du délit, laquelle sera alors appliquée au provocateur. *Loi du* 17 *mai* 1819, A. *art.* 3.

[9990. Sera réputée provocation au crime, et punie des peines portées par l'article 2 (*n° 9970*), toute attaque formelle par l'un des moyens énoncés en l'article 1ᵉʳ (*n° 9960*), soit contre l'inviolabilité de la personne du Roi, soit contre l'ordre de successibilité au trône, soit contre l'autorité constitutionnelle du roi et des chambres. *Loi du 17 mai 1819, A. art. 4.*]

[10000. Seront réputés provocation au délit et punis des peines portées par l'art. 3 (*n° 9980*).

1° Tous cris séditieux publiquement proférés, autres que ceux qui rentreraient dans la disposition de l'article 4 (*n° 9990*);

2° L'enlèvement ou la dégradation des signes publics de l'autorité royale, opérés par haine ou mépris de cette autorité;

3° Le port public de tous signes extérieurs de ralliement non autorisés par le roi ou par des réglemens de police;

4° L'attaque formelle, par l'un des moyens énoncés en l'article 1ᵉʳ (*n° 9960*), des droits garantis par les articles 5 et 9 de la Charte constitutionnelle. (*La liberté des cultes et l'inviolabilité des biens nationaux*). *Loi du 17 mai 1819, A. art. 5.*]

10010. La provocation, par l'un des mêmes moyens, à la désobéissance aux lois, sera également punie des peines portées en l'article 3. (*n° 9980*) *Loi du 17 mai 1819, A. art. 6.*

10020. Il n'est point dérogé aux lois qui punissent la provocation et la complicité résultant de tous actes autres que les faits de publication prévus par la présente loi. *Loi du 17 mai 1819, A. art. 7.*

10030. *Sous les lois des 17 et 25 mars 1822.*

10040. Toute attaque, par l'un des moyens énoncés en l'art. 1er de la loi du 17 mai 1819, A. (*n° 9960.*), contre .... l'ordre de successibilité au trône, les droits que le roi tient de sa naissance, ceux en vertu desquels il a donné la Charte, son autorité constitutionnelle, l'inviolabilité de sa personne, les droits ou l'autorité des chambres, sera punie d'un emprisonnement de trois mois à cinq ans, d'une amende de cent francs à six mille francs. *Loi du 25 mars 1822, A. art 2.*

10050. Seront punis d'un emprisonnement de six jours à deux ans, et d'une amende de seize francs à quatre mille francs, tous cris séditieux publiquement proférés. *Loi du 25 mars 1822, A. art. 8.*

10060. Seront punis d'un emprisonnement de quinze jours à deux ans, et d'une amende de cent francs à quatre mille francs,

1° L'enlèvement ou la dégradation des signes publics de l'autorité royale, opérés en haine ou mépris de cette autorité;

2° Le port public de tous signes extérieurs de ralliement non autorisés par le roi ou par des règlemens de police;

3° L'exposition dans les lieux ou réunions publics, la distribution ou la mise en vente de tous signes ou symboles destinés à propager l'esprit de rébellion ou à troubler la paix publique. *Loi du 25 mars 1822, A. art.* 9.

10070. L'attaque, par l'un *des* moyens *énoncés en l'art,* 1er *de la loi du* 17 *mai* 1819, A. (*n°* 9960), des droits garantis par les articles 5 et 9 de la charte constitutionnelle (*la liberté des cultes et l'inviolabilité des biens nationaux*), sera punie d'un emprisonnement d'un mois à trois ans, et d'une amende de cent francs à quatre mille francs. *Loi du* 25 *mars* 1822, A. *art.* 3.

10080. Dans le cas où l'esprit d'un journal ou écrit périodique, résultant d'une succession d'articles, serait de nature à porter atteinte à la paix publique, au respect dû à la religion de l'état ou aux autres religions légalement reconnues en France, à l'autorité du roi, à la stabilité des institutions constitutionnelles, à l'inviolabilité des ventes des domaines nationaux et à la tranquille possession de ces biens, les cours royales dans le ressort desquelles ils seront établis, pourront, en audience solennelle de deux chambres, et après avoir entendu le procureur général et les parties, prononcer la suspension du journal ou écrit périodique pendant un temps qui ne pourra excéder un mois pour la première fois, et trois mois pour la seconde. Après ces deux suspensions, et en cas de nouvelle récidive, la suppression définitive pourra être ordonnée. *Loi du* 17 *mars* 1822, A. *art.* 3.

DIVISION DU 2ᵉ DEGRÉ.

10090. *Des outrages à la morale publique et religieuse, ou aux bonnes mœurs.*

10100. *Sous le décret du* 19 *juillet* 1791, A.

[10110. Ceux qui seraient prévenus d'avoir attenté publiquement aux mœurs, par outrage à la pudeur des femmes...., par exposition ou vente d'images obscènes ;.... pourront être saisis sur-le-champ et conduits devant le juge de paix, lequel est autorisé à les faire retenir jusqu'à la prochaine audience de la police correctionnelle. *Décret du* 19 *juillet* 1791, A. *titre* 2, *art.* 8.]

[10120. Si le délit est prouvé, les coupables seront condamnés, selon la gravité des faits, à une amende de cinquante à cinq cents livres, et à un emprisonnement qui ne pourra excéder six mois. S'il s'agit d'images obscènes, les estampes et les planches seront en outre confisquées et brisées.... *Décret du* 19 *juillet* 1791, A. *titre* 2, *art.* 9.]

[10130. Les peines portées en l'article précédent seront doubles en cas de récidive. *Décret du* 19 *juillet* 1791, A. *titre* 2. *art.* 10.]

[10140. Ceux qui auraient outragé les objets d'un culte quelconque, soit dans un lieu public, soit dans des lieux destinés à l'exercice de ce culte, ou ses ministres en fonctions, ou interrompu par un trouble public les cérémonies religieuses.

de quelque culte que ce soit, seront condamnés à une amende qui ne pourra excéder cinq cents livres, et à un emprisonnement qui ne pourra excéder un an. L'amende sera toujours de cinq cents livres, et l'emprisonnement de deux ans, en cas de récidive. *Décret du* 19 *juillet* 1791, A. *titre* 2. *art.* 11.]

[10150. Les auteurs de ces délits pourront être saisis sur - le - champ, et conduits devant le juge de paix. *Décret du* 19 *juillet* 1791, A. *titre* 2. *art.* 12.]

10160. *Sous les lois des* 15 *février* 1810, A. *et* 20 *février* 1810, H.

10170. Toute personne qui aura, par paroles ou gestes, outragé les objets d'un culte dans les lieux destinés ou servant actuellement à son exercice ... sera punie d'une amende de seize francs à cinq cents francs, et d'un emprisonnement de quinze jours à six mois. *Loi du* 15 *février* 1810, A. *art.* 262. C. P.

10180. Ceux qui auront empêché, retardé ou interrompu les exercices d'un culte par des troubles ou désordres causés dans le temple ou autre lieu destiné ou servant actuellement à ces exercices, seront punis d'une amende de seize francs à trois cents francs, et d'un emprisonnement de six jours à trois mois. *Loi du* 15 *février* 1810, A. *art.* 261. C. P.

10190. Les dispositions .... *ci - dessus du* § 2 *du*

ch. 3, *du tit.* 1er, *du liv.* 3, *du Code Pénal* (*n[os]* 10170 *et suivans*) ne s'appliquent qu'aux troubles, outrages ou voies de fait dont la nature ou les circonstances ne donneront pas lieu à de plus fortes peines, d'après les autres dispositions du présent Code. *Loi du* 15 *février* 1810, A. *art.* 264. C. P.

[10200. Toute exposition ou distribution de chansons, pamphlets, figures ou images contraires aux bonnes mœurs, sera punie d'une amende de seize francs à cinq cents francs, d'un emprisonnement d'un mois à un an, et de la confiscation des planches et des exemplaires imprimés ou gravés de chansons, figures ou autres objets du délit. *Loi du* 15 *février* 1810, A. *art.* 287. C. P.]

10210. La peine d'emprisonnement et l'amende prononcées par l'article précédent, seront réduites à des peines de simple police,

1° A l'égard des crieurs, vendeurs ou distributeurs qui auront fait connaître la personne qui leur a remis l'objet du délit;

2° A l'égard de quiconque aura fait connaître l'imprimeur ou le graveur;

3° A l'égard même de l'imprimeur ou du graveur qui auront fait connaître l'auteur ou la personne qui les aura chargés de l'impression ou de la gravure. *Loi du* 15 *février* 1810, A. *art.* 288. C. P.

10220. Seront punies d'amende depuis 6 fr. jusqu'à 10 inclusivement.... les personnes désignées en l'art... 288 du présent Code (*n[o]* 10210). *Loi du* 20 *février* 1810, II. *art.* 475. 13° C. P.

23*

10230. *Sous les lois des* 17 *mai* 1819, A. *et* 25 *mars* 1822, A.

10240. Tout outrage à la morale publique et religieuse, ou aux bonnes mœurs, par l'un des moyens énoncés en l'article 1er, (*n*° 9960.), sera puni d'un emprisonnement d'un mois à un an, et d'une amende de seize francs à cinq cents francs. *Loi du* 17 *mai* 1819, A. *art.* 8.

10250. Quiconque, par l'un des moyens énoncés en l'article 1er de la loi du 17 mai 1819, A. (*n*° 9960), aura outragé ou tourné en dérision la religion de l'état, sera puni d'un emprisonnement de trois mois à cinq ans, et d'une amende de trois cents francs à six mille francs.

Les mêmes peines seront prononcées contre quiconque aura outragé ou tourné en dérision toute autre religion dont l'établissement est légalement reconnu en France. *Loi du* 25 *mars*, 1822, A. *art.* 1er.

DIVISION DU 2e DEGRÉ.

10260. *De la diffamation, de la calomnie, de l'injure ou de l'offense.*

DIVISION DU 3e DEGRÉ.

10270. *Dispositions générales.*

10280. *Sous la loi du* 17 *février* 1810, D.

[10290. Sera coupable du délit de calomnie, celui qui, soit dans les lieux ou réunions publics, soit dans un acte authentique et public, soit dans un écrit imprimé ou non qui aura été affiché, vendu ou distribué, aura imputé à un individu quelconque des faits qui, s'ils existaient, exposeraient celui contre lequel ils sont articulés à des poursuites criminelles ou correctionnelles, ou même l'exposeraient seulement au mépris ou à la haine des citoyens.

La présente disposition n'est point applicable aux faits dont la loi autorise la publicité, ni à ceux que l'auteur de l'imputation était, par la nature de ses fonctions ou de ses devoirs, obligé de révéler ou de réprimer. *Loi du* 17 *février* 1810, D. *art.* 367 C. P. (1).]

[10300. Les calomnies mises au jour par la voie de papiers étrangers, pourront être poursuivies contre ceux qui auront envoyé les articles ou donné l'ordre de les insérer, ou contribué à l'introduction ou à la distribution de ces papiers en France. *Loi du* 17 *février* 1810, D. *art.* 369. C. P. (2).]

10310. *Sous la loi du* 17 *mai* 1819, A.

(*Chap.* 5. De la diffamation et de l'injure publiques. *art.* 13 *à* 20.)

10320. Toute allégation ou imputation d'un fait

____

(1) *L'art.* ... 367 ... du Code Pénal est abrogé ... *Loi du* 17 *mai* 1819, *art.* 26.
(2) *L'art.* ... 369 ... du Code Pénal .... est abrogé ... *Loi du* 17 *mai* 1819, A. *art.* 26.

qui porte atteinte à l'honneur ou à la considération de la personne ou du corps auquel le fait est imputé, est une diffamation.

Toute expression outrageante, terme de mépris ou invective, qui ne renferme l'imputation d'aucun fait, est une injure. *Loi du 17 mai 1819, A. art. 13.*

10330. La diffamation et l'injure commises par l'un des moyens énoncés en l'article 1er de la présente loi (*n°* 9960), seront punies d'après les distinctions suivantes. *Loi du 17 mai 1819, A. art. 14.*

DIVISION DU 3e DEGRÉ.

10340. *Des offenses envers le souverain de l'état.*

10350. *Sous l'arrêté du 17 janvier 1800, B.*

[10360. Seront supprimés sur-le-champ tous le journaux qui inséreront des articles contraires au respect dû .... à la souveraineté du peuple. .... Lors même que ces articles seraient extraits de feuilles périodiques étrangères. *Arrêté du 17 janvier 1800, B. art. 5.*]

10370. *Sous le Code Pénal de 1810.*

[10375. *Aucune disposition ne prévoit le cas d'offenses envers le souverain.*]

10380. *Sous la loi du 17 mai 1819, A.*

(*Chap.* 3. Des offenses publiques envers la personne du roi, *art.* 9.)

[10390. Quiconque, par l'un des moyens énon-

cés en l'article 1er de la présente loi (n° 9960),
se sera rendu coupable d'offenses envers la personne du roi, sera puni d'un emprisonnement
qui ne pourra être de moins de six mois, ni excéder cinq années, et d'une amende qui ne pourra
être au-dessous de cinq cents francs, ni excéder
dix mille francs.

Le coupable pourra, en outre, être interdit de
tout ou partie des droits mentionnés en l'art. 42
du Code Pénal, pendant un temps égal à celui de
l'emprisonnement auquel il aura été condamné.
ce temps courra à compter du jour où le coupable
aura subi sa peine. *Loi du 17 mai 1819, A. art. 9.*]

10400. *Sous la loi du 25 mars 1822, A.*

0410. Toute attaque par l'un des *moyens énoncés en l'article 1er de la loi du 17 mai 1819, A.*,
contre la dignité royale.... sera puni d'un emprisonnement de trois mois à cinq ans et d'une amende
de cent francs à six mille francs. *Loi du 25 mars
1822, A. art. 2.*

10420. Quiconque, par l'un des mêmes moyens,
aura excité à la haine ou au mépris du gouvernement du roi, sera puni d'un emprisonnement
d'un mois à quatre ans, et d'une amende de cent
cinquante francs à cinq mille francs.

La présente disposition ne peut pas porter
atteinte au droit de discussion et de censure des
actes des ministres. *Loi du 25 mars 1822, A.
art. 4.*

DIVISION DU 3ᵉ DEGRÉ.

10430. *Des offenses publiques envers les membres de la famille royale, les souverains et les chefs des gouvernemens étrangers.*

10440 *Sous l'arrêté du 17 janvier 1800, B.*

[10450 Seront suppri més, sur-le-champ, tous les journaux ...., qui publieront des invectives contre les gouvernemens ... amis ou alliés de la république, lors même que ces articles seraient extraits des feuilles périodiques étrangères. *Arrêté du 17 janvier 1800, B. art. 5.*]

10460. *Sous la loi du 17 mai 1819, A.*

(*Chap* 4. Des offenses publiques envers les membres de la famille royale, les chambres, les souverains et les chefs des gouvernemens étrangers, *art.* 10 *à* 12.)

10470. L'offense, par l'un des moyens énoncés en l'article 1ᵉʳ (*n°* 9960), envers les membres de la famille royale, sera punie d'un emprisonnement d'un mois à trois ans, et d'une amende de cent francs à cinq mille francs. *Loi du 17 mai 1819, A. art.* 10.

10480. L'offense, par l'un des mêmes moyens, envers la personne des souverains ou envers celle des chefs des gouvernemens étrangers, sera punie d'un emprisonnement d'un mois à trois ans, et d'une amende de cent francs à cinq mille francs. *Loi du 17 mai 1819, A. art.* 12.

DIVISION DU 3e DEGRÉ.

10490. *De l'offense envers les corps constitués.*

10500. *Sous la loi du* 8 *octobre* 1789, C.

[10510. Les personnes présentes aux actes publics de l'instruction criminelle se tiendront dans le silence et le respect dû au tribunal, et s'interdiront tout signe d'approbation ou d'improbation, à peine d'être emprisonnées sur-le-champ par forme de correction, pour le temps qui sera fixé par le juge, et qui ne pourra cependant excéder huitaine, ou même poursuivies extraordinairement, en cas de trouble ou d'indécence grave. *Loi du* 8 *octobre* 1789, *C. art.* 23.]

10520. *Sous les lois rendues depuis le* 28 *février* 1791 *jusqu'au* 24 *janvier* 1794.

[10530. Les citoyens qui assisteront aux audiences des juges de paix, à celles des tribunaux de district, des tribunaux criminels, de ceux de police et de commerce, se tiendront découverts, dans le respect et le silence. Tout ce que les juges ordonneront pour le maintien de l'ordre, sera exécuté ponctuellement à l'instant même. *Décret du* 28 *février* 1791, D. *art.* 2.]

[10540. Si un ou plusieurs des assistans interrompent le silence, donnent des signes publics d'approbation ou de désapprobation, soit à la défense des parties, soit au jugement, causent ou excitent du tumulte de quelque manière que ce soit, et si, après l'avertissement des huissiers, ils ne rentrent pas dans l'ordre sur-le-champ, il leur sera enjoint de se retirer ; et dans le cas où quelqu'un opposerait à cette injonction la moindre résistance, les réfractaires seront saisis aussitôt, et déposés dans la maison d'arrêt, où ils demeureront vingt-quatre heures. *Décret du* 28 *février* 1791, D. *art.* 3.]

[10550. Si quelques mauvais citoyens osaient outrager ou menacer les juges et les officiers de justice dans l'exercice de leurs fonctions, les juges feront saisir à l'instant les coupables, qui de suite seront déposés dans la maison d'arrêt. Les juges les interrogeront publiquement dans les vingt-quatre heures, et pourront les condamner, par voie de police correctionnelle, jusqu'à huit jours de détention, selon la nature des circonstances. *Décret du* 28 *février* 1791, D. *art.* 4]

[10560. Si les outrages étaient d'une telle gravité, qu'ils méritassent peine afflictive ou infamante, les coupables, saisis et interrogés dans les vingt-quatre heures, seront renvoyés dans la maison d'arrêt, pour subir les épreuves de l'instruction criminelle ; et s'ils sont convaincus, ils seront punis selon toute la rigueur des lois. *Décret du* 28 *février* 1791, D. *art.* 5.]

10570. Les assemblées délibérantes des municipalités et des administrations, s'il s'y trouve quelques assistans étrangers, exerceront, dans le lieu de leur séance, les mêmes fonctions de police qui *sont* .... attribuées aux juges. Après avoir fait saisir les perturbateurs, [aux termes des art. 3 et 4 ci-dessus (*n*° 10540 *et* 10550)], les membres de ces assemblées dresseront procès-verbal du délit, et le feront parvenir au tribunal, qui suivra, pour l'interrogatoire et le jugement, ce qui est prescrit [dans les articles 4 et 5. (*n*° 10550 et 10560).] *Décret du 28 février* 1791, D. *art.* 6.

[10580. L'assemblée nationale défend aux personnes qui sont ou qui seront admises dans les tribunes, de donner aucune marque d'approbation ni d'improbation, et ordonne que celles qui s'écarteront de cette règle par des clameurs ou des murmures indécens, seront sur-le-champ contraintes d'en sortir. *Décret du* 1er *juin* 1791, B. *art. unique*]

[10590. Tous signes d'approbation ou d'improbation *dans la salle de l'assemblée nationale*, sont absolument défendus. *Décret du* 18 *octobre* 1791, C. *chap.* 2, *art.* 7.]

[10600. Il sera prononcé par l'assemblée *natio nale* contre les étrangers placés aux galeries ou ailleurs qui troubleraient la séance ou qui manqueraient à l'assemblée, des peines proportionnées à leurs délits. La prison pour un temps plus ou moins long, mais déterminé, sera la peine la plus grave. *Décret du* 18 *octobre* 1791, C. *chap.* 2, *art.* 13.

[10610. L'assemblée nationale décrète qu'il sera

fait lecture à chaque séance du décret du 1er juin 1791, B. (no 10580), qui défend aux personnes placées dans les tribunes de la salle toutes espèces de signes d'approbation ou d'improbation ; qu'il sera imprimé et affiché dans les environs de la salle et dans les divers passages qui conduisent aux tribunes. *Décret du* 24 janvier 1792, D. *article unique.*]

10620. *Sous la loi du* 25 *octobre* 1795, V. (C. P. *liv.* 2, *tit.* 16. Dispositions particulières sur les délits contraires au respect dû aux autorités constituées *art.* 555 *à* 559.)

10630. Les citoyens qui assistent aux audiences des juges de paix, ou à celles des tribunaux de police, des tribunaux correctionnels, des tribunaux civils, des tribunaux criminels [de la haute-cour de justice] ou du tribunal de cassation, se tiennent découverts, dans le respect et le silence.

Tout ce que le président ordonne pour le maintien de l'ordre, est exécuté à l'instant même. *Code du* 25 *octobre* 1795, V. *art.* 555.

[10640. Si un ou plusieurs assistans interrompent le silence, donnent des signes publics d'approbation ou d'improbation, soit à la défense des parties, soit au jugement, causent ou excitent du tumulte de quelque manière que ce soit, et si, après l'avertissement des huissiers, ils ne rentrent pas dans l'ordre sur-le champ, le président leur enjoint de se retirer.

En cas de refus d'obéir à cette injonction, les

réfractaires sont saisis aussitôt, et déposés, sur le seul ordre du président, conçu de la manière prescrite par l'article 71, dans la maison d'arrêt, où ils demeurent vingt-quatre heures. *Code du 25 octobre 1795, V. art. 556.*]

[10650. Si quelques mauvais citoyens osaient outrager les juges accusateurs publics, accusateurs nationaux, commissaires du pouvoir exécutif, greffiers ou huissiers, dans l'exercice de leurs fonctions, le président fait à l'instant saisir les coupables, et les fait déposer dans la maison d'arrêt. L'ordre qu'il donne à cet effet est conçu comme dans le cas de l'article précédent.

Dans les vingt-quatre heures suivantes, le tribunal les condamne, par forme de punition correctionnelle, à un emprisonnement qui ne peut excéder huit jours. *Code du 25 octobre 1795, V. art. 557.*]

[10660. Si les outrages, par leur nature ou les circonstances, méritent une peine plus forte, les prévenus sont renvoyés à subir, devant les officiers compétens, les épreuves de l'instruction correctionnelle ou criminelle. ... *Code du 25 octobre 1795, V. art. 558.*]

10670. Les administrations départementales et municipales, lorsqu'il se trouve dans le lieu de leurs séances des assistans qui n'en sont pas membres, y exercent les mêmes fonctions de police que celles attribuées aux juges.

Après avoir fait saisir les pertubateurs, [aux

termes des articles 556 et 557 ci-dessus (*nos* 10640 et 10650)], les membres de ces administrations dressent procès-verbal du délit, et l'envoient à l'officier de police judiciaire. *Code du 25 octobre 1795, V. art.* 559.]

10680. *Sous la loi du 14 avril 1806,* A.

10690. Si un ou plusieurs individus, quels qu'ils soient, interrompent le silence, donnent des signes d'approbation ou d'improbation, soit à la défense des parties, soit aux discours des juges ou du ministère public, soit aux interpellations, avertissemens ou ordres des président, juge-commissaire ou procureur du roi, soit aux jugemens ou ordonnances, causent ou excitent du tumulte de quelque manière que ce soit, et si, après l'avertissement des huissiers, ils ne rentrent pas dans l'ordre sur-le-champ, il leur sera enjoint de se retirer, et les résistans seront saisis et déposés à l'instant dans la maison d'arrêt pour vingt-quatre heures : ils y seront reçus sur l'exhibition de l'ordre du président, qui sera mentionné au procès-verbal de l'audience. *Loi du 14 avril 1806,* A. *art.* 89. C. de P.

10700. Si le trouble est causé par un individu remplissant une fonction près le tribunal, il pourra, outre la peine ci dessus, être suspendu de ses fonctions ; la suspension, pour la première fois, ne pourra excéder le terme de trois mois. Le jugement sera exécutoire par provision, ainsi que dans le cas de l'article précédent. *Loi du 4 avril 1806. A. art.* 90. C. de P.

10710. Ceux qui outrageraient ou menaceraient les juges ou les officiers de justice dans l'exercice de leurs fonctions, seront, de l'ordonnance du président, du juge-commissaire ou du procureur du roi, chacun dans le lieu dont la poli celui appartient, saisis et déposés à l'instant dans la maison d'arrêt, interrogés dans les vingt-quatre heures, et condamnés par le tribunal sur le vu du procès-verbal qui constatera le délit [à une détention qui ne pourra excéder le mois, et à une amende qui ne pourra être moindre de vingt-cinq francs, ni excéder trois cents francs.]

Si le délinquant ne peut être saisi à l'instant, le tribunal prononcera contre lui, dans les vingt-quatre heures, les peines [ci-dessus] sauf l'opposition que le condamné pourra former dans les dix jours du jugement, en se mettant en état de détention. *Loi du* 14 *avril* 1806, A. *art.* 91. C. de P.

10720. Si les délits commis méritaient peine afflictive ou infamante, le prévenu sera envoyé en état de mandat de dépôt devant le tribunal compétent, pour être poursuivi et puni suivant les règles établies par le code d'instruction criminelle. *Loi du* 14 *avril* 1806, A. *art.* 92. C. de P.

10730. *Sous la loi du* 17 *mai* 1819, A.

[10740. La diffamation ou l'injure envers les

cours, tribunaux ou autres corps constitués, sera punie d'un emprisonnement de 15 jours à deux ans, et d'une amende de cinquante francs à quatre mille francs. *Loi du 17 mai 1819, A. art 15.*]

10750. L'offense, par l'un des... moyens, *énoncés en l art.* 1er (*n° 9960*) envers les chambres ou l'une d'elles, sera punie d'un emprisonnement d'un mois à trois ans, et d'une amende de cent francs à cinq mille francs.*Loi du 17 mai 1819, A. art. 11.*

10760. *Sous la loi du 25 mars 1822, A.*

10770. La diffamation ou l'injure, par l'un des mêmes moyens, envers les cours, tribunaux, corps constitués, autorités ou administrations publiques, sera punie d'un emprisonnement de quinze jours à deux ans, et d'une amende de cent cinquante francs à cinq mille francs. *Loi du 25 mars 1822, A. art.* 5.

10780. L'infidélité et la mauvaise foi dans le compte que rendent les journaux et écrits périodiques des séances des chambres et des audiences des cours et tribunaux, seront punies d'une amende de mille francs à six mille francs.

En cas de récidive, ou lorsque le compte rendu sera offensant pour l'une ou l'autre chambre, ou pour l'un des pairs ou des députés, ou injurieux pour la cour, le tribunal ou l'un des magistrats, des jurés ou des témoins, les éditeurs du journal seront en outre condamnés à un emprisonnement d'un mois à trois ans.

Dans les mêmes cas, il pourra être interdit, pour un temps limité ou pour toujours, aux propriétaires et éditeurs du journal ou écrit périodique condamné, de rendre compte des débats législatif ou judiciaires. La violation de cette défense sera punie de peines doubles de celles portées au présent article. *Loi du 25 mars 1822, A. art. 7.*

DIVISION DU 3ᵉ DEGRÉ.

10790. *De l'outrage envers les fonctionnaires publics.*

10800. *Sous le décret du 19 juillet 1791, A. et la loi du 25 mars 1795, A.*

[10810. Les outrages ou menaces par paroles ou par gestes, faits aux fonctionnaires publics dans l'exercice de leurs fonctions, seront punis d'une amende qui ne pourra excéder dix fois la contribution mobilière, et d'un emprisonnement qui ne pourra excéder deux années.

La peine sera double en cas de récidive. *Décret du 19 juillet 1791, A. titre 2, art. 19.*]

[10820. Les mêmes peines seront infligées à ceux qui outrageraient ou menaceraient par paroles ou par gestes, soit les gardes nationales, soit la gendarmerie nationale, soit les troupes de ligne se trouvant ou sous les armes, ou au corps de de garde ou dans un poste de service, sans préjudice des peines plus fortes, s'il y a lieu, contre ceux qui les frapperaient, et sans préjudice également de la défense et de la résistance légitime, conformément aux lois militaires. *Décret du* 19 *juillet* 1791, A. *titre* 2, *art.* 20.]

[10830. Les coupables des délits mentionnés aux articles ..., 19 et 20 *du titre* 2 du présent décret (*n*° 10810 *et* 10820), seront saisis sur-le-champ, et conduits devant le juge de paix. *Décret du* 19 *juillet* 1791, A. *titre* 2, *art.* 21.]

[10840. Quiconque insulte un représentant du peuple en fonctions, sera puni conformément à l'article 2 (*n*° 9600). *Loi du* 21 *mars* 1795, A. *art.* 8.]

10850. *Sous la loi du* 15 *février* 1810, A.

(C. P. *livre* 3, *titre* 1er, *chap* 3, *sect.* 4. § 2. Outrages et violences envers les dépositaires de l'autorité et de la force publique. *art.* 222, à 233.)

[10860. Toute personne qui aura par paroles ou gestes, outragé ... les ministres d'un *culte* dans leurs fonctions, sera puni d'une amende de seize francs à cinq cents francs, et d'un emprisonnement de quinze jours à six mois. *Loi du* 15 *février* 1810, A. *art.* 262. C. P.]

[10870. Lorsqu'un ou plusieurs magistrats de l'ordre administratif ou judiciaire auront reçu, dans l'exercice de leurs fonctions, ou à l'occasion de cet exercice, quelque outrage par paroles tendant à inculper leur honneur ou leur délicatesse, celui qui les aura ainsi outragés sera puni d'un emprisonnement d'un mois à deux ans.

Si l'outrage a eu lieu à l'audience d'une cour

ou d'un tribunal, l'emprisonnement sera de deux à cinq ans. *Loi du* 15 *février* 1810, A *art.* 222. C. P.]

[10880. L'outrage fait par gestes ou menaces à un magistrat dans l'exercice ou à l'occasion de l'exercice de ses fonctions, sera puni d'un mois à six mois d'emprisonnement ; et si l'outrage a eu lieu à l'audience d'une cour ou d'un tribunal, il sera puni d'un emprisonnement d'un mois à deux ans. *Loi du* 15 *février* 1810, A. *art.* 223. C. P.]

[10890. L'outrage fait par paroles, gestes ou menaces à tout officier ministériel, ou agent dépositaire de la force publique, dans l'exercice ou à l'occasion de l'exercice de ses fonctions, sera puni d'une amende de seize franc à deux cents francs. *Loi du* 15 *février* 1810, A. *art.* 224. C. P.]

[10900. La peine sera de six jours à un mois d'emprisonnement, si l'outrage mentionné en l'article précédent a été dirigé contre un commandant de la force publique. *Loi du* 15 *février* 1810, A. *art.* 225. C. P.]

[10910. Dans le cas des art. 222, 223 et 225 (*nos* 10870 *et suivans*), l'offenseur pourra être, outre l'emprisonnement, condamné à faire réparation, soit à la première audience, soit par écrit; et le temps de l'emprisonnement prononcé contre lui ne sera compté qu'à dater du jour où la réparation aura eu lieu. *Loi du* 15 *février* 1810, A. *art.* 226. C. P.]

[10920. Dans le cas de l'article 224 (*no* 10890), l'offenseur pourra de même, outre l'amende, être

25*

condamné à faire réparation à l'offensé ; et s'il retarde ou refuse, il y sera contraint par corps. *Loi du 15 février 1810, A. art.* 227. C. P.]

10930. *Sous la loi du 17 mai 18 9, A.*

[10940. La diffamation envers tout dépositaire ou agent de l'autorité publique, pour des faits relatifs à ses fonctions, sera punie d'un emprisonnement de huit jours à dix-huit mois, et d'une amende de cinquante francs à trois mille francs.

L'emprisonnement et l'amende pourront, dans ce cas, être infligés cumulativement ou séparément, selon les circonstances. *Loi du 17 mai 1819, A. art.* 16.]

10950. La diffamation envers les ambassadeurs, ministres plénipotentiaires, envoyés, chargés d'affaires ou autres agens diplomatiques accrédités près du roi, sera punie d'un emprisonnement de huit jours à dix-huit mois, et d'une amende de cinquante francs à trois mille francs, ou de l'une de ces deux peines seulement, selon les circonstances. *Loi du 17 mai 1819, A. art.* 17.

10960. L'injure contre les personnes désignées par les art. [16] et 17 de la présente loi, (*nos* 10950 *et* 11150) sera punie d'un emprisonnement de cinq jours à un an, et d'une amende de vingt - cinq francs à deux mille francs, ou de l'une de ces deux peines seulement, selon les circonstances.... *Loi du 17 mai 1819, A. art.* 19.

10970. Néanmoins, l'injure *contre les personnes*

désignées par les articles 16 *et* 17 *de la présente loi* (*n^{os}* 10950 *et* 11150) qui ne renfermerait pas l'imputation d'un vice déterminé ou qui ne serait pas publique, continuera d'être punie des peines de simples police. *Loi du* 17 *mai* 1819, A. *art.* 20.

10980. *Sous la loi du* 25 *mars* 1822, A.

10990. L'outrage fait publiquement, d'une manière quelconque, à raison de leurs fonctions ou de leur qualité, soit à un ou plusieurs membres de l'une des deux chambres, soit à un fonctionnaire public, soit enfin à un ministre de la religion de l'État, ou de l'une des religions dont l'établissement est légalement reconnu en France, sera puni d'un emprisonnement de quinze jours à deux ans, et d'une amende de cent francs à quatre mille francs.

Le même délit envers un juré, à raison de ses fonctions, ou envers un témoin, à raison de sa déposition, sera puni d'un emprisonnement de dix jours à un an, et d'une amende de cinquante francs à trois mille francs.

L'outrage fait à un ministre de la religion de l'État, ou de l'une des religions légalement reconnues en France, dans l'exercice même de ses fonctions, sera puni des peines portées par l'article 1er de la présente loi.

Si l'outrage, dans les différens cas prévus par le présent article, a été accompagné d'excès ou violences, prévus par le premier paragraphe de l'article 228 du Code Pénal, il sera puni des peines portées audit paragraphe et à l'article 229; et en outre, de l'amende portée au premier paragraphe du présent article.

Si l'outrage est accompagné des excès prévus par le second paragraphe de l'article 228, et par les articles 231, 232 et 233, le coupable sera puni conformément audit Code, *le tout sans préjudice des dispositions contenues au n° 10780. Loi du 25 mars 1822, A. art. 6.*

DIVISION DU 2ᵉ DEGRÉ.

11000. *De la diffamation et de l'injure envers une ou plusieurs classes de personnes.*

11010. *Sous l'arrêté du 17 janvier 1800, B.*

[11020. Seront supprimés sur-le-champ, tous les journaux qui inséreraient des articles contraires au respect dû... à la gloire des armées, ou qui publieraient des invectives contre les nations amies ou alliées de la république, lors même que ces articles seraient extraits de feuilles périodiques étrangères. *Arrêté du 17 janvier 1800, B. art. 5.*]

11030. *Sous la loi du 25 mars 1822, A.*

11040. Quiconque, par l'un des moyens énoncés en l'art. 1ᵉʳ de la loi du 17 mai 1819 A. (*n° 9960*), aura cherché à troubler la paix publique, en excitant le mépris ou la haine des citoyens contre une ou plusieurs classes de personnes, sera puni des peines portées en l'article... 9 (*n° 10060*). *Loi du 25 mars 1822, A. art. 10.*

DIVISION DU 3e DEGRÉ.

11050. *De la diffamation et de l'injure envers les particuliers.*

11055. *Sous les lois des* 19 *juillet* 1791, A. *et* 25 *octobre* 1795, V.

[11060. Quant aux simples injures verbales, si elles ne sont pas adressées à un fonctionnaire public en exercice de ses fonctions, elles seront jugées dans la forme établie en l'article 10 du titre 3 du décret *du* 16 *août* 1790, B. = 24 *du même mois,* sur l'organisation judiciaire. *Décret du* 19 *juillet* 1791, A. *tit.* 2, *art.* 18.]

[11070. ...Sont punis des peines de simple police, les auteurs d'injures verbales, dont il n'y a pas de poursuites par la voie criminelle. *Loi du* 25 *octobre* 1795, V. *art.* 605, 7°.]

11080. *Sous la loi du* 17 *février* 1810, D.

(C. P., *liv.* 3, *tit.* 2, *chap.* 1er, *sect.* 6, § 2. — Calomnies, injures, révélations de secrets. *Articles* 367 *à* 378.)

[11090. Lorsque la preuve légale *du fait imputé* ne sera pas rapportée, le calomniateur sera puni des peines suivantes :

Si le fait imputé est de nature à mériter la peine de mort, les travaux forcés à perpétuité ou la déportation, le coupable sera puni d'un emprisonnement de deux à cinq ans, et d'une amende de deux cents francs à cinq mille francs.

Dans tous les autres cas, l'emprisonnement sera d'un mois à six mois, et l'amende de cinquante francs à deux mille francs. *Loi du* 17 *février* 1810, D. *art.* 371, C. P. (1).]

[11100. Dans tous les cas, le calomniateur sera, à compter du jour où il aura subi sa peine, interdit, pendant cinq ans au moins et dix ans au plus, des droits mentionnés en l'article 42 du présent Code. *Loi du* 17 *février* 1810, D. *art.* 374, C. P. (2).]

[11110. Quant aux injures ou aux expressions outrageantes qui ne renfermeraient l'imputation d'aucun fait précis, mais celle d'un vice déterminé, si elles ont été proférées dans des lieux ou réunions publics, ou insérées dans des écrits imprimés ou non, qui auraient été répandus et distribués, la peine sera une amende de seize francs à cinq cents francs. *Loi du* 17 *février* 1810, D. *art.* 375, C. P. (3).]

[11120. Toutes autres injures ou expressions outrageantes qui n'auront pas eu ce double caractère de gravité et de publicité, ne donneront lieu qu'à des peines de simple police. *Loi du* 17 *février* 1810, D. *art.* 376, C. P.]

11130. Quiconque aura fait par écrit une dénonciation calomnieuse contre un ou plusieurs indi-

---

(1) *L'art.* ... 371 ... du Code Pénal ... est abrogé ... *Loi du* 17 *mai* 1819, A. *art.* 26.

(2) *L'art.* ... 374 ... du Code Pénal ... est abrogé ... *Loi du* 17 *mai* 1819, A. *art.* 26.

(3) *L'art.* ... 375 ... du Code Pénal ., . est abrogé ... *Loi du* 17 *mai* 1819, A. *art.* 26.

vidus , aux officiers de justice ou de police administrative ou judiciaire , sera puni d'un emprisonnement d'un mois à un an, et d'une amende de cent francs à trois mille francs. *Loi du 17 février 1810, D. art. 373, C. P.*

11140. *Sous la loi du 17 mai 1819,* A. *(Chap. 5. De la diffamation et de l'injure publique. Art. 13 à 20.)*

11150. La diffamation envers les particuliers sera punie d'un emprisonnement de cinq jours à un an, et d'une amende de vingt - cinq francs à deux mille francs, ou de l'une de ces deux peines seulement, selon les circonstances. *Loi du 17 mai 1819.* A. *art. 18.*

11160. L'injure contre les particuliers sera punie d'une amende de seize francs à cinq cents francs. *Loi du 17 mai 1819,* A. *art. 19.*

11170. Néanmoins, l'injure qui ne renfermerait pas l'imputation d'un vice déterminé, ou qui ne serait pas publique, continuera d'être punie des peines de simple police. *Loi du 17 mai 1819,* A. *art. 20.*

DIVISION DU 2ᶜ DEGRÉ.

11180. *Des révélations de secrets.*

11190. Les médecins, chirurgiens et autres officiers de santé, ainsi que les pharmaciens, les sages-femmes, et toutes autres personnes dépositaires, par état ou profession, des secrets qu'on leur confie, qui, hors le cas où la loi les oblige à se porter dénonciateurs, auront révélé ces secrets, seront punis d'un emprisonnement d'un mois à six mois, et d'une amende de cent francs à cinq cents francs. *Loi du 17 février 1810, D. art.* 378, C. P.

DIVISION DU 2ᵉ DEGRÉ.

11200. *Des crimes et délits qui peuvent être commis par des ministres du culte.*

DIVISION DU 3ᵉ DEGRÉ.

11210. *Sous la loi du 29 septembre 1795, A.*

(*Tit.* 5. De quelques délits qui peuvent se commettre à l'occasion ou par abus de l'exercice du culte, *art.* 22 à 25.)

11220. Tout ministre d'un culte, qui, hors de l'enceinte de l'édifice destiné aux cérémonies ou exercices d'un culte, lira ou fera lire dans une assemblée d'individus, ou qui affichera ou fera afficher, distribuera ou fera distribuer un écrit émané, ou annoncé comme émané d'un ministre de culte qui ne sera pas résidant dans la [république Française], ou même d'un ministre de culte résidant en France, qui se dira délégué d'un autre qui n'y résidera pas, sera, indépendamment de la teneur dudit écrit, condamné à six mois de prison, et, en cas de récidive, à deux ans. *Loi du 29 septembre* 1795, A. *art.* 22.

[11230. Sera condamné à la gêne, à perpétuité, tout ministre de culte qui commettra un des délits suivans, soit par ses discours, ses exhortations, prédications, invocations ou prières, en quelque langue que ce puisse être, soit en lisant, publiant, affichant, distribuant, ou faisant lire, publier, afficher et distribuer dans l'enceinte de l'édifice destiné aux cérémonies, ou à l'extérieur, un écrit dont il sera, ou dont tout autre sera l'auteur;

Savoir : si, par ledit écrit ou discours, il a provoqué au rétablissement de la royauté en France, ou à l'anéantissement de la république, ou à la dissolution de la représentation nationale;

Ou s'il a provoqué au meurtre, ou a excité les défenseurs de la patrie à déserter leurs drapeaux, ou leurs pères et mères à les rappeler;

Ou s'il a blâmé ceux qui voudraient prendre les armes pour le maintien de la constitution républicaine, et la défense de la liberté;

Ou s'il a invité des individus à abattre les arbres consacrés à la liberté, à en déposer ou avilir les signes et couleurs;

Ou enfin s'il a exhorté ou encouragé des personnes quelconques à la trahison ou à la rébellion contre le gouvernement. *Loi du* 29 *septembre* 1795, A. *art.* 23.]

[11240. Si, par des écrits, placards ou discours, un ministre de culte cherche à égarer les citoyens en leur présentant comme injustes ou criminelles les ventes ou acquisitions de biens nationaux possédés ci-devant par le clergé ou les émigrés, il sera condamné à mille livres d'amende et à deux ans de prison.

Il lui sera de plus défendu de continuer ses fonctions de ministre de culte.

S'il contrevient à cette défense, il sera puni de dix ans de gêne. *Loi du* 29 *septembre* 1795, A. art. 24.]

[11250. Il est expressément défendu aux ministres d'un culte et à leurs sectateurs, de troubler les ministres d'un autre culte ou prétendu tel, ou leurs sectateurs, dans l'exercice et l'usage commun des édifices, réglé en exécution de l'article 4 de la loi du (30 *mai* 1795, A.) 11 prairial, à la peine de 500 livres d'amende et d'un emprisonnement qui ne pourra excéder six mois, ni être moindre de deux. *Loi du* 29 *septembre* 1795, A. art. 25.]

DIVISION DU 3e DEGRÉ.

11260. *Crimes et délits qui peuvent être commis par des ministres du culte, sous la loi du* 15 *février* 1810, A.

DIVISION DU 4e DEGRÉ.

11270. Des critiques, censures ou provocations dirigées contre l'autorité publique, dans un discours pastoral prononcé publiquement.

11275. *Sous la loi du* 15 *février* 1810, A.

(C. P. *liv.* 3, *tit.* 1er, *chap.* 3, *sect.* 3, § 2, *art.* 201 à 203.)

11280. Les ministres des cultes qui prononceront, dans l'exercice de leur ministère, et en assemblée publique, un discours contenant la critique ou censure du gouvernement, d'une loi, d'une ordonnance royale ou de tout autre acte de l'autorité publique, seront punis d'un emprisonnement de trois mois à deux ans. *Loi du* 15 *février* 1810, A. *art.* 201.

11290. Si le discours contient une provocation directe à la désobéissance aux lois ou autres actes de l'autorité publique, ou s'il tend à soulever ou armer une partie des citoyens contre les autres, le ministre du culte qui l'aura prononcé sera puni d'un emprisonnement de deux à cinq ans, si la provocation n'a été suivie d'aucun effet; et du bannissement, si elle a donné lieu à désobéissance, autre toutefois que celle qui aurait dégénéré en sédition ou révolte. *Loi du* 15 *février* 1810, A. *art.* 202.

11300. Lorsque la provocation aura été suivie d'une sédition ou révolte dont la nature donnera lieu contre l'un ou plusieurs des coupables à une peine plus forte que celle du bannissement, cette peine, quelle qu'elle soit, sera appliquée au ministre coupable de la provocation. *Loi du* 15 *février* 1810, A. *art.* 203.

DIVISION DU 4e DEGRÉ.

11310. Des critiques, censures ou provocations dirigées contre l'autorité publique dans un écrit pastoral.

11315. *Sous la loi du 15 février 1810, A.*

(C. P. liv. 3, titre 1er, chapitre 3, section 3, § 3, art. 204 à 206.)

11320. Tout écrit contenant des instructions pastorales, en quelque forme que ce soit, et dans lequel un ministre du culte se sera ingéré de critiquer ou censurer, soit le gouvernement, soit tout acte de l'autorité publique, emportera la peine du bannissement contre le ministre qui l'aura publié. *Loi du 15 février 1810, A. art. 204.*

11330. Si l'écrit mentionné en l'article précédent contient une provocation directe à la désobéissance aux lois ou autres actes de l'autorité publique, ou s'il tend à soulever ou armer une partie des citoyens contre les autres, le ministre qui l'aura publié sera puni de la déportation. *Loi du 15 février 1810, A. art. 205.*

11340. Lorsque la provocation contenue dans l'écrit pastoral aura été suivie d'une sédition ou révolte dont la nature donnera lieu contre l'un ou plusieurs des coupables à une peine plus forte que celle de la déportation, cette peine, quelle qu'elle soit, sera appliquée au ministre coupable de la provocation. *Loi du 15 février 1810, A. art. 206.*

DIVISION DU 2ᵉ DEGRÉ.

11350. *Des faits punissables et non punissables.*

11360. *Sous la constitution du 3 septembre 1791, A.*

[11370... LA CENSURE SUR LES ACTES DES POUVOIRS CONSTITUÉS EST PERMISE, MAIS LES CALOMNIES VOLONTAIRES CONTRE LA PROBITÉ DES FONCTIONNAIRES PUBLICS ET LA DROITURE DE LEURS INTENTIONS DANS L'EXERCICE DE LEURS FONCTIONS, POURRONT ÊTRE POURSUIVIS PAR CEUX QUI EN SONT L'OBJET. *Constitution du 2 septembre 1791, A. tit. 3, chap. 5, art. 17.*]

[11380. LES REPRÉSENTANS DE LA NATION SONT INVIOLABLES : ILS NE POURRONT ÊTRE RECHERCHÉS, ACCUSÉS NI JUGÉS EN AUCUN TEMPS POUR CE QU'ILS AURONT DIT ET ÉCRIT.... DANS L'EXERCICE DE LEURS FONCTIONS DE REPRÉSENTANS... *Constitution du 3 septembre 1791, A. tit. 3, chap. 1ᵉʳ, section 5, art. 7.*]

11390. *Sous la constitution du 22 août 1795, A.*

[11400. LES CITOYENS QUI SONT OU ONT ÉTÉ MEMBRES DU CORPS LÉGISLATIF, NE PEUVENT ÊTRE RECHERCHÉS, ACCUSÉS NI JUGÉS EN AUCUN TEMPS, POUR CE QU'ILS ONT DIT OU ÉCRIT DANS L'EXERCICE DE LEURS FONCTIONS. *Constitution du 22 août 1795, A. art. 110.*]

11410. *Sous la loi du 29 avril 1806, C.*

[11420. Les tribunaux, suivant la gravité des

27

circonstances, pourront, dans les causes dont ils seront saisis, prononcer, même d'office, des injonctions, supprimer des écrits, les déclarer calomnieux, et ordonner l'impression et l'affiche de leurs jugemens. *Loi du 29 avril 1806, C. art.* 1036, C. de P.]

11430. *Sous la loi du 17 février 1810, D.*

[11440. Est réputée fausse, toute imputation à l'appui de laquelle la preuve légale n'est point rapportée. En conséquence, l'auteur de l'imputation ne sera pas admis, pour sa défense, à demander que la preuve en soit faite; il ne pourra non plus alléguer comme moyen d'excuse que les pièces où les faits sont notoires, ou que les imputations qui donnent lieu à la poursuite sont copiées ou extraites de papiers étrangers, ou d'autres écrits imprimés. *Loi du 17 février 1810, D. art.* 368, C. P. (1).]

[11450. Lorsque le fait imputé sera légalement prouvé vrai, l'auteur de l'imputation sera à l'abri de toute peine.

Ne sera considérée comme preuve légale, que celle qui résultera d'un jugement, ou de tout autre acte authentique. *Loi du 17 février 1810, D. art.* 370 C. P. (2).]

---

(1) *L'art.* ... 368 ... du Code Pénal *est* abrogé ... *Loi du 17 mai 1819, A. art.* 26.

(2) *L'art.* ... 370 ... du Code Pénal *est* abrogé ... *Loi du 17 mai 1819, A. art.* 26.

[11460. Lorsque les faits imputés seront punissables suivant la loi, et que l'auteur de l'imputation les aura dénoncés, il sera, durant l'instruction sur ces faits, sursis à la poursuite et au jugement du délit de calomnie. *Loi du* 17 *février* 1810, D. *art.* 372, C. P. (1).]

[11470. A l'égard des imputations et des injures qui seraient contenues dans les écrits relatifs à la défense des parties, ou dans les plaidoyers, les juges saisis de la contestation pourront, en jugeant la cause, ou prononcer la suppression des injures ou des écrits injurieux, ou faire des injonctions aux auteurs du délit, ou les suspendre de leurs fonctions, et statuer sur les dommages-intérêts.

La durée de cette suspension ne pourra excéder six mois : en cas de récidive, elle sera d'un an au moins et de cinq ans au plus.

Si les injures ou écrits injurieux portent le caractère de calomnie grave, et que les juges saisis de la contestation ne puissent connaître du délit, ils ne pourront prononcer contre les prévenus qu'une suspension provisoire de leurs fonctions, et les renverront, pour le jugement du délit, devant les juges compétens. *Loi du* 17 *février* 1810, D. *art.* 377. C. P. (2).]

---

(1) *L'art.* . . . 372 . . . du Code Pénal . . . est abrogé . . . *Loi du* 17 *mai* 1819, A. *art.* 26.

(2) *L'art.* . . . 377 . . . du Code Pénal . . . est abrogé . . . *Loi du* 17 *mai* 1819, *art.* 26.

11480. *Sous les lois des 17 mai 1819, A. et 26 mai 1819, A.*

11490. Ne donneront ouverture à aucune action, les discours tenus dans le sein de l'une des deux chambres, ainsi que les rapports ou toutes autres pièces imprimées par ordre de l'une des deux chambres. *Loi du 17 mai 1819, A. art. 21.*

11500. Ne donnera lieu à aucune action, le compte fidèle des séances publiques de la chambre des députés, rendu de bonne foi dans les journaux. *Loi du 17 mai 1819, A. art 22.*

11510. Ne donneront lieu à aucune action en diffamation ou injure, les discours prononcés ou les écrits produits devant les tribunaux: pourront, néanmoins, les juges saisis de la cause, en statuant sur le fond, prononcer la suppression des écrits injurieux ou diffamatoires, et condamner qui il appartiendra en des dommages-intérêts.

Les juges pourront aussi, dans le même cas, faire des injonctions aux avocats et officiers ministériels, ou même les suspendre de leurs fonctions.

La durée de cette suspension ne pourra excéder six mois; en cas de récidive, elle sera d'un an au moins et de cinq ans au plus.

Pourront, toutefois, les faits diffamatoires étrangers à la cause donner ouverture, soit à l'action publique, soit à l'action civile des parties, lorsqu'elle leur aura été réservée par les tribunaux, et, dans tous les cas, à l'action civile des tiers. *Loi du* 17 *mai* 1819, A. *art.* 23.

11520. Les imprimeurs d'écrits dont les auteurs seraient mis en jugement en vertu de la présente loi, et qui auraient rempli les obligations prescrites par le titre 2 *art.* 11 *à* 22. de la loi du 21 octobre 1814 A. (*n*^{os} 4540 *et suivans*), ne pourront être recherchés pour le simple fait de ces écrits, à moins qu'ils n'aient agi sciemment, ainsi qu'il est dit à l'article 60 du Code Pénal qui définit la complicité. *Loi du* 17 *mai* 1819, A. *art.* 24.

[11530. Nul ne sera admis à prouver la vérité des faits diffamatoires, si ce n'est dans le cas d'imputation contre les dépositaires ou agens de l'autorité, ou contre toutes personnes ayant agi dans un caractère public, de faits relatifs à leurs fonctions. Dans ce cas, les faits pourront être prouvés pardevant la cour d'assises par toutes les voies ordinaires, sauf la preuve contraire par les mêmes voies.

La preuve des faits imputés met l'auteur de l'imputation à l'abri de toute peine, sans préjudice des peines prononcées contre toute injure qui ne serait pas nécessairement dépendante des mêmes faits. *Loi du* 26 *mai* 1819, A. *art.* 20.]

[11540. Le prévenu qui voudra être admis à prouver la vérité des faits dans le cas prévu par le précédent article, devra, dans les huit jours qui suivront la notification de l'arrêt de renvoi devant la cour d'assises, ou de l'opposition à l'arrêt par le paiement des amendes. *Loi du 21 octobre 1814,* A. *art.* 18.]

11670. *Sous les lois rendues depuis le 17 mai 1891 jusqu'au 9 juin même année.*

11680. En cas de récidive des crimes et délits prévus par la présente loi, il pourra y avoir lieu à l'aggravation de peines prononcées par le chapitre 4. livre 1er du Code Pénal *sur la récidive, art.* 56 à 58. *Loi du 17 mai 1819,* A. *art.* 25.

11690. Les propriétaires ou éditeurs responsables d'un journal ou écrit périodique, ou auteurs ou rédacteurs d'articles imprimés dans ledit journal ou écrit, prévenus de crimes ou délits pour faits de publication, seront poursuivis et jugés dans les formes et suivant les distinctions prescrites à l'égard de toutes les autres publications. *Loi du 9 juin 1819,* A. *art.* 9.

11700. En cas de condamnation, les mêmes peines leur seront appliquées : toutefois les amendes pourront être élevées au double, et, en cas de récidive, portées au quadruple, sans préjudice des peines de la récidive prononcées par le Code Pénal. *Loi du 9 juin 1819,* A. *art.* 10.

11710. Les éditeurs du journal ou écrit périodique seront tenus d'insérer dans l'une des feuillles ou des livraisons qui paraîtront pendant le mois du jugement ou de l'arrêt intervenu contre eux, extrait contenant les motifs et le dispositif dudit jugement ou arrêt. *Loi du 9 juin 1819,* A. *art.* 11.

11720. La contravention à l'article... 11 de la

présente loi (*n°* 11710), sera punie correctionnellement d'une amende de cent francs à mille francs.
Loi du 9 juin 1819, A. *art.* 12.

11730. Quiconque, après que la condamnation
d'un écrit, de dessins ou gravures, sera réputée
connue par la publication dans les formes prescrites par l'art....26 (*n°* 11740) les réimprimera, ven-
dra ou distribuera, subira le maximum de la peine
qu'aurait pu encourir l'auteur. *Loi du 26 mai* 1819
A. *art.* 27.

11740. Tout arrêt de condamnation contre les
auteurs ou complices des crimes et délits commis
par voie de publication, ordonnera la suppression
ou la destruction des objets saisis, ou de tous
ceux qui pourront l'être ultérieurement, en tout
ou en partie, suivant qu'il y aura lieu pour l'effet
de la condamnation.

L'impression ou l'affiche de l'arrêt pourront
être ordonnées aux frais du condamné.

Ces arrêts seront rendus publics dans la même
forme que les jugemens portant déclaration d'ab-
sence. *Loi du 26 mai* 1819, A. *art.* 26.

11750. *Sous la loi du 25 mars* 1822, A.

11760. L'article 10 de la loi du 9 juin 1819, A.
(*n₀* 11700) est commun à toutes les dispositions...
repressives de la présente loi, en tant qu'elles s'appliquent aux propriétaires ou éditeurs d'un journal ou écrit périodique. *Loi du 25 mars* 1822, A.
art. 13.

11770. Dans les cas des délits correctionnels prévus par les premier, second et quatrième paragraphes de l'article 6 (*n°* 10990), par l'article 8, (*n°* 10050) et par le premier paragraphe de l'article 9 de la présente loi (*n°* 10060), les tribunaux pourront appliquer, s'il y a lieu, l'article 463 du Code Pénal (*n°* 11640.) *Loi du 25 mars 1822, A. art. 14.*

DIVISION DU 1ᵉʳ DEGRÉ.

11810. *De la poursuite et du jugement des crimes et délits commis par la voie de la presse ou par tout autre moyen de publication.*

DIVISION DU 2ᵉ DEGRÉ.

11820. *Dispositions générales.*

11830. *Sous la constitution du 3 septembre 1791, A.*

[11840. NUL NE PEUT ÊTRE JUGÉ, SOIT PAR LA VOIE CIVILE, SOIT PAR LA VOIE CRIMINELLE, POUR FAITS D'ÉCRITS IMPRIMÉS OU PUBLIÉS, SANS QU'IL AIT ÉTÉ RECONNU ET DÉCLARÉ PAR UN JURY, 1° S'IL Y A DÉLIT DANS L'ÉCRIT DÉNONCÉ; 2° SI LA PERSONNE POURSUIVIE EST COUPABLE. *Constitution du 3 septembre 1791, A. tit. 3, chap. 5, art. 18.*]

11850. *Sous les lois postérieures au 3 septembre 1791 et antérieures au 26 mai 1819.*

[11860. *Les jugemens pour faits d'écrits imprimés*

ou publiés n'ont point été soumis à des règles particulières, sauf celles spéciales tracées pour l'exécution des lois des 16 avril 1796, A. et 17 avril 1796, A. (nᵒˢ 9630 et suivans, et 4890 et suivans.)]

11870. *Sous la loi du 26 mai 1819, A.*

11880. Les délits commis par la voie de la presse ou par tout autre moyen de publication, et qui ne seraient point encore jugés, le seront suivant les formes prescrites par la présente loi. *Loi du 26 mai 1819, A. art.* 30.

DIVISION DU 2ₑ DEGRÉ.

11890. Du mode de constater les délits et contraventions.

Sous le décret du 5 février 1810, A.

(Titre 7, section 2, art. 45 à 47.)

[11900. Les délits et contraventions seront constatés par les inspecteurs de l'imprimerie et de la librairie, les officiers de police, et en outre par les préposés aux douanes pour les livres venant de l'étranger.

Chacun dressera procès-verbal de la nature du délit et contravention, des circonstances et dépendances, et le remettra au préfet de son arrondissement, pour être adressé au directeur général. *Décret du 5 février 1810, A. art.* 45.]

[11910. Les objets saisis sont déposés provisoirement au secrétariat de la mairie, ou commissariat général de la sous-préfecture ou de la préfecture la plus voisine du lieu où le délit ou la contravention sont constatés, sauf l'envoi ultérieur à qui de droit. *Décret du 5 février* 1810, A. *art* 46. (*Voyez n°* 12250).]

11920. *Sous la loi du* 21 *octobre* 1814, A. *et l'ordonnance du* 24 *octobre* 1814, B.

11930. Les contraventions seront constatées par les procès-verbaux des inspecteurs de la librairie, et des commissaires de police. *Loi du* 21 *octobre* 1814, A. *art.* 20.

11940. En exécution de l'article 20 *de la loi du* 21 *octobre* 1814, A. (*n°* 11930), les commissaires de police rechercheront et constateront d'office toutes les contraventions; et ils seront tenus aussi de déférer à toutes les réquisitions qui leur seront adressées à cet effet par les préfets, sous-préfets et maires, et par les inspecteurs de la librairie. Ils enverront dans les vingt-quatre heures tous les procès-verbaux qu'ils auront dressés, à Paris, au directeur général de la librairie; et dans les départemens, aux préfets, qui les feront passer sur-le-champ au directeur général [seul chargé par l'article 21 *de la même loi* (*n°* 12010) de dénoncer les contrevenans aux tribunaux.] *Ordonnance du* 24 *octobre* 1814, B. *art.* 7.

DIVISION DU 2ᵉ DEGRÉ.

11950. *Qui peut provoquer la poursuite.*

11960. *Sous la constitution du* 3 *septembre* 1791, A.

[11970..... LES CALOMNIES ET INJURES CONTRE QUELQUES PERSONNES QUE CE SOIT, RELATIVES AUX ACTIONS DE LEUR VIE PRIVÉE, SONT PUNIES SUR LEURS POURSUITES. *Constitution du* 3 *septembre* 1791, A. *tit.* 3, *chap.* 5, *art.* 17.]

11980. *Sous le décret du* 5 *février* 1810. A.

[11990. Nos procureurs généraux ou impériaux seront tenus de poursuivre d'office, dans tous les cas prévus à la section... 1ʳᵉ du... *tit.* 7, *art.* 41 *à* 44, (*n*ᵒˢ 2630, 2880, 3400, 4.40, 3410, 3460 *et* 13220) sur la simple remise qui leur sera faite d'une copie des procès-verbaux dûment affirmés. *Décret du* 5 *février* 1810, A. *art.* 47.]

12000. *Sous la loi du* 21 *octobre* 1814. A.

[12010. Le ministère public poursuivra d'office les contrevenans par-devant les tribunaux de police correctionnelle, sur la dénonciation du directeur général de la librairie et la remise d'une copie des procès-verbaux. *Loi du* 21 *octobre* 1814, A. *art.* 21.]

12020. *Sous la loi du* 26 *mai* 1819. A.

[12030. La poursuite des crimes et délits commis par la presse, ou par tout autre moyen de publication, aura lieu d'office et à la requête du ministère public, sous les modifications suivantes. *Loi du 26 mai 1819, A. art. 1er.*]

[12040. Dans le cas d'offense envers les chambres ou l'une d'elles, par voie de publication, la poursuite n'aura lieu qu'autant que la chambre qui se croira offensée l'aura autorisée. *Loi du 26 mai 1819, A. art. 2.*]

[12050. Dans le cas du même délit contre la personne des souverains et celle des chefs des gouvernemens étrangers, la poursuite n'aura lieu que sur la plainte ou à la requête du souverain ou du chef du gouvernement qui se croira offensé. *Loi du 26 mai 1819, A. art. 3.*]

[12060. Dans le cas de diffamation ou d'injure contre les cours, tribunaux, ou autres corps constitués, la poursuite n'aura lieu qu'après une délibération de ces corps, prise en assemblée générale et requérant les poursuites. *Loi du 26 mai 1819, A. art. 4.*]

[12070. Dans le cas des mêmes délits contre tout dépositaire ou agent de l'autorité publique, contre tout agent diplomatique étranger, accrédité près du roi, ou contre tout particulier, la poursuite n'aura lieu que sur la plainte de la partie qui se prétendra lésée. *Loi du 26 mai 1819, A. art. 5.*]

12080. *Sous la loi du 25 mars* 1822, A.

12090. Seront poursuivis ... d'office, les délits commis par la voie de la presse, et les autres délits énoncés en la présente loi, et dans celle du 17 mai 1819, A. sauf les cas prévus par les articles 15 et 16.... (*n^os* 12100 *et* 12110). Néanmoins, la poursuite n'aura lieu d'office, dans le cas prévu par l'article 12 de la loi du 17 mai 1819, A. (*n°* 10480), et dans celui de diffamation ou d'injure contre tout agent diplomatique étranger, accrédité près du roi, ou contre tout particulier, que sur la plainte ou à la requête soit du souverain ou du chef du gouvernement qui se croira offensé, soit de l'agent diplomatique ou du particulier qui se croira diffamé ou injurié... *Loi du* 25 *mars* 1822, A. *art.* 17.

12100. Dans le cas d'offense envers les chambres ou l'une d'elles, par l'un des moyens énoncés en la loi du 17 mai 1819, A. la chambre offensée, sur la simple réclamation d'un de ses membres, pourra, si mieux elle n'aime autoriser les poursuites par la voie ordinaire, ordonner que le prévenu sera traduit à sa barre. Après qu'il aura été entendu ou dûment appelé, elle le condamnera, s'il y a lieu, aux peines portées par les lois. La décision sera exécutée sur l'ordre du président de la chambre. *Loi du* 25 *mars* 1822, A. *art.* 15.

12110. Les chambres appliqueront elles-mêmes, conformément à l'article précédent, les dispositions de l'article 7 (*n°* 10780), relatives au compte rendu, par les journaux, de leurs séances.

Les dispositions du même article 7, relatives au compte rendu des audiences des cours et tribunaux, seront appliquées directement par les cours et tribunaux qui auront tenu ces audiences. *Loi du* 25 *mars* 1822, A. *art.* 16.

DIVISION DU 2ᵉ DEGRÉ.

12120. *De la forme de la plainte et du réquisitoire.*

12130. *Sous la loi du* 26 *mai* 1819, A.

12140. La partie publique, dans son réquisitoire, si elle poursuit d'office, ou le plaignant, dans sa plainte, seront tenus d'articuler et de qualifier les provocations, attaques, offenses, outrages, faits diffamatoires ou injures, à raison desquels la poursuite est intentée, et ce, à peine de nullité de la poursuite. *Loi du* 26 *mai* 1819, A. *art.* 6.

DIVISION DU 2ᵉ DEGRÉ.

12150. *De l'instruction.*

12170. *Sous les lois des* 21 *octobre* 1814, A., *et* 28 *février* 1817, B.

[12190. Il y a lieu à saisie et séquestre d'un ouvrage......

Si l'ouvrage est déféré aux tribunaux pour son contenu. *Loi du 21 octobre 1814, A. art. 15. 3°*]

[12210. Lorsqu'un écrit aura été saisi en vertu de l'article 15 du titre II de la loi du 21 octobre 1814, A. (*n°s* 4840, 5030 *et* 12190), l'ordre de saisie et le procès-verbal seront, sous peine de nullité, notifiés dans les vingt-quatre heures à la partie saisie, qui pourra y former opposition.

En cas d'opposition, le procureur du roi fera toute diligence pour que, dans la huitaine, à dater du jour de ladite opposition, il soit statué sur la saisie.

Le délai de huitaine expiré, la saisie, si elle n'est maintenue par le tribunal, demeurera, de plein droit, périmée et sans effet, et tous dépositaires de l'ouvrage saisi seront tenus de le remettre au propriétaire.... *Loi du 28 février 1817, B. article unique.*]

12230. *Sous la loi du 26 mai 1819, A.*

12250. Immédiatement après avoir reçu le réquisitoire ou la plainte, le juge d'instruction pourra ordonner la saisie des écrits, imprimés, placards, dessins, gravures, peintures, emblèmes ou autres instrumens de publication.

L'ordre de saisir et le procès-verbal de saisie seront notifiés, dans les trois jours de ladite saisie, à la personne entre les mains de laquelle la saisie aura été faite, à peine de nullité. *Loi du 26 mai 1819, A. art. 7.*

12255. Le plaignant en diffamation ou injure pourra faire entendre des témoins qui attesteront sa moralité : les noms, professions et demeures de ces témoins seront notifiés au prévenu ou à son domicile, un jour au moins avant l'audition.

Le prévenu ne sera point admis à faire entendre des témoins contre la moralité du plaignant. *Loi du 26 mai 1819, A. art.* 23.

12270. Dans les huit jours de la... notification *énoncée en l'article* 7 (*n°* 12270), le juge d'instruction est tenu de faire son rapport à la chambre du conseil, qui procède ainsi qu'il est dit au Code d'Instruction Criminelle, livre 1er, chapitre 9, sauf les dispositions ci-après. *Loi du 26 mai 1819, A. art.* 8.

12310. Si la chambre du conseil est unanimement d'avis qu'il n'y a pas lieu à poursuivre, elle prononce la main-levée de la saisie. *Loi du 26 mai 1819, A. art.* 9.

12330. Dans le cas contraire, ou dans le cas de pourvoi du procureur du roi ou de la partie civile contre la décision de la chambre du conseil, les pièces sont transmises, sans délai, au procureur général près la cour royale, qui est tenu, dans les cinq jours de la réception, de faire son rapport à la chambre des mises en accusation, laquelle est tenue de prononcer dans les trois jours dudit rapport. *Loi du 26 mai 1819, A. art.* 10.

12350. A défaut par la chambre du conseil du ribunal de première instance d'avoir prononcé dans les dix jours de la notification du procès-verbal de saisie, le saisie sera de plein droit périmée. Elle l. sera également à défaut par la cour royale d'avoir prononcé sur cette même saisie dans les dix jours du dépôt en son greffe de la requête que la partie saisie est autorisée à présenter, à l'appui de son pourvoi, contre l'ordonnance de la chambre du conseil. Tous les dépositaires des objets saisis seront tenus de les rendre au propriétaire sur la simple exhibition du certificat des greffie s respectifs, constatant qu'il n'y a pas eu d'ordonnance ou d'arrêt dans les délais ci-dessus prescrits.

Les greffiers sont tenus de délivrer ce certificat à la première réquisition, sous peine d'une amende de trois cents francs, sans préjudice des dommages-intérêts, s'il y a lieu.

Toutes les fois qu'il ne s'agira que d'un simple délit, la péremption de la saisie entraînera celle de l'action publique. *Loi du 26 mai* 1819, A. *art.* 11.

12370. Sont tenues, la chambre du conseil du tribunal de première instance, dans le jugement de mise en prévention, et la chambre des mises en accusation de la cour royale, dans l'arrêt de renvoi devant la cour d'assises, d'articuler et de qualifier les faits à raison desquels lesdits prévention ou renvoi sont prononcés, à peine de nullité desdits jugement ou arrêt. *Loi du 26 mai* 1819, A, *art.* 15.

12390. Toute personne inculpée d'un délit commis par la voie de la presse, ou par tout autre moyen de publication, contre laquelle il aura été décerné un mandat de dépôt ou d'arrêt, obtiendra sa mise en liberté provisoire, moyennant caution. La caution à exiger de l'inculpé ne pourra être supérieure au double du maximum de l'amende prononcée par la loi contre le délit qui lui est imputé. *Loi du 26 mai 1819, A. art. 28.*

DIVISION DU 2ᵉ DEGRÉ.

12410. *Principes sur la compétence.*

12430. *Sous la loi du 26 mai 1819, A.*

12450. Dans le cas où les formalités prescrites par les lois et règlemens concernant le dépôt auront été remplies, les poursuites à la requête du ministère public ne pourront être faites que devant les juges du lieu où le dépôt aura été opéré, ou de celui de la résidence du prévenu.

En cas de contravention aux dispositions ci-dessus rappelées concernant le dépôt, les poursuites pourront être faites soit devant le juge de la résidence du prévenu, soit dans les lieux où les écrits et autres instrumens de publication auront été saisis.

Dans tous les cas, la poursuite à la requête de la partie plaignante pourra être portée devant les juges de son domicile, lorsque la publication y aura été effectuée. *Loi du 26 mai 1819, A. art. 12.*

12460. Les crimes [et délits commis par la voie de la presse ou tout autre moyen de publication, à l'exception de ceux désignés en l'article suivant], seront renvoyés par la chambre des mises en accusation de la cour royale devant la cour d'assises, pour être jugés à la plus prochaine session. L'arrêt de renvoi sera de suite notifié au prévenu. *Loi du 26 mai 1819, A. art. 13.*

12470. Les délits de diffamation verbale ou d'injure verbale contre toute personne, et ceux de diffamation ou d'injure par une voie de publication quelconque contre des particuliers, seront jugés par les tribunaux de police correctionnelle, sauf les cas attribués aux tribunaux de simple police. *Loi du 26 mai 1819, A. art. 14.*

12480. *Sous la loi du 25 mars 1822, A.*

12490. Seront poursuivis devant la police correctionnelle, les délits commis par la voie de la presse et les autres délits énoncés en la présente loi et dans celle du 17 mai 1819, A., sauf les cas prévus par les articles 15 et 16 (*n*ᵒˢ 12100 *et* 12110). *Loi du 25 mars 1822, A. art. 17.*

DIVISION DU 2ᵉ DEGRÉ.

12500. *Procédure devant les cours d'assises.*

12505. Le plaignant sera tenu, immédiatement après l'arrêt de renvoi, d'élire domicile près la cour d'assises, et de notifier cette élection au

29*

prévenu et au ministère public; à défaut de quoi toutes significations seront faites valablement au plaignant au greffe de la cour.

Lorsque le prévenu sera en état d'arrestation, toutes notifications, pour être valables, devront lui être faites à personne. *Loi du 26 mai* 1819, A. *art.* 24.

12510. Lorsque la mise en accusation aura été prononcée pour crimes commis par voie de publication, et que l'accusé n'aura pu être saisi, ou qu'il ne se présentera pas, il sera procédé contre lui, ainsi qu'il est prescrit au livre 2, titre 4, du Code d'Instruction Criminelle, chapitre des contumaces. *Loi du 26 mai* 1819, A. *art.* 16.

12580. *En cas de comparution, il sera procédé ainsi qu'il est prescrit par le Code d'Instruction Criminelle, pour les autres crimes.*

[12530. Lorsque le renvoi à la cour d'assises aura été fait pour délits spécifiés dans la présente loi, *art.* 13 et 14 (*n°s* 12460 *et* 12470), le prévenu, s'il n'est présent au jour fixé pour le jugement par l'ordonnance du président, dûment notifiée audit prévenu ou à son domicile, dix jours au moins avant l'échéance, outre un jour par cinq myriamètres de distance, sera jugé par défaut. La cour statuera sans assistance ni intervention de jurés, tant sur l'action publique que sur l'action civile. *Loi du 26 mai* 1819, A. *art.* 17.]

[12540. Le prévenu pourra former opposition

à l'arrêt par défaut dans les dix jours de la notification qui lui en aura été faite ou à son domicile, outre un jour par cinq myriamètres de distance, à charge de notifier son opposition, tant au ministère public qu'à la partie civile.

Le prévenu supportera, sans recours, les frais de l'expédition et de la signification de l'arrêt par défaut et de l'opposition, ainsi que de l'assignation et de la taxe des témoins appelés à l'audience pour le jugement de l'opposition. *Loi du 26 mai 1819, A. art. 18.*]

[12550. Dans les cinq jours de la notification de l'opposition, le prévenu devra déposer au greffe une requête tendant à obtenir du président de la cour d'assises une ordonnance fixant le jour du jugement de l'opposition : cette ordonnance fixera le jour aux plus prochaines assises; elle sera signifiée, à la requête du ministère public, tant au prévenu qu'au plaignant, avec assignation au jour fixé, dix jours au moins avant l'échéance. Faute par le prévenu de remplir les formalités mises à sa charge par le présent article, ou de comparaître par lui-même ou par un fondé de pouvoir au jour fixé par l'ordonnance, l'opposition sera réputée non avenue, et l'arrêt par défaut sera définitif. *Loi du 26 mai 1819, A. art. 19.*]

DIVISION DU 2e DEGRÉ.

12560. *Procédure devant les tribunaux correctionnels.*

DIVISION DU 3ᵉ DEGRÉ.

12570. *En première instance.*

12580. *La procédure est celle indiquée par le Code d'Instruction Criminelle, art. 179 à 216.*

DIVISION DU 5ᵉ DEGRÉ.

12590. *En appel.*

12600. *Sous la loi du 25 mars 1822, A.*

12610. .... Les appels des jugemens rendus par les tribunaux correctionnels sur les délits commis par des écrits imprimés par un procédé quelconque, seront portés directement, sans distinction de la situation locale desdits tribunaux, aux cours royales pour y être jugés par la première chambre civile et la chambre correctionnelle réunies, dérogeant quant à ce, aux articles 200 et 201 du Code d'Instruction Criminelle.

Les appels des jugemens rendus par les mêmes tribunaux sur tous les autres délits prévus par la présente loi et par celle du 17 mai 1819, A. seront jugés dans la forme ordinaire fixée par le*dit* Code, pour les délits correctionnels. *Loi du 25 mars 1822, A. art. 17.*

DIVISION DU 2ᵉ DEGRÉ.

12620. *Du mode de paiement des condamnations.*

12630. *Sous les lois rendues depuis le 9 juin 1819 jusqu'à ce jour.*

12640. Le cautionnement sera affecté, par privilége, aux dépens, dommages-intérêts et amendes auxquels les propriétaires ou éditeurs pourront être condamnés : le prélèvement s'opérera dans l'ordre indiqué au présent article. En cas d'insuffisance, il y aura lieu à recours solidaire sur les biens des propriétaires ou éditeurs déclarés responsables du journal ou écrit périodique, et des auteurs et rédacteurs des articles condamnés. *Loi du 9 juin* 1819, A. *art.* 3.

12660. Les condamnations encourues devront être acquittées et le cautionnement libéré ou complété dans les quinze jours de la notification de l'arrêt; les quinze jours révolus sans que la libération ou le complètement ait été opéré, et jusqu'à ce qu'il le soit, le journal ou écrit périodique cessera de paraître. *Loi du 9 juin* 1819, A. *art.* 4.

12670. Sur le vu du jugement ou de l'arrêt qui, à défaut par la partie condamnée d'avoir acquitté le montant des condamnations contre elles prononcées dans le délai prescrit par l'article 4 de la loi *du (9 juin* 1819, A. (*n°* 12660), aurait ordonné la vente de l'inscription affectée au cautionnement; cette inscription sera vendue, jusqu'à concurrence, à la requête de la partie plaignante, ou, en cas d'amende, à celle du préposé de la régie de l'enregistrement, chargé de la perception des amendes.

Cette vente sera opérée par les soins de l'agent judiciaire, le lendemain de la notification à lui faite du jugement ou de l'arrêt.

Les rentes départementales seront, dans le même cas, transmises par le même directeur de l'enregistrement à l'agent judiciaire, lequel en fera faire immédiatement la vente, et en enverra le produit au directeur de l'enregistrement en un mandat de la caisse centrale du trésor sur le receveur général. Il y joindra le bordereau de l'agent de change pour justification des frais de courtage.

Le prélèvement sur le capital résultant de la vente sera fait ainsi qu'il est dit à l'article 3 de la loi du 9 juin 1819, A. (*n°* 12640). *Ordonnance du 9 juin 1819, B. art. 5.*

DIVISION DU 2e DEGRÉ.

De la prescription.

12680. *Sous les lois des 26 mai 1819, A. et 9 juin 1819, A.*

12690. L'action publique contre les crimes et délits commis par la voie de la presse, ou tout autre moyen de publication, se prescrira par six mois révolus, à compter du fait de publication qui donnera lieu à la poursuite.

Pour faire courir cette prescription de six mois, la publication d'un écrit devra être précédée du dépôt et de la déclaration que l'éditeur entend le publier.

S'il a été fait, dans cet intervalle, un acte de poursuite ou d'instruction, l'action publique ne se prescrira qu'après un an, à compter du dernier acte, à l'égard même des personnes qui ne seraient pas impliquées dans ces actes d'instruction ou de poursuite.

Néanmoins, dans le cas d'offense envers les chambres, le délai ne courra pas dans l'intervalle de leurs sessions.

L'action civile ne se prescrira, dans tous les cas, que par la révolution de trois années, à compter du fait de la publication. *Loi du 26 mai* 1819, A. *art.* 29.

12700. Les poursuites auxquelles pourront donner lieu les contraventions aux articles 7, 8 et 11 de la présente loi (*n*os 2310, 2350 *et* 11710), se prescriront par le laps de trois mois, à compter de la contravention, ou de l'interruption des poursuites, s'il y en a de commencées en temps utile. *Loi du 9 juin* 1819, A. *art.* 13.

DIVISION DU 2ᵉ DEGRÉ.

12710. *De diverses poursuites dirigées en vertu de lois pour faits relatifs à la presse.*

12720. *En vertu du décret du 4 novembre* 1789, C.

[12730. Sur la dénonciation d'un livre ayant pour titre : Catéchisme du genre humain, et dont quelques passages attaquent directement la religion, les mœurs et les propriétés.

L'assemblée nationale a décrété que le livre intitulé : Catéchisme du genre humain, sera remis au comité des rapports, pour l'examiner et en rendre compte à l'assemblée. *Décret da 4 novembre* 1789, C.]

12740. *En vertu des décrets des* 31 *juillet* 1790, B. *et* 2 *août* 1790, B.

[12750. L'assemblée nationale, sur la dénonciation qui lui a été faite par un de ses membres, d'une feuille intitulée : C'en est fait de nous , et du dernier numéro des Révolutions de France et de Brabant, a décrété que, séance tenante , le procureur du roi au châtelet de Paris sera mandé, et qu'il lui sera donné ordre de poursuivre , comme criminels de lèse-nation, tous auteurs, imprimeurs et colporteurs d'écrits excitant le peuple à l'insurrection contre les lois, à l'effusion du sang , et au renversement de la constitution. *Décret du* 31 *juillet* 19 o, B. *art. unique.*]

[12760. .... L'assemblée, justement indignce de la licence à laquelle plusieurs écrivains se sont livrés dans ces derniers temps, a chargé son comité de constitution et celui de jurisprudence criminelle réunis, de lui présenter incessamment le mode d'exécution de son décret du 31 juillet 1790 (*no* 12750), A. *Décret du* 2 *août* 1790, B. *article unique.*]

12770. *En vertu du décret du* 19 *août* 1790. A.

[12780. L'assemblée nationale, considérant que le premier devoir des ministres de la religion est d'éclairer les peuples sur l'obéissance qu'ils doivent aux lois ; que ceux qui cherchent à les égarer, sous le prétexte de la religion, doivent être sévèrement réprimés ; après avoir entendu le rapport de son comité des recherches, et la lecture de la lettre prétendue pastorale, attribuée à M. l'évêque de Toulon, a décrété que ladite lettre serait envoyée aux juges ordinaires de Toulon, pour informer contre les auteurs, et suivre la procédure jusqu'à jugement définitif inclusivement ; et attendu que M. l'évêque de Toulon est absent du royaume, le traitement attaché à l'exercice de ses fonctions, demeurera séquestré, conformément au décret du 4 janvier dernier. *Décret du 19 août 1790, A. art. unique.*]

12790. *En vertu du décret du 12 mai 1792, I.*

[12800. L'assemblée nationale, instruite que l'auteur du journal intitulé : l'Ami du Peuple, et signé Marat, a fait le plus violent abus de la liberté de la presse ; que notamment dans son numéro 646, du 31 avril, il a provoqué l'indiscipline dans l'armée et le massacre des chefs en disant : « J'ai prédit, il y a plus de six mois, que les trois généraux, tous également bas valets de la cour, trahiront la nation et livreront nos frontières : bientôt ! bientôt se réaliseront ces tristes présages. Mon unique espoir est que l'armée ouvrira enfin les yeux, et qu'elle sentira que ses chefs sont les premières victimes à immoler au salut public ; mais elle doit être continuellement sur ses gardes, et ne pas moins se défier de leur inaction, que de leurs opérations; surtout qu'elle ne fasse jamais éclater d'impatience d'en venir aux mains avec les troupes des puissances étrangères, bien assurée qu'elle serait conduite à la boucherie, pour avoir un prétexte de rejeter sur elle tout le blâme, et de prendre sur elle un empire absolu. Ses chefs perfides ne manqueraient pas de s'y opposer : puis ils lui reprocheraient son indocilité, son peu de confiance, sa présomption, et les malheurs que le manque de discipline et de soumission traîne à sa suite. On a senti trop l'autorité sans bornes qu'une pareille faute leur donnerait; qu'elle s'attache donc à ne jamais témoigner d'ardeur de combattre, si ce n'est les Capets, les Condés et leurs suppôts, les rebelles fugitifs, si tant est qu'ils ne deviennent pas invisibles; ce qui ne saurait manquer d'arriver; car quelle folie qu'on ait dessein de les écraser ou de les réduire, puisque ce n'est que pour les faire triompher que la guerre a été entreprise? Enfin une attention que l'armée ne doit jamais cesser d'avoir, c'est de ne pas souffrir qu'on la fasse camper dans des endroits mal-sains, ou qu'on la morfonde par des marches forcées.»

Dans le numéro 649, daté du 6 mai : «Béni soit le ciel! le temps des vengeances est enfin arrivé : les scélérats qui sont à la tête de nos troupes vont enfin expier leurs perfidies, comme Dillon et Chaumont. Puissent ces exemples salutaires se multiplier d'une manière effrayante pour la cour!

puissent nos généraux payer bientôt de leur sang la trame criminelle de leurs longues machinations, etc. ! »

L'assemblée nationale a rendu, le 3 de ce mois un décret d'accusation contre l'auteur de ce journal, et par le présent acte elle l'accuse devant la haute-cour nationale, comme prévenu d'attentat contre la sûreté générale de l'état et contre la constitution. *Décret du* 12 *mai* 1792, I *art. unique.*]

12810. *En vertu du décret du* 21 *mai* 1792, A.

[12820. L'assemblée nationale, instruite que l'auteur du journal intitulé : l'Ami du Roi, abuse de la liberté de la presse en répandant des maximes les plus contraires à la constitution, en provoquant les officiers de l'armée à abandonner leur poste, et tous les citoyens à une contre-révolution ; que, notamment dans son numéro sous la date du 3 de ce mois, il a publié le passage suivant : « Le massacre des officiers est une horreur, sans doute, mais une horreur à laquelle on devra peut-être le salut de la France. Car, qui voudra désormais commander à des soldats qui, après avoir fui, prétendent éteindre leur honte dans le sang des officiers qui les commandaient, et qu'ils ont peut-être abandonnés ? Il est vraisemblable que les officiers vont quitter l'armée qui se dissoudra d'elle-même ; cette dissolution peut donner lieu à de grands malheurs sans doute ; mais l'Europe entière sous les armes, rétablira du moins, sans beaucoup de peine, l'ordre et les lois qu'il importe à sa propre tranquillité de voir régner en France. Tous les propriétaires se coaliseront pour prévenir les inconvéniens attachés à la subite dislocation de ces grandes masses militaires. L'impossibilité absolue de faire la moindre résistance avec de telles troupes, ralliera tous les honnêtes gens, divisés d'opinions, autour du trône. Beaucoup de régimens qui ont conservé la discipline, ou qui y sont revenus après quelques momens d'erreurs, aideront à maintenir la tranquillité publique, pendant le court intervalle qui nous mènera de l'anarchie à la monarchie.

« Puissions-nous du moins retirer cet avantage d'un des plus vils attentats qui aient souillé ce qu'on appelle notre révolution! » L'assemblé nationale a rendu contre l'auteur de ce journal un décret d'accusation, le 3 du présent mois, et par le présent acte, elle l'accuse pardevant la haute-cour nationale, comme prévenu d'attentat contre la sûreté générale de l'état, et contre la constitution. *Acte d'accusation du 21 mai 1792, A.*]

12830. *En vertu du décret du 20 juillet 1792, D.*

[12840. L'assemblée nationale, après avoir entendu le rapport de son comité de surveillance, considérant que l'abus qui se fait journellement de la liberté de la presse ne saurait être trop tôt réprimé, décrète qu'il y a urgence.

L'assemblée nationale, après avoir décrété l'urgence, décrète que le pouvoir exécutif est expressément chargé de poursuivre le sieur Parent, abbé, auteur de différens libelles, ainsi que le sieur Senneville, libraire et distributeur desdits libelles et tous autres journalistes incendiaires et libellistes, et d'informer l'assemblée, de huitaine en huitaine, des mesures qui auront été prises à cet égard. *Décret du* 20 *juillet* 1792, D. *art. unique.*]

12850. *En vertu du décret du* 3 *septembre* 1793, L.

[12860. Le comité de salut public, considérant que des troubles se sont élevés dans la dernière représentation, au théâtre français, où les patriotes ont été insultés; que les acteurs et actrices de ce théâtres ont donné des preuves soutenues d'un incivisme caractérisé depuis la révolution, et représenté des pièces anti-patriotique; arrête, 1º que le théâtre sera fermé; 2º que les comédiens du Théâtre-Français, et l'auteur de Paméla, François (de Neufchâteau), seront mis en état d'arrestation dans une maison de sûreté, et les scellés apposés sur leurs papiers; 3º ordonne à la police de Paris de tenir plus sévèrement la main à l'exécution de la loi du 2 août dernier (*n*ᵒˢ 7300 *et* 7330), relativement aux spectacles.

La convention nationale approuve l'arrêté pris le 2 septembre par le comité de salut public, et renvoie au comité de sûreté générale pour l'examen des papiers qui seront trouvés sous les scellés. *Décret du* 3 *septembre* 1793, L.]

12870. *En vertu de l'arrêté du 26 juin* 1796, C.

[12880. Le Directoire exécutif, vu son arrêté du 6 de ce mois, relatif à l'arrestation des citoyens Isidore Langlois et Lunier, rédacteurs, et Porte, imprimeur, propriétaire de la feuille intitulée le Messager du soir, ou Gazette générale de l'Europe, comme prévenus de conspiration contre la sûreté intérieure et extérieure de la république;

Vu aussi le rapport du ministre de la police générale, ensemble les interrogatoires subis, le jour d'hier, devant lui, par les citoyens Isidore Langlois et François Porte;

Considérant qu'il résulte des réponses du citoyen Langlois, qu'il n'est nullement chargé de la rédaction des nouvelles étrangères, que, de son aveu et de celui du citoyen Porte, propriétaire du susdit Messager du soir, ces articles sont rédigés par le citoyen Lunier;

Considérant en outre, que le citoyen Langlois n'est chargé que de la rédaction des articles Variétés, Littérature et Politique, ce qui est constant d'après l'acte de convention passé entre lui et le citoyen Porte, le 28 prairial dernier; qu'en conséquence il n'a pu participer au délit commis par les citoyens Porte et Lunier;

Considérant que le citoyen Porte, propriétaire et imprimeur de la feuille intitulée le Messager du soir, ou Gazette générale de l'Europe, à fait imprimer à l'article France, 5 messidor présent mois, une fausse nouvelle qui rapporte les détails d'une défaite en Italie, qui n'a jamais eu lieu, et qu'il est évident que cet article, d'après les réponses dudit citoyen Porte, a été pris en entier sur le journal de Francfort;

Considérant que l'insertion de cette nouvelle dans le n° 249 du Mesager du soir, a eu l'effet, et peut-être le but d'atténuer le crédit public, et de porter le découragement dans tous les cœurs;

Considérant enfin qu'en faisant imprimer et distribuer cette fausse nouvelle, ledit Porte est contrevenu à l'article 3 de la loi du (17 *avril* 1796, A.) 28 germinal dernier (*n°* 4910), lequel dit : « S'il « est inséré dans quelques journaux un extrait de « papiers étrangers, celui qui l'y fait insérer en est « responsable comme s'il en était auteur. » *Arrêté du 26 juin 1796, C. préambule.*]

[12890. Le citoyen Porte, imprimeur et propriétaire de la feuille intitulée le Messager du soir, ou Gazette générale de l'Europe, de présent en arrestation, en dépôt au bureau central du canton de Paris, sera à l'instant renvoyé devant le directeur du jury d'accusation du département de la Seine, pour y être poursuivi et jugé conformément à la loi du (16 *avril* 1796, A.) 27 germinal dernier, (*n*^{os} 9630 *et suivans*).

En conséquence, toutes les pièces et procédures commencées, seront remises au greffe du tribunal du jury d'accusation. *Arrêté du 26 juin, 1796, C. art.* 1er.]

[12900. Le citoyen Isidore Langlois, l'un des rédacteurs de cette feuille, de présent en arres, tation au bureau central du canton de Paris, sera mis en liberté et renvoyé à son domicile; les scellés qui y sont apposés, seront levés au vu du présent, par le commissaire de police de la section de Bon-Conseil, qui les y a apposés. *Arrêté du 26 juin 1796, C. art. 2.*]

12910. *En vertu de l'arrêté du 3 décembre 1797,* A.

[12920. Le directoire exécutif, vu le n° 108 du journal intitulé le Défenseur de la vérité et des principes, contenant entre autres choses ce qui suit:

« Depuis long-temps nous signalons à l'opinion publique une faction dangereuse, dont les affreux projets ne tendent à rien moins qu'à substituer au gouvernement démocratique leur monstrueuse aristocratie, ou le gouvernement d'un seul avec changement de dynastie. Cette faction ne prend plus la peine d'envelopper du manteau de l'obscurité ses sinistres machinations; il semble qu'elle dédaigne la dissimulation, et qu'elle se sente assez de force pour jeter le masque de popularité dont elle s'était couverte, et pour se montrer à tous les yeux. Mais nous annonçons à ces ennemis du peuple et de l'égalité, que les hommes libres suivent toutes leurs démarches, et qu'ils ne souffriront pas que les fruits bienfaisans de la révolution deviennent la proie des plus méprisables ambitieux, des plus vils dominateurs.

« Mais appuyons par des faits ce que le plus simple raisonnement a déjà dû démontrer avec évidence à l'observateur attentif, et ne laissons aucun doute sur la marche des conjurés. Ouvrons la séance du conseil des cinq-cents du 3 frimaire : on y lit :

« Un homme de lettres présente au conseil une pétition dans laquelle il demande l'institution d'un établissement national, où seront élevés les enfans des députés, des directeurs, des ambassadeurs, des ministres et des autres grands de l'Empire.

« Mention honorable au procès verbal.

« Et c'est le corps législatif, ce sont les députés de la grande nation, qui osent ainsi fouler aux pieds ses droits les plus sacrés, en accueillant avec complaisance, et par une mention honorable, une pétition subversive des principes éternels de l'égalité, qui furent l'objet constant de la révolution, et que le peuple français a solennellement proclamés !! et l'égalité outragée dans le sanctuaire même des lois n'a pas trouvé un seul défenseur ! ô honte !

« Il fut un temps où une pareille proposition eût été repoussée avec une juste indignation, et couverte d'un mépris universel : aujourd'hui on entend de sang-froid, on sourit même à ces horribles blasphêmes ; que dis-je ? on les consacre par un coupable assentiment.

« Législateurs, ce n'est plus que sur vous que doit rejaillir tout l'odieux d'une pareille aberration ; elle est devenue votre propre pensée, vous en rendrez compte à l'éternelle justice.

« Qu'un vil esclave, un être dégradé aime à ramper servilement aux pieds d'une caste dominatrice

31*

et privilégiée, c'est le comble de l'ignorance et de l'avilissement ; mais que les délégués d'un peuple libre s'entendent qualifier de grands de l'Empire sans éprouver l'indignation que doit naturellement inspirer une telle qualification, c'est le comble de l'infamie et de la corruption.

« Il n'y a pas de milieu : ou le prétendu homme de lettres agissait de son propre mouvement ; alors il devait être éliminé d'une manière solennellement ignominieuse : ou cet homme n'était que le méprisable instrument de la faction liberticide que nous dénonçons : et alors c'est un nouvel attentat dont elle s'est couverte aux yeux des hommes libres.

« Républicains austères, courageux plébéiens, qui avez répandu votre sang pour le triomphe de l'égalité, abaissez devant les grands de l'Empire vos fronts humiliés ; vous n'êtes plus dans l'État qu'une classe abjecte d'ilotes déshonorés ; en vain vous avez renversé l'odieuse tyrannie qui depuis des siècles pesait sur vos têtes ; une aristocratie héréditaire, plus odieuse mille fois que la royauté, menace la génération actuelle : et vous généreuses citoyennes, étouffez, étouffez dans vos flancs maternels les fruits infortunés de votre fécondité ; vos enfans ne seront plus les fils bien-aimés de l'égalité sainte ; vous n'enfanterez plus que des esclaves destinés à être le rebut d'une classe insolente et privilégiée d'orgueilleux patriciens. Eh ! pourquoi vivraient-ils ? pour partager la servitude affreuse de leurs malheureux pères ? Non, la nature les fit égaux et libres ; rendez-les à la nature.

« Peuple français, puissent nos plus cruels pressentimens n'avoir de réalité que dans une imagination trop vivement frappée, quoiqu'ils ne soient déjà que trop justifiés par une expérience funeste ! Mais ce serait un crime de te cacher les nouveaux dangers qui menacent ta liberté, et que nous entrevoyons dans un avenir prochain. Des enfans dénaturés, sortis de ton propre sein, ont médité ton asservissement ; c'est par la corruption de la morale publique, c'est en substituant à l'esprit national l'esprit de la plus basse vénalité, c'est en paralysant dans leur naissance les institutions républicaines, c'est en provoquant des actes de législation contraires aux principes de l'égalité, qu'ils espèrent accomplir leurs projets abominables. Réveilles toi, peuple malheureux ; mesure de l'œil toute la profondeur de l'abîme que des mains perfides ont creusé sous tes pas ! Lève-toi majestueux et terrible, et comble cet abîme affreux des cadavres ensanglantés de tes lâches ennemis. »

Signé, G. L.

Considérant que cet article porte l'empreinte de la calomnie la plus audacieuse ; qu'en effet il résulte du procès-verbal de la séance du conseil des cinq-cents du (23 *novembre* 1797) 3 frimaire présent mois, qu'il y a été simplement annoncé que le citoyen Reys avait fait hommage au conseil, des deux premiers volumes d'un ouvrage intitulé :

Essai sur la régénération des finances et du commerce en France, et qu'il y a joint une pétition renfermant, 1º des réclamations contre l'extension donnée par l'administration des postes aux lois des (5 *septembre* 1797, A. *et* 30 *septembre* 1797, A.) 17 fructidor et 9 vendémiaire derniers;

2º Des vues sur une institution nationale pour l'éducation des enfans des députés, des directeurs, des ministres, d'ambassadeurs et de généraux de diverses armées de terre et de mer; que sur cette double annonce, le conseil s'est borné à ordonner la mention de l'hommage au procès-verbal, le dépôt de l'ouvrage présenté, à la bibliothèque du corps législatif, et à renvoyer la pétition jointe, à la commission des finances; qu'ainsi il est clair que la mention de l'hommage au procès - verbal n'a été accordée qu'à l'ouvrage sur les finances; que rien de semblable n'a été prononcé relativement à la pétition jointe à l'ouvrage; que le conseil des cinq-cents, en ne renvoyant cette pétition qu'à la commission des financess, a manifesté évidemment son intention de ne la faire examiner qu'en ce qui concernait l'abus imputé à l'administration des postes, et que par cela seul qu'il n'a chargé aucune commission de l'examiner en ce qui était relatif à l'éducation des enfans des représentans du peuple, etc., etc., il a prouvé qu'il n'accueillait que du plus profond mépris les vues extravagantes que le pétitionnaire avait proposées à cet égard;

Considérant qu'en dénaturant avec une aussi coupable perversité le procès - verbal du conseil des cinq-cents du 3 de ce mois, l'auteur du journal cité n'a pu avoir d'autre intention que d'attirer sur le conseil des cinq-cents la haine des citoyens même les plus attachés à la république; qu'il a été plus loin encore, et que, par une audace qui ne peut être comparée à aucun excès, il a provoqué le massacre des membres du corps législatif;

Vu pareillement le n° 701 du journal intitulé Journal du matin, le Portefeuille, contenant ce qui suit :

« A l'approche des élections, au moment où le gouvernement français organise un mouvement sublime contre la perfidie de l'Angleterre, nous ne serions point du tout surpris que le bruit qui court depuis hier n'ait quelque fondement.

« Personne n'ignore de l'influence que peut avoir un ministre sur la marche des événemens, et tout le monde sait qu'il faut moins que jamais s'en rapporter à la mine.

« On dit qu'il y a eu au directoire une séance secrète dans laquelle il a été question de la révision du ministère actuel : on ajoute que les opinions des directeurs sur certains hommes se sont trouvées en opposition, et qu'il en est résulté une discussion très-orageuse.

« Que l'on se rappelle ce qui précéda le 18 fructidor : alors aussi le ministère fut renouvelé ; alors aussi ce renouvellement divisa les membres du directoire. Cependant la majorité tint ferme ; l'opération eut lieu. et le 18 fructidor tourna au profit de la république.

« Exclus des délibérations du directoire, nous ne donnerons aucuns détails sur ce qui s'est passé; mais qui sait si, dans les circonstances présentes, on ne fait pas, pour éviter un 18 fructidor, ce que l'on fit alors pour le précipiter ? Ici la prudence nous arrête et nous dit chut ! Le temps nous apprendra le reste. »

Considérant que le passage ci-dessus, dicté par le mensonge et la perfidie, n'est que trop visiblement lié aux manœuvres ourdies par l'étranger, et manifestées, depuis plusieurs jours, par une foule de simptòmes, pour semer la défiance et la terreur parmi les citoyens, paralyser le zèle des fonctionnaires publics, et ranimer les espérances des ennemis de la constitution *du* (22 *août* 1795, A.) 5 *fructidor* an III, en faisant croire qu'il regne entre les membres du directoire exécutif, si notoirement unis entre eux par le sentiment de la fraternité la plus intime, autant que par l'uniformité de leurs principes républicains, une division que l'astuce contre-révolutionnaire a soin de présenter comme une source de projets désastreux et de dissentions civi es;

Considérant que des manœuvres aussi criminelles ne peuvent pas re ter impunies; qu'elles portent à tous égards le caractère d'un attentat contre la sûreté générale de la république, et qu'il est instant de faire poursuivre tous ceux qui y prennent une part quelconque;

Vu l'article 145 de la constitution *du* (22 *août* 1795, A.) 5 *fructidor* an III, la loi du (16 *avril* 1796, A. 27 germinal an IV (*nᵒˢ* 9630 *et suivans*) et l'article 35 de la loi du (5 *septembre* 1797, A.) 19 fructidor an V (*nᵒ* 1220). *Arrêté du* 3 *décembre* 1797, A. *préambule.*]

[12930. Les journaux intitulés Le Défenseur de la Vérité et des Principes et le Journal du Matin, le Portefeuille, sont prohibés.

Les scellés seront apposés sur les presses qui servent à les imprimer. *Arrêté du* 3 *déc.* 1797, A. *art* 1ᵉʳ.]

[12940. Le ministre de la police générale prendra les mesures nécessaires pour constater quel est le rédacteur de l'article ci-dessus transcrit du Journal du Défenseur de la Vérité et des Principes, et il rendra compte au directoire exécutif du résultat de ses recherches. *Arrêté du* 3 *déc.* 1797, A. *art.* 2.]

[12950. L'imprimeur du même journal, demeurant rue du Fouarre, nᵒ 8, et le citoyen Delachave, propriétaire et imprimeur de la feuille intitulée Journal du Matin, le Portefeuille, demeurant à Paris, rue Neuve-Saint-Roch, nᵒ 161, prévenus de conspiration contre la sûreté générale de la république. seront conduits à la maison d'arrêt établie près le directeur du jury de Paris; il est enjoint au gardien de ladite maison d'arrêt de les recevoir, en se conformant à la loi, et à tous dépositaires de la force publique auxquels le présent mandat d'arrêt sera notifié, de prêter main-forte pour son exécution, en cas de nécessité. *Arrêté du* 3 *décembre* 1797, A. *art.* 3.]

[12960. En vertu des articles 108 et 127 du Code des Délits et des Peines du 25 octobre 1795 V., il sera fait une visite domiciliaire et les scellés seront apposés dans la maison de l'imprimeur du Défenseur de la Vérité et des Principes, et dans celle du citoyen Delachave, à l'effet de rechercher et d'examiner leurs papiers. *Arrété du* 3 *décembre* 1797, A. *art.* 4.]

[12970. Le directeur du jury qui sera chargé de l'instruction du procès de ces deux citoyens, sera requis par le commissaire du directoire exécutif d'étendre cette instruction à tous les auteurs, fauteurs et complices de la conspiration dont sont prévenus ces citoyens. *Arrété du* 3 *décembre* 1797, A. *art.* 5.]

12980. *En vertu de l'arrété du* 5 *décembre* 1797, A.

[12990. Le directoire exécutif, informé que les colporteurs de journaux et autres écrits périodiques contreviennent fréquemment, dans la commune de Paris, à l'article 1er de la loi du (25 *décembre* 1796, A.) 5 nivôse an V (*n°* 5490), qui leur défend « d'annoncer dans les rues, carrefours « et autres lieux publics, aucun journal ou écrit « périodique, autrement que par le titre général et « habituel qui le distingue des autres journaux ; »

Que notamment hier, les colporteurs du n° 703

de la feuille intitulée, Journal du Soir, le Portefeuille, annonçaient publiquement, comme con-
signés dans cette feuille, « les détails de la scène
« arrivée entre plusieurs membres du directoire
« exécutif, relativement à une nouvelle déclara-
« tion de guerre, et des provocations de l'un de
« ces directeurs envers un de ses collègues; » annonce d'autant plus perfide et mensongère de la
part des colporteurs comme de celle du rédacteur
du journal cité, dont ils ne faisaient que publier
le sommaire, qu'elle paraît évidemment avoir
pour objet le directoire exécutif de la république
Française, tandis qu'on voit, en parcourant l'article du journal auquel cette partie du sommaire
est relative, qu'elle concerne le directoire exécutif de la république Cisalpine;

Considérant qu'une telle manière de proclamer
les mensonges aussi absurdes qu'odieux qui composent cet article, manifeste ouvertement l'intention non-seulement d'accréditer le bruit créé et
semé par l'or de l'Angleterre, d'une prétendue
division entre les membres du directoire exécutif,
mais encore d'empêcher les citoyens paisibles et
peu instruits, de croire à la paix donnée au con-
tinent de l'Europe par les armées victorieuses de
la république et par la fermeté de son gouvernement;

Considérant que d'ailleurs ces mensonges tendent, en avilissant le directoire exécutif de la république Cisalpine, à défavoriser toute espèce de

gouvernement populaire représentatif, et à faire croire aux peuples trompés, qu'ils ne peuvent trouver de repos et de bonheur que dans le gouvernement monarchique ou aristocratique;

Considérant qu'il est du devoir en même temps que de l'honneur du gouvernement français, de venger les calomnies répandues contre un gouvernement libre qui doit son existence à la république Française, arrète : *Arrêté du 5 décembre 1797, A préambule.*]

[13000. Le n° 703 de la feuille périodique intitulée, Journal du Soir, le Portefeuille, sera dénoncé au directeur du jury chargé de l'instruction de la procédure commencée contre le citoyen Delachave en exécution de l'arrêté du directoire exécutif du (3 *décembre* 1797, A.) 13 de ce mois, (*n°s 12920 et suivans*), et ce directeur du jury sera requis de le joindre, comme nouvelle pièce de conviction, aux autres pièces de ladite procédure. *Arrêté du 5 décembre 1797, A. art. 1er.*]

[13010. Il sera pareillement requis de comprendre dans son instruction les individus qui, en colportant hier la feuille dont il s'agit, en ont annoncé publiquement la partie du sommaire ci-dessus mentionnée. *Arrêté du 5 décembre 1797, A. art. 2.*]

13020. *En vertu de l'arrêté du 29 mai 1800, A.*

[13030. Le journal intitulé L'Ami des Lois, est supprimé. *Arrêté du 29 mai 1800, A.*]

DIVISION DU 2ᵉ DEGRÉ.

13040. *De l'abolition des procès et jugemens relatifs à la presse, à différentes époques.*

13050. *Sous le décret du 2 avril 1790, B.*

[13060. L'assemblée nationale décrète qu'il ne pourra être intenté aucune action, dirigé aucune poursuite, pour les écrits qui ont été publiés jusqu'à ce jour, sur les affaires publiques, à l'exception néanmoins du libelle intitulé : C'en est fait de nous, à l'égard duquel la dénonciation précédemment faite, *par le décret du* 31 *juillet* 1790, *B. art. unique,* (nᵒ 12750), sera suivie. *Décret du 2 août* 1790 , B. *art. unique.*]

13070. *Sous le décret du* 3 *septembre* 1792 , L.

[13080. Tous procès criminels instruits, ainsi que tous jugemens rendus depuis le 14 juillet 1789, contre des citoyens, pour faits relatifs à la liberté de la presse, sont éteints et abolis. *Décret du* 3 *septembre* 1792, L *art.* 1ᵉʳ.]

[13090. Le pouvoir exécutif provisoire donnera les ordres nécessaires pour que les citoyens qui peuvent être détenus dans les prisons ou dans les fers, sous prétexte desdits procès ou jugemens, soient mis sans délai en liberté. *Décret du* 3 *septembre* 1792, L. *art.* 2.]

13100. *Sous le décret du 25 mai* 1793 , A.

[13110. La convention nationale casse et annulle l'arrêté pris à Orléans le 13 mai, par Julien et Bourbotte, ses commissaires dans le département du Loiret, ainsi que l'ordre expédié de Marseille à la municipalité d'Avignon, le 12 avril par Moïse Bayle et Boisset, ses commissaires dans le département des Bouches-du-Rhône, comme attentatoires et destructifs de la liberté de la presse.

Déclare nuls et non avenus tous arrêtés qui contiendraient de pareilles dispositions. Fait les défenses les plus expresses à toutes autorités constituées, corps administratifs et municipaux, de donner aucune suite à de pareilles arrêtés. *Décret du 25 mai 1793, A. art. unique.*]

DIVISION DU 1er DEGRÉ.

13120. *Des autorités chargées de la surveillance de la presse.*

DIVISION DU 2e DEGRÉ.

13130. *De la direction de l'imprimerie et de la librairie.*

DIVISION DU 3e DEGRÉ.

13140. *Dispositions générales.*

13150. *Sous l'arrêté du 7 novembre 1795, C.*

[13160.... Le ministre de la justice demeurera chargé d'ordonnancer *les dépenses* relatives au ... bureau de vérification des imprimeries nationales... *Arrêté du 7 novembre 1795, C.*]

13170. *Sous le décret du 5 février 1810, A. et l'ordonnance du 23 octobre 1814, A.*

[13180 Il y aura un directeur général, chargé, sous les ordres de notre ministre de l'intérieur, de tout ce qui est relatif à l'imprimerie et à la librairie. *Décret du 5 février* 1810, A. *titre* 1er, *art.* 1er.]

[13190. Six auditeurs seront placés auprès du directeur général. *Décret du 5 fév.* 1810, A. *art.* 2.]

[13200. La direction générale de la librairie est et demeure placée dans les attributions du chancelier de France. Le directeur général de la librairie exercera, sous la surveillance de notredit chancelier, les fonctions qui lui sont attribuées par la loi du 21 octobre 1814 A *dans les articles* 3(n° 2720), 4 (n° 2730), 5 n° 2740 *et* 2760), 7 (n° 2790), 13 (n° 5160), 14 (n° 4720) *et* 21 (n° 12010.) *Ordonnance du 23 octobre* 1814, A. *art.* 1er.]

[13210. Notre amé et féal chevalier, le chancelier de France, fera également exécuter ladite loi en ce qui concerne la publication des journaux et autres écrits périodiques, ainsi que les dispositions de la présente ordonnance (n° 13200). *Ordonnance du 23 octobre* 1814, A *art.* 2.]

[13220. Le produit des confiscations et des amendes sera appliqué..... aux dépenses de la direction générale de l'imprimerie et librairie. *Décret du 5 février* 1810, A. *art.* 44.]

13230. *Sous le décret du 24 mars 1815, C.*

[13240. La direction générale de la librairie et de l'imprimerie.... *est* supprimée. *Décret du 24 mars 1815, C. art. 1er.*]

[13250. La librairie et l'imprimerie sont réunies au ministère de la police générale. *Décret du 24 mars 1815, A. art. 1er.*]

[13260. *Depuis le 15 juin 1815 jusqu'à ce jour.*

13263 *La librairie et l'imprimerie forment une dépendance du ministère de l'intérieur.*

13266. *Le produit des confiscations et des amendes est compris annuellement dans le budjet des recettes de l'état, sans être l'objet d'une affectation spéciale.*

DIVISION DU 3e DEGRÉ.

13270. *Des inspecteurs de la librairie.*

[13280. *Sous les diverses lois rendues depuis le 5 février 1810, jusqu'au 24 octobre 1814.*

13290. *Diverses fonctions tendant à constater les délits de la presse, sont attribuées aux inspecteurs de la librairie. (Voyez nos 11890 et suivans.)*

13300. *Sous le décret du 11 mai 1815, B.*

[13310. Les inspecteurs de la librairie sont supprimés. *Décret du 11 mai 1815, B. art 1er*]

[13320. Notre ministre de la police générale choisira, parmi lesdits inspecteurs supprimés, neuf commissaires spéciaux de la librairie , qui rempliront celles des fonctions , précédemment attribuées aux inspecteurs, qui leur seront conservées d'après la législation nouvelle, et qui résideront, savoir :

Trois à Paris,
Un à Strasbourg,
Un à Lyon ,
Un à Avignon ,
Un à Toulouse,
Un à Bordeaux,
Et un à Lille. *Décret du* 11 *mai* 1815, B. *art.* 2.]

[13330. Les inspecteurs qui n'auront pas été nommés commissaires spéciaux, recevront, à titre d'indemnité, six mois de leur traitement, sans préjudice de la pension de retraite à laquelle ils auraient droit par la durée de leurs services. *Décret du* 11 *mai* 1815, B. *art.* 3.]

[13340. *L'abrogation des dispositions ci-dessus est constatée au n° 630.*]

DIVISION DU 3ᵉ DEGRÉ.

13350. *Du journal de la librairie.*

13360. *Sous le décret du* 14 *octobre* 1811, D.

[13370. La direction générale de l'imprimerie et de la librairie est autorisée à publier, à dater du 1ᵉʳ novembre prochain, un journal dans lequel seront annoncées toutes les éditions d'ouvrages imprimés ou gravés, qui seront faites à l'avenir, avec le nom des éditeurs et des auteurs, si ces derniers sont connus, le nombre d'exemplaires de chaque édition et le prix de l'ouvrage.

Elle y fera aussi insérer, avant la publication des ouvrages, les déclarations qui auront été faites par les libraires, pour la réimpression des livres du domaine public. (*Voyez* n°ˢ 3660 *et suivans.*) *Décret du* 14 *octobre* 1811, D. *art.* 1ᵉʳ.]

[13380. Les fonds provenant des abonnemens au Journal de la Librairie seront affectés aux dépenses de la direction générale. *Décret du* 14 *octobre* 1811, D. *art.* 2.]

[13390. Conformément aux dispositions de l'article 12 de l'arrêt du conseil du 16 avril 1785, il est défendu à tous auteurs et éditeurs, directeurs et rédacteurs des gazettes, journaux, affiches, feuilles périodiques et autres papiers publics, tant à Paris que dans les départemens, même de ceux étrangers dont la distribution est permise dans l'empire, d'annoncer, sous tel prétexte que ce puisse être, aucun ouvrage imprimé ou gravé, national ou étranger, si ce n'est après qu'il aura été annoncé par le Journal de la Librairie, en se conformant, pour le prix de l'ouvrage, à celui qui aura été indiqué dans ce journal, à peine de deux cents francs d'amende pour la première contravention, et d'amende arbitraire ainsi que de déchéance de leurs permissions en cas de récidive, même de telle autre peine qu'il appartiendra, s'il s'agissait d'ouvrages non permis ou prohibés. *Décret du 14 octobre 1811, D. art. 3.*]

13400. *Sous l'ordonnance du 24 octobre 1814, B.*

[13410. Conformément aux dispositions de l'article 12 de l'arrêt du conseil du 16 avril 1785, et à l'article 3 du décret du 14 octobre 1811, D. (*n°* 13390), il est défendu à tous auteurs et éditeurs de journaux, affiches et feuilles périodiques, tant à Paris que dans les départemens, sous peine de déchéance de l'autorisation qu'ils auraient obtenue, d'annoncer aucun ouvrage imprimé ou gravé, si ce n'est après qu'il aura été annoncé par le Journal de la Librairie. *Ordonnance du 24 octobre 1814, B. art. 12.*]

13413. *Dans l'état actuel de la législation.*

13416. *Les journaux non politiques pouvant être publiés sans autorisation préalable (Voyez n° 1920), le journal de la librairie n'est plus qu'une entreprise particulière.*

DIVISION DU 2e DEGRÉ.

13420. *Des conseils de surveillance et des commissions de censure.*

DIVISION DU 3e DEGRÉ.

13430. *Des conseils de surveillance de la censure, sous les lois qui l'ont autorisée.*

33*

13440. *Sous l'ordonnance du 1er avril* 1820, **A.**

[13450. Un conseil de neuf magistrats, nommés par nous sur la présentation de notre garde des sceaux, ministre secrétaire d'état au département de la justice, sera chargé de la surveillance de la censure. *Ordonnance du* 1er *avril* 1820, **A.** *article* 9.]

[13460. La commission de censure de Paris rendra, une fois par semaine, un compte raisonné de ses décisions au conseil de surveillance. Les commissions des départemens lui rendront compte de leurs opérations au moins une fois par mois. *Ordonnance du* 1er *avril* 1820, **A.** *art.* 10.]

[13470. Quand il y aura lieu, en exécution de l'art. 6 de la loi du 31 mars 1820, **A.** (*n°* 2220), à la suspension provisoire d'un journal ou écrit périodique, elle sera prononcée par le conseil de surveillance, sous l'approbation de notre ministre secrétaire d'état au département de la justice. Il en sera de même quand il y aura lieu, en exécution de l'art. 7 de ladite loi (*n°* 2230), de prononcer la suspension ou la suppression d'un journal ou écrit périodique après jugement. *Ordonnance du* 1er *avril* 1820, A. *art.* 11.]

13480. *Sous l'ordonnance du 24 juin* 1827, **B.**

[13490. Un conseil de neuf membres nommés par nous, sur la présentation de notre garde des sceaux, ministre secrétaire d'état de la justice, sera chargé de la surveillance de la censure. *Ordonnance du 24 juin 1827, B. art. 7.*]

[13500. Le bureau de la censure de Paris adressera une fois par semaine un rapport sur ses opérations au conseil de surveillance. Les censeurs des départemens lui rendront compte des leurs une fois par mois. *Ordonnance du 24 juin 1827, B. article 8.*]

[13510. Quand il y aura lieu, en exécution de l'art. 6 de la loi du 31 mars 1820, A. (*n° 2220*), à la suppression provisoire d'un journal ou écrit périodique, elle sera prononcée par nous, sur le rapport de notre garde des sceaux, après qu'il aura pris l'avis du conseil de surveillance. Il en sera de même quand il y aura lieu, en exécution de l'art. 7 de ladite loi (*n° 2230*), à prononcer la suspension ou la suppression d'un journal ou écrit périodique après jugement. *Ordonnance du 24 juin 1827, B. art. 9.*]

DIVISION DU 3ᶜ DEGRÉ.

13520. *Des membres qui ont composé ces commissions.*

13530. *Sous l'ordonnance du 1ᵉʳ avril 1820, B.*

[13540. Sont nommés membres du conseil chargé de la surveillance de la censure, institué par l'art. 9 de notre ordonnance de ce jour (*n° 13450*), les sieurs Boyer, Vergès, Olivier et Voysin de Gartempe, nos conseillers en la cour de cassation; Brière de Surgy, président en notre cour des comptes ; Tarrible, maître des comptes ; de Merville, président ; Lepoitevin et Larrieu, conseillers en notre cour royale de Paris. *Ordonnance du 1er avril 1820, B. art. 1er.*]

13550. *Sous l'ordonnance du 24 juin 1827, C.*

[13560. Sont nommés membres du conseil chargé de la surveillance de la censure, institué par l'art. 7 de notre ordonnance de ce jour, (*n° 13490.*)

Les sieurs

Vicomte de Bonald, ministre d'état, pair de France, président du conseil de surveillance ;

Marquis d'Herbouville, pair de France, vice-président ;

Comte de Breteuil, pair de France, maître des requêtes honoraire ;

De Frenilly, membre de la chambre des députés, et conseiller d'état ;

Olivier (de la Seine), membre de la chambr e des Députés ;

De Macquillé, membre de la chambre des députés ;

Baron Cuvier, conseiller d'état ;

De Guilhermy, président de la cour des comptes, et conseiller d'état en service extraordinaire ;

De Broé, maître des requêtes au conseil d'état, avocat général à la cour royale de Paris. *Ordonnance du 24 juin 1827, C. art. 1er.*]

[13570. Sont nommés membres du conseil

chargé de la surveillance de la censure, les sieurs de Blaire, conseiller d'état, et Olivier, conseiller en notre cour de cassation, en remplacement des sieurs baron Cuvier et de Broé. *Ordonnance du 8 juillet* 1827, A. *art* 1er.]

DIVISION DU 3e DEGRÉ.

13580. *Des commissions de censure, sous les lois qui l'ont autorisée.*

13590. *Sous le décret du* 14 *décembre* 1810, C.

[13600. Les censeurs dont il est fait mention à l'art. 14 de notre décret du 5 février... 1810, A. (*n°* 2460), porteront le titre de censeurs impériaux. *Décret du* 14 *décembre* 1810, C. *art.* 1er.]

13610 *Sous l'ordonnance du* 8 *août* 1815, A.

[13620. Tous les écrits périodiques seront soumis à l'examen d'une commission dont les membres seront nommés par nous, sur la présentation de notre ministre de la police générale. *Ordonnance du* 8 *août* 1815, A. *art.* 2.]

13630. *Sous l'ordonnance du* 1er *avril* 1820, A.

(*Tit.* 2 de la censure, *art.* 4 *à* 11.)

[13640. Il y aura à Paris, auprès de notre ministre secrétaire d'état au département de l'intérieur, une commission chargée de l'examen préalable de tous les journaux et écrits périodiques. *Ordonnance du* 1er *avril* 1820, A. *art.* 4.]

[13650. Cette commission sera composée de douze censeurs : ils seront nommés par nous, sur la présentation de notre ministre secrétaire d'état de l'intérieur. *Ordonnance du* 1er *avril* 1820, A. *art.* 5.]

[13660. Tout journal ou écrit périodique devra, avant d'être imprimé, avoir été revêtu du visa de la commission, qui en autorisera la publication, conformément à l'art. 5 de la loi du 31 mars 1820, A. (*no* 2210.) *Ordonnance du* 1er *avril* 1820, A. *art.* 6.]

[13670. La commission ne pourra prononcer, s'il n'y a au moins cinq membres présens. *Ordonnance du* 1er *avril* 1820, A. *art.* 7.]

[13680. Dans chaque chef-lieu de département, il y aura, auprès du préfet, une commission de trois censeurs, chargée de l'examen préalable des journaux et écrits périodiques qui seront publiés dans le département. *Ordonnance du* 1 *avril* 1820, A. *art.* 8.]

13690. *Sous l'ordonnance du* 16 *août* 1824, B.

[13700. Il sera immédiatement formé à Paris, auprès de notre ministre secrétaire d'état de l'intérieur, et sous la présidence du directeur de la police, une commission chargée de l'examen préalable de tous les journaux et écrits périodiques.

Elle sera composée, non compris le président, de six membres nommés par notre ministre secrétaire d'état de l'intérieur. *Ordonnance du 16 août 1824, B. art.* 1er.]

[13710. Tout article de journal ou écrit périodique devra, avant d'être imprimé, avoir été revêtu d'un visa constatant l'examen et l'approbation préalable exigés par l'art. 5 de la loi du 31 mars 1820, A. (*n*º 2210), lequel visa sera donné par le.... secrétaire de ladite commission. *Ordonnance du 16 août* 1824, B. *art.* 2.]

[13720. Dans les départemens, les préfets nommeront, selon les besoins, un ou plusieurs censeurs chargés de l'examen préalable des journaux et écrits périodiques qui y seront publiés. *Ordonnance du 16 août* 1824, B. *art.* 3.]

13730. *Sous l'ordonnance du 24 juin* 1827, B.

[13740. Il y aura à Paris, auprès de notre ministre sécrétaire d'état au département de l'intérieur, un bureau chargé de l'examen préalable de tous les journaux et écrits périodiques. *Ordonnance du 24 juin* 1827, B. *art.* 1er.]

[13750. Ce bureau sera composé de six censeurs, qui seront nommés par nous, sur la présentation de notre ministre sécrétaire d'état de l'intérieur. *Ordonnance du 24 juin* 1827, B. *art* 2.]

[13760. Tout numéro de journal ou écrit périodique devra, avant d'être imprimé, avoir été revêtu du visa de ce bureau, qui en autorisera la publication, conformément à l'article 5 de la loi du 31 mars 1820. A. (*n° 2210*) *Ordonnance du 24 juin 1827*, B. *art.* 3

[13770. Dans les départemens, les préfets nommerout, selon les besoins, un ou plusieurs censeurs chargés de l'examen préalable des journaux qui y seront publiés. *Ordonnance du 24 juin 827*, B. *art* 6]

DIVISION DU 3ᵉ DEGRÉ.

13780. *Des censeurs nommés à différentes époques.*

13790. *Par l'arrêté du 7 avril 1814*, D.

[13800. Le sieur Michaud est nommé censeur..... *Arrêté du 7 avril 1814*, D.]

13810. *Par l'ordonnance du 24 octobre 1814*, A.

[13820. En exécution de la loi du 21 octobre 1814. A. (*n° 1710*) sur la proposition du directeur général de la librairie, et sur le rapport de notre amé et féal chevalier le chancelier de France, nous avons nommé et nommons censeurs royaux,

Les sieurs

Auger ; baron de Barantin ; Bernardi, membre de l'institut ; Campenon, idem ; Clavier, idem ; Dampmartin, membre de la chambre des députés ; Delacroix Frainville, bâtonnier de l'ordre des avocats ; Delasalle, référendaire de la cour des comptes ; Deleuze ; Delvincourt, doyen de la faculté de droit de Paris ; Desrenaudes, conseiller titulaire de l'université ; Henri Dillon, Fraissynous, inspecteur de l'université ; Guizot, secrétaire général du ministère de l'intérieur, Ch. Lacretelle, membre de l'institut ; Le Graverend, directeur des affaires criminelles à la chancellerie ; Lemontey, ex-député à l'assemblée législative ; Quatremère de Quincy, membre de l'institut ; Silvestre de Sacy, idem ; Vanderbourg, idem. *Ordonnance du 24 octobre 1814, A. art.* 1er.]

[13830. Sont nommés censeurs royaux honoraires,

Les sieurs

Suard, secrétaire perpétuel de la deuxième classe de l'institut ; Bossu, curé de Saint-Eustache ; Hardoin, conseiller à la cour royale ; Bosquillon, professeur au collége royal ; Teissier, membre de l'institut ; Cadet de Vaux ; Mauduit, professeur au collége royal ; Raup de Baptestin de Moulières, inspecteur de la librairie ; Mentelle, membre de l'institut ; Coupé ; Robin ; Pellenc ; Sovau ; Johanneau ; Salgues ; Artaud, secrétaire d'ambassade à Rome ; Davrigny ; Tabaraud ; Malherbe, ancien historiographe des états du Languedoc ; Demanne, employé à notre bibliothèque, Cohen ; Bernhard. *Ordonnance du 24 octobre 1814, A. art. 5.*]

13840. *Par les ordonnances rendues depuis le 14 jusqu'au 23 août 1815.*

[13850. Sur la présentation de notre ministre secrétaire d'état au département de la police générale, nous avons nommé et nommons membre de la commission instituée par l'article 2 de l'ordon-

34*

nance du 8 *août* 1815, A.(*n*º 13620) les sieurs Fiévée de Torcy Pellenc, Auger et Mutin. *Ordonnance du 14 août* 1815 , B]

[13860. *Est* nommé membre de la commission instituée pour l'examen des journaux et écrits périodiques, le sieur Bascheran - Desportes, en remplacement du sieur Fiévée, démissionnaire. *Ordonnance du* 19 *août* 1815 , A.]

[13870. Le sieur Dampmartin *est nommé* membre de la commission des journaux, en remplacement du sieur Auger démissionnaire. *Ordonnance du* 23 *août* 1815, C.]

13880. *Par les ordonnances des* 1ᵉʳ *avril* 1820, C. *et* 5 *avril* 1820, E.

[13890. Sont nommés membres de la commission de censure instituée à Paris par notre ordonnance de ce jour (*n*º 13640),

Les sieurs

D'Andrezel, inspecteur-général des études;

Auger, membre de l'Académie-Française ;

Baudus;

D'Erbigny, ancien recteur de l'académie de Grenoble;

Lageard de Cherval;

Lourdoueix;

Mazure, inspecteur-général des études;

Rothe de Nugent.

Ordonnance du 1ᵉʳ *avril* 1820, C. *art.* 1ᵉʳ.]

[13900. Sont nommés membres de la commis-

sion de censure instituée à Paris par notre ordonnance du 1er avril (n° 13640),

    Les sieurs

Raoul-Rochette, membre de l'académie des
    inscriptions;

Pariset;

Landrieux;

Vieillard.

Ordonnance du 5 avril 1820, E. *art.* 1er.]

13910. *Par les ordonnances rendues depuis
le 24 juin jusqu'au 18 juillet* 1827.

[13920. Sont nommés membres du bureau de
censure institué à Paris par notre ordonnance de
ce jour (n°s 13740 *et suivans*),

    Les sieurs

Levacher-Duplessis, ancien avocat à nos conseils;
Fouquet, archiviste de la couronne;
Couvret de Beauregard, ancien sous-préfet;
Pain (Joseph), homme de lettres;
Rio, professeur d'histoire;
Caïx professeur d'histoire.

Ordonnance du 24 juin 1827, D. *art.* 1er]

[13930. Le travail *du* bureau de censure sera
dirigé par le sieur de Lourdoueix, chef de la division des sciences, beaux-arts et belles-lettres au
ministère de l'intérieur. *Ordonnance du 24 juin*
1827, B. *art.* 4.]

[13940. Le visa du bureau sera donné par le
sieur Deliége, que nous nommons, à cet effet, se-

crétaire du bureau de censure. *Ordonnance du 24 juin 1827, B. art. 5.*]

[13950. Sont nommés membres du bureau de censure institué à Paris par notre ordonnance du 24 juin dernier (n°s 13740 *et suivans*), les sieurs de Silan, secrétaire-rédacteur de la chambre des Députés, et l'Évêque, ancien chef de division au ministère de la guerre, en remplacement des sieurs Caïx et Rio. *Ordonnance du 4 juillet 1827, A. art.* 1er.]

[13960. Est nommé membre du bureau de censure institué à Paris par notre ordonnance du 24 juin dernier (n°s 13740 *et suivans*), le sieur Berchoux, homme de lettres, en remplacement du sieur Fouquet, archiviste de la couronne. *Ordonnance du 18 juillet 1827, B. art.* 1er.]

DIVISION DU 3e DEGRÉ.

13970. *Des rétributions allouées aux censeurs.*

13980. *Sous le décret du 3 mai 1810, A.*

[13990. Il sera mis à la disposition de notre ministre de l'intérieur une somme qui sera déterminée chaque année dans le budget de son département, au chapitre de la direction générale de la librairie, pour être spécialement affectée à toutes les dépenses relatives à la censure. *Décret du 3 mai 1810, A. art.* 1er.]

[14000. Sur cette somme, notre ministre prendra, sur le rapport du directeur-général de la librairie, les sommes qu'il jugera convenable d'accorder à chaque censeur, suivant la nature et l'étendue de son travail, pour indemnité de dépenses ou de gratification. *Décret du 3 mai 1810, A. art. 2.*]

[14010. Cette somme est fixée, pour 1810, à trente-six mille francs. *Décret du 3 mai 1810, A. art. 3.*]

14020. *Sous le décret du 14 décembre 1810, C.*

[14030.... *Les censeurs* recevront un traitement annuel et fixe de douze cents francs.

Ils recevront en outre une rétribution annuelle proportionnée à leurs travaux. *Décret du 14 décembre 1810, C. art. 2.*]

[14040. Le montant du traitement des censeurs impériaux et de la rétribution qui pourra leur être allouée, sera imputé sur les fonds des dépenses du service extérieur de la direction générale de la librairie, et ordonnancé par notre ministre de l'intérieur. *Décret du 14 décembre 1810 , C. art. 3.*]

[14050. Notre ministre de l'intérieur arrêtera l'état des rétributions supplémentaires qui pourraient être accordées, chaque année, aux censeurs impériaux, sur l'avis du directeur-général de la librairie. *Décret du 14 décembre 1810, C. art. 4.*]

14060. *Sous l'ordonnance du 24 octobre 1814, A.*

14070. Les censeurs royaux recevront un traitement fixe de douze cents francs. *Ordonnance du 24 octobre 1814, A. art. 2.*]

[14080. Ils recevront en outre une rétribution annuelle proportionnée au travail dont chacun d'eux aura été chargé. *Ordonnance du 24 octobre 1814, A. art. 3.*]

[14090. L'état de ces rétributions sera arrêté par notre amé et féal chevalier le chancelier de France, sur la proposition du directeur-général de la librairie. *Ordonnance du 24 octobre 1814, A. art. 4.*]

N. B. *L'auteur désirant publier le Code pendant la discussion du nouveau projet de loi sur la presse, a ajourné la publication des lois relatives à l'imprimerie royale, par lesquelles ce Code sera terminé : ces lois seront remises aux personnes qui les demanderont, à raison de 6 cent. la feuille in-8° de quatre pages.*

EXTRAIT de la GAZETTE DES TRIBUNAUX,
du 29 mai 1828.

CODE

GÉNÉRAL PROGRESSIF,

PAR ORDRE ALPHABÉTIQUE ET DE MATIÈRES;

CONTENANT, SUR CHAQUE POINT DE LA LÉGISLATION, LES *DISPOSITIONS TEXTUELLES* DES LOIS ET ACTES DU GOUVERNEMENT QUI SE SONT SUCCÉDÉS DEPUIS 1789, ET DE CEUX ANTÉRIEURS NON ABROGÉS;

SUIVANT LA MÉTHODE DE POTHIER,

DANS SES *PANDECTES.*

OUVRAGE SUSCEPTIBLE D'ÊTRE

TENU PERPÉTUELLEMENT AU COURANT DES PROGRÈS DE LA LÉGISLATION.

PAR A. DECOURDEMANCHE,

AVOCAT A LA COUR ROYALE DE PARIS.

LE désordre qui a toujours régné dans les lois, a été un des plus grands obstacles qui aient entravé la marche de la civilisation.

Les lois sont réputées connues de tous, et cependant, dans le fait, elles ne le sont et ne peuvent l'être que par les hommes qui consument leur vie à les étudier.

Tous les Publicistes ont toujours désiré que des recueils spéciaux offrissent l'ensemble des principes applicables à chaque matière, et qu'il fût possible de tenir ces recueils toujours au courant du dernier état de la législation : mais jusqu'ici le problême est resté sans solution. Plusieurs nations ont fait des Codes, mais aucune d'elles n'a trouvé le moyen de les tenir au niveau des progrès de la législation.

Cette difficulté vient d'être vaincue dans un CODE PROGRESSIF DES PRIVILÉGES ET HYPOTHÈQUES (*), publié par Me DECOURDEMANCHE, comme modèle de ceux qu'il se propose de faire paraître, sur les autres parties de notre droit public, civil et administratif.

Ce Code n'est composé que de textes codifiés SUIVANT LA MÉTHODE DE POTHIER, DANS SES PANDECTES.

Il présente, sur chaque partie de la matière qui y est traitée, les lois et actes du Gouvernement qui se sont succédés depuis 1789 jusqu'à ce jour.

En telle sorte que si l'on veut connaître : par exemple, les principes qui ont régi les priviléges sur les Immeubles, on les trouve traités, d'abord, sous la loi du 14 novembre 1790 ; ensuite sous celle de l'an III, sous celle de l'an VII, et enfin sous le Code Civil et les lois qui l'ont complété.

L'on est ainsi à même de juger des progrès que la législation a faite sur chaque partie de la matière.

Si une nouvelle loi était rendue, les articles en seraient répartis dans ce Code, sans qu'il soit nécessaire de réimprimer d'autres pages que celles qui doivent subir des changemens.

A cet effet, ce Code est relié par un procédé nouveau, qui permet d'intercaler et de supprimer des feuilles à l'infini dans le volume, et de le rétablir ensuite dans l'état d'un livre ordinaire.

(*) Un vol. in-8°, à Paris chez J.-P. ROBET, libraire, quai des Augustins, n° 17 *bis*. Prix : 5 f. broché, et 7 f. 90 c. relié mobilement.

(3)

Au moyen d'une combinaison fort simple de chiffres décimaux, les numéros donnés aux articles ne doivent jamais changer, quelles que soient les intercalations que puissent nécessiter des lois nouvelles.

Ce Code réunit à l'avantage de présenter les Dispositions textuelles de la loi, à différentes époques, celui d'éclairer les textes par leur rapprochement, et, sous ce rapport, il n'est pas de Traité qui puisse offrir ce double résultat, car à peine un Traité a été publié, qu'il cesse bientôt d'être au courant du dernier état de la législation.

Des Codes composés de textes anciens ont plusieurs avantages sur les Codes formés de textes nouveaux : ils peuvent embrasser successivement toutes les branches d'une législation ; ils servent à la génération qui les voit naître, parce qu'ils contiennent précisément les lois qui ont régi les actes de cette génération.

Les textes dont ils se composent sont d'avance interprétés par les décisions de la justice ; et au lieu d'être une nouvelle thèse ouverte au vaste champ de la controverse, ils sont un résumé de doctrines tellement débattues, qu'il serait presque insensé de les attaquer sur des points où leur sens est déjà fixé.

Dans le système des nouveaux Codes Progressifs, lorsqu'une matière a été codifiée, on connaît l'état actuel des principes qui la régissent.

Si l'on veut changer quelques-uns de ces principes, on ne présente aux corps délibérans que ceux qui sont dans ce cas.

Toute la discussion se porte sur ces principes : l'attention de l'assemblée qui les examine n'est point divisée par la nécessité d'embrasser toutes les parties d'une branche de

législation ; on ne s'occupe que des points mis en délibération.

Une semblable direction donnée aux travaux des chambres,
doit les mettre à même de prendre des décisions profon-
dément méditées, et de donner plus promptement à la
France les lois qu'elle attend comme le complément de
ses institutions

Si notre législation était codifiée dans ce système, le
pouvoir législatif n'aurait point à refaire en entier des lois
dont les principes sont reconnus bons, mais qui n'ont que
l'inconvénient d'être éparses parmi d'autres lois : il corri-
gerait seulement ce qui doit être réformé, au lieu de refaire
ce qui doit être maintenu.

En un mot, on ne ferait qu'ajouter à l'édifice de nos lois,
sans jamais le reconstruire de fond en comble, et il traver-
serait les temps, comme un monument éternel qui ne fait
que s'augmenter, sans jamais rien perdre des élémens qui
le composent.

Le travail auquel s'est livré Me DECOURDEMANCHE est un
service rendu à la science des lois. La méthode de sa classification est claire et facile à suivre, et les recherches qu'il
s'est imposées sont profondes. On apprendra sans doute
avec plaisir que ce jurisconsulte va faire paraître incessamment le Code entier de la Presse, c'est-à-dire la réunion
de toutes les lois, ordonnances et décrets qui régissent cette
branche importante de nos libertés.

Signé MÉRILHOU.

EXTRAIT du JOURNAL DU COMMERCE,
du 24 mai 1828.

M. *Dupin* aîné a fait hommage à la chambre, au nom de l'auteur, d'un exemplaire du CODE DES PRIVILÉGES ET HYPOTHÈQUES, faisant partie du CODE GÉNÉRAL PROGRESSIF que M* *Decourdemanche*, Avocat à la Cour royale de Paris, se propose de publier sur les différentes branches de notre législation, d'après la *Méthode de Pothier*, dans ses *Pandectes*.

Ce Code offre cela de remarquable, qu'il est imprimé et relié par un nouveau procédé, extrêmement ingénieux, qui permettra de le tenir perpétuellement au courant des progrès de législation, dans l'ordre primitif des matières, difficulté qui n'avait point été vaincue jusqu'à ce jour.

Les députés qui ont parcouru ce volume à la bibliothèque, ont admiré le mécanisme de cette importante découverte, qui doit avoir une grande influence sur la classification des lois.

L'auteur va publier par le même procédé le CODE DE LA PRESSE (*), qui, ainsi que les autres collections, comprendra toutes les lois et tous les actes du Gouvernement sur cette importante matière, depuis 1789. Cette méthode a le double avantage de réunir dans un ordre régulier une multitude de dispositions éparses, en distinguant celles qui sont abrogées, et de présenter une véritable histoire de la législation. Il sera curieux d'observer les vicissitudes de la liberté de la presse, ses combats contre la censure, ses rares victoires, ses nombreuses défaites, depuis la constitution de 1789, jusqu'au projet de M. de Portalis.............

(*) Ce Code vient de paraître, ainsi que celui des Brevets d'invention.

(6)

Codes progressifs actuellement en vente :

Le Code progressif de la Presse, et autres moyens de Publication ; 6 fr., broché, et 8 fr. 90 c., relié mobilement;

Des Priviléges et Hypothèques ; 5 fr., broché, et 7 fr. 90 c., relié mobilement ;

Des Brevets d'Invention, avec la législation étrangère ; 1 fr., broché ;

Le Plan du Code général progressif, explicatif du nouveau systême de codification, se vend séparément, 60 c., broché.

Paraîtront incessamment :

Les Codes de l'Enregistrement, du Timbre et des droits de Greffe, etc., etc. ;

Et ainsi de suite de toutes les matières de notre Droit public, civil et administratif.

A mesure qu'un nouveau Code Progressif paraîtra , on en donnera avis aux personnes qui auront manifesté le désir d'en être instruites.

PRIX DES CODES SPÉCIAUX ET DES FEUILLES ADDITIONNELLES , OU RECTIFICATIVES.

Pour les souscripteurs , le prix des Codes spéciaux brochés est calculé à raison de 6 francs les cent feuilles, chaque feuille présentant 4 pages in-8°.

Le prix des feuilles additionnelles ou rectificatives est calculé à raison de 7 fr. 50 c. les cent feuilles.

Les personnes qui voudront recevoir les feuilles additionnelles ou rectificatives d'un ou de plusieurs Codes déjà publiés, paieront d'avance le prix de 50 feuilles in-8, formant 3 francs 75 centimes.

PRIX DES RELIURES MOBILES INVENTÉES POUR L'EXÉCUTION DU CODE GÉNÉRAL PROGRESSIF.

Un volume in-8°, demi-reliure, 2 fr. 50 c.

Les reliures entières varient dans la proportion des reliures ordinaires.

Les accessoires nécessaires, lors de l'acquisition d'une première reliure, sont de 40 centimes.

On s'adressera, pour tout ce qui sera relatif à la publication du Code général progressif, chez J.-P. RORET, libraire, éditeur des *OEuvres complètes de Merlin*, 26 vol. in-4°, à Paris, quai des Augustins, n° 17 *bis*;

Et pour tout ce qui sera relatif à la reliure mobile, chez M. FAUQUEUX, papetier breveté de Mgr. le Dauphin, à Paris, rue de Richelieu, n° 28, lequel pourra se charger de placer annuellement, dans les Codes Progressifs, les feuilles additionnelles ou rectificatives qui pourront être adressées aux souscripteurs. Cette opération sera payée à raison de 50 c. les 100 feuilles in-8°.

Les lettres et les envois d'argent devront être affranchis.

IMPRIMERIE DE DAVID,
BOULEVART POISSONNIÈRE, N° 6.

Souscription à la continuation du Code général
Progressif.

Je soussigné, déclare souscrire à la continuation du Code
général Progressif, aux conditions ci-dessus. Je solderai sur
la présentation du présent, et sur la quittance de M. Adam,
éditeur de l'Ouvrage, 3 francs 75 centimes, formant le
montant de 5o feuilles additionnelles, qui doivent être
payées d'avance.

A   le   18

Souscription aux Feuilles additionnelles ou
rectificatives d'un ou de plusieurs Codes
déjà publiés.

Je déclare souscrire aux Feuilles additionnelles ou rectificatives d (1)   Code de

Je solderai, sur la présentation du présent et sur la quittance de M. Adam, éditeur de l'ouvrage, les 3 f. 75 c. formant
le montant de 5o feuilles qui doivent être payées d'avance.

A   le   18

____

(1) Désigner le Code ou les Codes que l'on veut tenir au courant
des progrès de la législation.

PAR BREVET D'INVENTION.

RELIURE MOBILE.

Cette reliure permet d'intercaller ou de supprimer des feuilles à l'infini dans un volume imprimé ou manuscrit.

Selon qu'elle contient beaucoup ou peu de feuilles, le dos se développe ou se resserre dans la proportion convenable.

Les titres sont mobiles et peuvent être remplacés par d'autres, toutes les fois qu'on le juge convenable.

Un livre relié par ce procédé présente toujours le même aspect que les livres ordinaires. Il est à dos brisé et se tient parfaitement ouvert.

APPLICATION DE CETTE RELIURE.

Elle permet de faire des Traités Progressifs sur toutes les matières scientifiques, et de relier, à mesure de leur publication, les ouvrages qui paraissent par feuilles détachées.

Elle donne la faculté de maintenir l'ordre alphabétique parfait dans toutes les espèces de comptabilité.

Elle est commode aux auteurs pour relier leurs manuscrits à mesure qu'ils les composent.

Les musiciens font des collections de morceaux choisis, dans un ordre progressif.

Les dessinateurs ont le même avantage, pour former des *album*.

La réalité et l'efficacité de ces diverses applications sont constatées par un rapport de la Société d'encouragement de l'industrie nationale, rédigé par M. Francœur, membre du Comité des arts mécaniques.

MANIÈRE DE SE SERVIR DE LA RELIURE MOBILE.

DU PAPIER QU'ON DOIT EMPLOYER.

On achète du papier tout prêt chez les marchands indiqués par l'inventeur : en le faisant préparer ou en l'achetant chez d'autres marchands, on s'exposerait à avoir du papier qui ne serait point en harmonie avec les proportions adoptées pour la fabrication de la reliure mobile.

Lorsqu'on veut se procurer du papier d'une grandeur égale à celui qu'on a acheté avec la reliure, on envoie un échantillon des feuilles que l'on désire, et on les reçoit sans délai.

Lorsqu'on veut relier du papier déjà écrit, on envoie ce papier pour le faire grecquer *.

Si l'on achète un morceau de musique non grecqué, on peut le grecquer soi-même avec des ciseaux, au moyen d'un carton qui sert de patron et que l'on se procure avec la reliure.

COMMENT ON INTERCALLE ET SUPPRIME DES FEUILLES.

On desserre le volume en lâchant la boucle qui se trouve à la couverture droite des reliures.

On sépare les feuilles à l'endroit où l'on veut en intercaller, et, à l'aide d'une aiguille faite exprès, on passe un laiton entre les cordes à boyaux et la feuille qu'on veut ajouter.

Si l'on désire supprimer une feuille, on desserre également ment le volume, on ouvre les feuilles à l'endroit où l'on

---

* *Grecquer*, c'est faire une petite entaille dans le papier à l'endroit où doivent entrer les cordes transversales sur lesquelles il repose.

veut opérer cette suppression, et l'on retire le laiton de la feuille que l'on veut enlever.

Lorsque l'une de ces deux opérations est terminée, on serre la boucle de la reliure, de manière à tendre tout à la fois les cordes à boyaux et le dos, jusqu'à ce que le livre, convenablement serré, présente l'aspect d'un livre ordinaire.

DE LA FACULTÉ DE CHANGER LES TITRES.

Pour changer les titres, il suffit de desserrer le volume, de manière à ce que le dos sorte presque entièrement de la couverture droite.

Pour que le dos sorte de la couverte, il faut lâcher un petit lacet qui se trouve sous la courroie.

On peut alors retirer les titres et en substituer de nouveaux avec une grande facilité.

Les titres sont blancs d'un côté et rouges de l'autre ; on écrit les titres provisoires sur le côté blanc, on fait dorer les titres que l'on a adoptés définitivement sur le côté rouge.

PRÉCAUTIONS

A PRENDRE LORSQU'ON VEUT ÉCRIRE SUR UN VOLUME RELIÉ D'APRÈS LE PROCÉDÉ DE LA RELIURE MOBILE.

Si l'on veut écrire sur le volume, on le desserre, et il s'ouvre de manière à présenter la ligne droite sur tous les points.

Si l'on veut écrire sur des feuilles séparées du volume, on se sert de papier préparé exprès, et on intercalle les feuilles que l'on a employées à la place qu'on désire leur donner.

PRIX DES RELIURES.

In-f° ordinaire, demi-reliure.......... 10 f. 15 c.
In-4°... *id*........ *id*................ 6 »
In-8° pour musique de guitare, *id*...... 4 50
Grand in-8°, *id*................... 3 25

Petit in-8°, demi-reliure............... 2f. 50c.

In-12 ordinaire, *id*................... 1 .75

De l'in-18 à l'in-32............... 1 50

Le prix des autres reliures varie proportionnellement aux prix ci-dessus, suivant la grandeur des formats.

Le grecquage et le rognage du papier, et les laitons pour l'attacher, se paient séparément.

Pour grecquage et rognage de 100 feuilles in-8°, composant 400 pages.................. 55 c.

100 laitons pour les attacher............... 25

On faif régler du papier d'après tous les modèles que l'on peut envoyer.

On trouve des reliures de tous les formats :

A Paris, chez M. FAUQUEUX, papetier de Monsieur le Dauphin, rue de Richelieu, n° 28;

Et chez M. QUINEY, auteur-professeur d'une nouvelle tenue de livres, rue de Richelieu, n° 60.

Nota. En écrivant franc de port aux adresses ci-dessus, l'on recevra à domicile des reliures de divers formats et les accessoires que l'on aura demandés.

IMPRIMERIE DE DAVID,
Boulevart Poissonnière, n. 6.

9 782329 440774